덕거리 사람들 1

덕거리 사람들 1

초판 1쇄 인쇄일 2017년 2월 21일
초판 1쇄 발행일 2017년 3월 2일

지은이 안병학
펴낸이 양옥매
디자인 이수지
교 정 조준경

펴낸곳 도서출판 책과나무
출판등록 제2012-000376
주소 서울특별시 마포구 방울내로 79 이노빌딩 302호
대표전화 02.372.1537 **팩스** 02.372.1538
이메일 booknamu2007@naver.com
홈페이지 www.booknamu.com
ISBN 979-11-5776-402-0(03810)

이 도서의 국립중앙도서관 출판시도서목록(CIP)은 서지정보유통지원 시스템 홈페이지(http://seoji.nl.go.kr)와 국가자료공동목록시스템 (http://www.nl.go.kr/kolisnet)에서 이용하실 수 있습니다.
(CIP제어번호 : CIP2017004571)

Deokgeo-ri People

덕거리 사람들

1

안병학 지음

책과나무

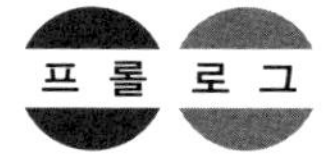

1970년대와 1980년대 농촌의 고향은 과연 어떤 모습이었을까? 가난하지만 마음은 넉넉하며 삶이 지금처럼 팍팍하지 않고 좀 더 여유롭고 편안한 모습을 마음속에 품고 있을 것이다.

고향을 농촌에 두고 온 사람들은 어릴 적 옛 모습만 기억하고 옛 모습 그대로 멈추어 있기를 기대하지만, 수십 년의 세월은 누구의 고향이든 그냥 그대로 존치되는 걸 허락하지 않았다. 옛적의 문화와 전통은 빠르게 소멸되었고 고향의 흔적은 기억에서만 머물고 머물러 아쉬움만 삼킨다.

해발 600미터부터 시작하여 700미터 이상의 고랭지 지역이 내가 태어난 고향 평창군 봉평면 덕거리다. 험한 준령이 앞뒤를 병풍처럼 둘러선 사이로 하늘이 열리고 열린 하늘 사이는 자로 잴 듯 좁아 보이는 하늘이 선 곳이다.

언제부터일까! 사람이 모여 터를 이루고 산에 불을 질러 화전밭을 일구고 누렁 암소가 비탈밭에 쟁기질을 하며 지탱한 마을에 사람들이 태어나고 늙고 죽음을 반복한 동네다. 서낭당에 하얀 광목이 펄럭이고 목격 할 수 없는 신령에게 무병장수를 기원하지만 삶과 죽음의 언저리는 그 누구도 비켜 설수가 없는 허망의 굴레를 보고 듣고 울고불고하는 마을에 사람이 살았다.

회령봉과 보래봉이 나란히 낙타 등처럼 솟아오르고 그 아래 계곡의 구룡소에서 시작하는 덕거천은 마을 사람들의 진한 생명수가 되고 사람들의 쉴 자리가 되어 주었다.

덕거리는 억센 동네이기도 하다. 어디서 그런 기질이 있는지 봉평면에서 덕거리 사람들은 유별난 존재였고, 뭐든 지기 싫어하는 심성이 마을을 지배하였다. 그래서 봉평면 내 사람들은 덕거리 사람들을 산삼 썩은 물을 먹어 사람들이 억세다는 표현을 하였다.

살기 위해 모여든 덕거리 사람들과 험한 준령의 골골에 모여들어 억센 나무뿌리와 돌을 파내고 땅을 일구어 험준한 산과 벗 삼아 살아야 하는 고된 삶이 사람들을 그렇게 만들어 가는지도 모른다. 그러나 이제는 낯선 사람들의 분포가 알게 모르게 많아진 덕거리는 과거의 모습은 낯설어지고 자꾸만 퇴색되는 느낌을 애써 지울 수 없다.

매일 일기를 쓰는 어머니가 언젠가 뜬금없이 “덕거리 마을에 관해서 글을 한번 써 봐라!” 라고 말씀하셨다. 그러면서 덕거리의 전통과 문화, 자연에 대하여 말씀을 들려주셨고, 나는 어렴풋이 생각나는 유년의 시절을 곱씹으며 글을 쓰기 시작했다.

“덕거리 사람들” 이제는 어디서든 들을 수 없는 장례문화인 상엿소리와 회다지소리가 잊혀 가는 가운데 친구로 부터 빽빽하게 채워진 글씨로 카톡을 보내왔다. 아버지 때부터 회다지와 상엿소리를 메기는 선소리꾼이었다는 곽충근 친구의 회다지소리 낱말 하나하나는 어릴 적 막연히 슬픔에 젖어 운구되는 상여가 아련하게 눈에 서리고, 집에서 마지막을 떠나는 상여 뒤에서 울며불며 매달리는 유족의 슬픈 눈물이 주마등처럼 스치고 지나간다.

또한 유년의 친구들이 각종 마을의 전통과 문화를 아낌없이 제공해준 덕분에 삼굿놀이, 서낭당행사, 체육대회, 가을운동회 등을 구성할 수 있었다.

덕거리 마을의 이야기는 누군가는 남겨야 했다. 마을은 과거의 모습과 뚜렷하게 달라져 가는 모습은 과거를 지우개로 지운 듯하며, 추억을 끄집어낼 수 있는 공간이 사라지기에 용기를 내고 글을 다듬었다.

고향은 과거의 흔적이 점점 그 설자리를 잃어버리고 시대와 영합을 하였다. 회령봉 줄기인 보래령은 터널이 생겨 가쁜숨을 내쉬며 험한준령을 넘어가던 홍천군을 수분이면 갈 수 있는 짧은 거리를 만들어 냈고, 시커먼 아스팔트는 양 갈래 덕거리 길을 덮어 버렸다. 어린아이들이 참새 소리와 어우러져 지지배배 지저귀던 학교는 적막한 모습의 텅 빈 공간으로 남고 아이들의 웃음소리가 멎은 지 오래되었다. 덕거리 내 고향…….

문화와 전통 그리고 사람이 살아가는 과정을 얼마나 기억을 토해 내고 제대로 썼는지는 친구들과 마을 어르신들이 글을 읽으면서 평가를 내릴 부분이어서 자못 떨리는 마음이다.

이 글을 위해 도움을 준 어머니와 아버지, 그리고 곽충근, 함용석, 김장식, 곽희원, 강영표 친구에게 감사하며, 언젠가 이태원 가는 길 전철 안에서 고향 사투리로 웃음을 쏟아 내던 중학교 동창들과의 만남도 이 글을 쓰는 데 더없는 소재였다. 잘 이해하지 못하는 투박한 강원도 사투리를 잘 다듬어 준 책과나무 출판사에 감사를 드린다.

2017년 3월

안 병 학

• 목차

1부 덕거리의 풍경

contents

2부 덕거리 사람들

덕거리의 풍경

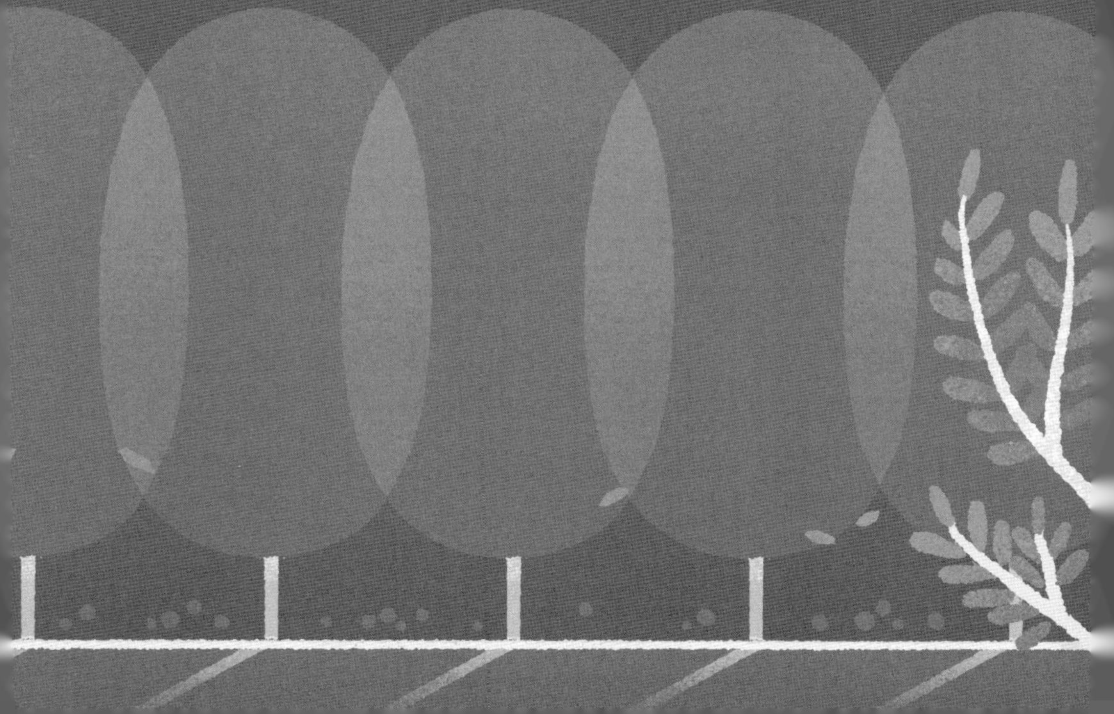

감자 심는 마을에 봄이 오면

“마이크 시험 중, 마이크 시험 중. 예, 이장입니다. 잘 들리시죠? 마이크 시험 중 입니다.”

“아이, 저 사람은 도대체 마이크만 잡으면 10분은 마이크만 시험하고 있다니까.”

“에~~ 다름이 아니라 오늘 저녁에 1반 반장 집에서 감재 심을 일정을 마을 분들과 상의하여 날짜 잡으려고 하니, 올해 감재 심는 사람들은 한 분도 빠지지 말고 마카 반장 집으로 모에 주시기 바랍니다. 자고로 참석하지 않는 사람은 순번제로 돌아가며 감재 심는 관계로 부득이 날이 빠지게 되고 뒤로 밀릴 수밖에 없음을 감수하시고 하여간 마카 모여 주시기 바랍니다. 네, 감사합니다.”

덕거리 마을의 1년 중 가장 큰 행사는 모심는 날과 감자 심는 날이다. 특히나 산골 마을이라 밭이 유독 많은 이 지역은 농사의 비중에서 감자가 차지하는 비율이 전체 농사의 50%나 차지하고 있어 감자 농사는 가장 큰 행사이기도 하다.

“여보, 올해는 천상 대굴령 가서 감재 종자를 좀 사 가지고 와야 하잖아? 작년 씨감재는 아무래도 바이러스가 많이 먹어서 종자로는 불안할 것 같은데…….”

"아무래도 대굴령 감자라야 안심이 될 텐데……. 조합에서 보급하는 씨감자는 집집이 돌아오는 양이 원체 눈곱만큼씩 채레오니 말이여."

감자 농사를 만 평 이상 하는 최씨네는 부족한 감자 종자를 대관령감자 원종장 부근에서 감자 종자로 납품하고 남은 종자를 구입하여 심으려는 것이다. 한 해 농사 중 감자 농사는 좋은 종자에서 1차적으로 결정이 나기 때문에 씨감자 구하기는 덕거리 감자 농사꾼은 한해 농사의 사활을 건 전쟁이기도 하다.

저녁을 일찌감치 먹고 감자 농사를 주로 하는 여남은 가구의 남자들이 하나둘 반장 집으로 모인다. 반장댁은 두부찌개에 명태탕을 내놓고 됫병들이 막소주 한 병도 준비하여 동네 사람들이 한 잔씩 할 수 있도록 미리 준비를 해 두었다.

"아이, 멀 마이두 채래났네! 반장 댁이 고상이 많수야!"

행남이 어른이 반짝이는 머리를 하고 문지방을 넘으며 하는 소리에,

"머이 벨루 채린 것도 읎어요! 요샌 머이 먹을 게 암것도 없어서 그냥 메물 부치기 서너 소댕이 부쳤어요."

하고 지그시 웃는다.

"어이, 기철이! 자네는 감재 농사짓지도 않으면서 왜왔어?"

"하하~~ 저도 와야지요. 그래야 누 집이 언제 심는지 알아 두어야 품팔이라도 하지요."

산골 마을에서는 대부분 농가가 어울려 농사를 짓기 때문에 상호 협동으로서 품팔이가 잘 없지만, 가끔은 빠지는 사람들이 있어 이렇게 품을 파는 사람들은 용이하기도 하다.

“자 다들 모였으면 소주부터 한 고뿌씩 하세요.”

“어이, 반장댁이 감재눈 따야지 뭐 농새 준비에 저황이 한 개두 없을 텐데 그새 준비를 많이 했두었네! 고맙네야! 머이 두부도 있구!”

“두부는 접때 콩 서너되 해서 먹은 걸 조금 냉게 놨다가 오늘 안주로 좀 냈어요.”

“자~~ 언제부터 시작을 해야지? 올해는 절기가 좀 빠른가?

물 건너 행남이 어른이 소주 한 잔을 쭉 들이키며 이야기를 꺼냈다.

“4월 중순부터는 감재 심기를 시작해야 하지 않을까요?”

논 가운데 총각의 이야기에 “글쎄 너무 일르지 않을까? 작년엔 너무 일찍 심으니까 감재밭에 눈이 푹 빠져서 감자종자가 마카 얼어 터지고 보꼬쳤는데.”

“그러게요. 통 요즘 날은 뭐 관상대도 모르니……. 그리구 예전보다는 너무 서둘기도 해요.”

“아녀. 그래도 밭에 물심이 있을 때 심어야 뿌레기 잘 내리고 가물을 들 탄다니까? 근데 버덩말은 은제부터 심을라나?”

듬직한 최씨 아저씨의 이야기에 모두들 잠자코 있다. 언제부턴가 대관령에 위치한 도암면에서 좋은 씨감자를 보급하기 시작을 하였고, 재래종으로 가장에서 대대로 내려오던 감자종자는 이제는 찾으려야 찾을 수가 없다.

“올핸 수미를 많이 싱궈, 아니면 남작을 많이 싱궈?”

“아무래도 수미를 많이 싱굴 것 같습니다. 중간 장사꾼이 수미 아니면 거들떠보지도 않아서 남작보다는 수미가 잘 팔리고 작황도 좋아서 알이 굵고 좋아요.”

"그러게 말이야. 우리가 쪄 먹어 봐도 수미는 파삭한 게 맛있다니까. 그러니 도회지 사람들도 수미만 찾을 수밖에……."

"네, 도회지 입하고 뭐 우리랑 다를 수 있나."

술이 한 순배씩 돌자, 마을 사람들은 감자 이야기로 날짜를 잡을 생각도 안 하고 있었다. 그러자 드디어 반장이 상황을 정리하며 입을 열었다.

"이제는 언제 싱굴지 말씀들 해 보세요!"

"난 사월 중순에나 싱굴께."

"저기 안씨 아저씨는요?"

"사월 중순은 너무 일러. 난 5월 초순은 돼야 싱굴 것 같은데……."

"있잖아요, 형님. 그래도 저 아래 장거리하고 평촌은 4월 중순이면 감자 심기가 거진 끝난다고 하네요."

물 건너 행남이 어르신이 한 말씀하신다.

"이 사람아! 평촌하고 여기하고 기온 차이가 얼매나 나는데 그래? 여기는 그래도 한 열흘 정도는 늦게 심어도 돼."

"있잖아요 물 건너 아저씨! 기온 차이는 크게 나지 않는다니까요."

"아니여, 그래도 좀 일러."

"있잖아요, 있잖아요. 안 그렇다니까요!"

점잖게 있던 남중이 아버지가 한마디 한다.

"기철이 이 사람, 참 있긴 뭐가 있어? 맨날 있잖아요, 있잖아요……. 있는 거 한번 다 내놔 봐."

임씨 어른도 거든다. "감재 한 뙈기도 심지 않는 기철이는 갈구치지 말고 멀찌감치 나앉게!"

기철이 형님은 무슨 말을 시작하려면 반드시 "있잖아요."를 먼저 말

하고 다음 말을 잇는 습성이 있어 가끔씩 핀잔을 듣곤 한다.

"하여간 오늘 일자를 잡아서 그렇게 돌아가면서 감자를 심는 것으로 결정을 합니다!"

"자, 그럼 한번 일자를 잡어 보자구!"

한바탕 왁자지껄 갑론을박 끝에 반장은 노트에 날짜를 잡고 순서를 정했다.

"자, 한번 보세요! 이의 있으면 얼른 말씀들 하세요. 행남이 어른 4월 20일, 논 가운뎃집이 4월 21일, 내면집이 4월 22일, 영수 형이 23일, 남중네가 24일, 큰 임씨 아저씨가 25일, 작은 임씨 아저씨가 26일, 이 장님이 27일, 물 건너 박씨 아저씨가 28일, 그리구 남중이 작은댁이 29일, 형식이네가 30일, 안씨 아저씨가 5월 1일, 제가 5월 2일, 그리고 마지막 날은 조합장님네입니다. 어떻게 다들 이의는 없지요?

그리구 중간에 날씨가 불순해서 비가 오게 되면 자동적으로 하루씩 물리게 됩니다."

"비 오는 날이 굉일이군."

"그럼! 우리 농사꾼이야 날이 와야 허리를 펴고 놀 수가 있지, 어디 잔댕이 한번 펼 날이 있어야지."

그렇다. 농사라는 일은 해도 해도 끝이 없고 비가 오거나 눈이 와야 휴식을 취할 수 있기에 비를 기다리기도 한다.

평생을 농사를 지으며 살아가는 거친 산골의 농사로 농사꾼은 반 골병이 들었지만, 평생의 업으로 지키고 살아가며 자식들의 공부 뒷바라지를 한다.

"참, 그리고 감자 심으면서 술안주 이야기를 안 할 수 없는데요."

반장이 오늘은 술상까지 결정을 하려는가 보다.

"매년 감자 심을 때 보면 돌아가면서 심게 되니, 너무 과도하게 술안주를 내놓으면서 우리 마을끼리 하는데 경쟁이 너무 심한 것 같습니다. 한집에서 돼지고기 두루치기를 내놓으면 다음 집은 닭도리탕을 내놓고 또 그다음 집은 문어를 내놓고 또 그다음 집은 돼지머리…… 또 그다음 집은 소머리 등 너무 심하게 경쟁을 하니 올해는 딱 결정을 해서 서로 부담이 되지 않게 하는 게 어때요?"

"그래, 맞어. 우리 마을끼리 울력으로 하는데 안주 만드는 데 시간을 보내니 안주 만드는 안사람은 죙일 아무것도 못하고 안주만 잇따라 대주어야 하고 비싼 안주 장만에 지출도 꽤 되니 간소하게 하자구."

그러자 이장이 나서서 한마디 한다.

"그래두 먹자고 하는 짓인데 안주래도 든든히 먹고 술 한 잔 얼큰하게 해야 감자가 쑥쑥 자라서 제값을 받을 수 있지요."

"그건 그렇지만 하여간에 올핸 좀 간소하게 하자구."

"그나저나 금년엔 감자 값이 어쩔지 모르겠어! 작년엔 감자 값이 많이 올라서 중간 장사꾼들이 감자 싹이 올라오자마자 밭떼기로 선 도매를 하고 값도 아주 후하게 받았는데 말여."

언젠부턴가 농업은 투기성이 되고 말았다. 특히 야채와 감자는 작황과 그해의 물량에 따라 가격이 요동치는 현상에 따라, 또 중간 도매상의 눈치작전과 농간에 농산물 가격이 좌우되고 있는 현실이다. 농민을 위해 설립하고 조합원의 공리목적을 한다는 농협은 제 역할을 잊은 지 오래고, 정부 또한 농산물 수급조절엔 관심조차 없이 농산물을 공장에서 물건 찍어 내듯 자유 시장 경제에 맡기고 있다.

그러니 풍작엔 풍작대로 가격이 형편없이 떨어져 수확을 포기하고 농민들이 전해에 가격이 좋았던 작물을 다음 해에 너무 많이 경작하면 과잉 재배로 인한 가격 폭락으로 생산비는 고사하고 밭에 그대로 썩히고 수확을 포기하는 현실이다.

태풍이나 기상이변으로 인한 흉작, 품종에 따라 산지작물이 줄어 가격이 상승하면 언론은 물가 비상 운운하며 카메라는 시장의 농산물을 비추며 소비자들이 물가가 비싸다는 방송을 연출하는 기현상이 벌어진다. 그러면 정부는 마치 기다렸다는 듯 농산물을 수입하고…….

감자도 그동안 숫하게 이런 가격의 오르내림 현상을 반복하여 어떤 해는 수확을 하지 못해 밭에서 겨우내 얼어서 버리게 된다. 어쩔 수 없이 인부들을 불러 감자를 캐어 밭 한가운데 산처럼 쌓아 놓고, 야산에서 검불을 모아 얼지 않게 덮은 후 그 위에 보온 덮개를 씌워 보관하며 팔릴 기회를 찾아보지만, 봄에 감자 싹이 날 때까지 팔리지 않아 결국 소먹이를 할 수밖에 없다. 아무 도움을 받지 못하는 농민들은 복권 당첨되듯 농산물을 경작하고 있는 셈이다.

찬 기운이 서려 있는 아침이 아직은 추워 몸이 풀리지 않는 듯 종달새의 봄노래는 살짝 고뿔이 들어 있는 듯하다. 삼삼오오 마을 사람들은 첫날의 감자 심는 행남이 어른 집으로 모인다.

"어이구, 아직은 추운데……. 감재 심어 놓으면 얼구지 않으려나 모르겠네."

"아침엔 춥지? 그래도 나생이꽃은 피었어. 저기 독새도 시퍼래지고, 봄은 봄이여."

"그나저나 저 독새는 겨우내 얼어 뒤지지도 않고 젤 먼저 저렇게 독하게 핀다니까!"

"아이구, 저눔의 독새는 '그라목손'을 아주 독하게 섞어 쳐도 죽지 않는 독종 중에 독종이래요."

"자, 아침에 해장 한 사발씩 하고 시작을 합시다.

행남이 어른 부인은 따끈한 동태탕에 막걸리 한 주전자를 내놓는다. 추위가 심한 이 마을은 막걸리도 정종처럼 따끈하게 데워서 먹는 습관이 있어서 오늘도 막걸리엔 하얀 김이 무럭무럭 난다.

감자 심는 마을은 이제부터가 본격적인 농번기가 시작되고, 10월 가을까지 눈코 뜰 새 없는 농사철이다. 소 쟁기로 감자고랑을 내는 전문은 안씨의 몫이다.

"이러~~이러…… 내려서! 내려서~ 이놈의 쇠새끼, 아침부터 말을 통 안 듣네!"

"죈 닮아서 소 새끼도 말을 안 듣나 보네."

"예끼! 이 사람!"

"하하하……."

"이러~ 이러~ 올라서~~ 우~~ 허 돌아서고. 하이 진짜 말 안 듣네. 겨우내 마구간에서 잘 먹고 배 뜨시게 있어 노니 쇠새끼가 완전 둔해빠졌고, 사람 말을 도대체 알아먹지 못하네야!"

"그러지 말고 소가 알아듣게 말을 해요. 욕하지 말고 죈 닮아서 욕 듣기 싫어하는 것 같은데……."

듣다못해 임씨 어른이 한마디 한다.

"행남이처럼 뺀질뺀질하니 소도 아주 뺀질뺀질해져 버렸어!"

"아이, 그 사람 참, 감재 심는 첫날부터 갈구네야!"

"저기 비료는 반장이 좀 뿌려 주고 계분은 논 가운데 총각이 뿌려야지."

논 가운데 총각은 정색을 한다.

"아이고, 젤 더럽고 쿤내 나는 닭똥만 맨 날 저보고 뿌리라고 하네요."

"이 사람아, 젤 젊은 자네가 뿌려야지. 그럼 내가 뿌리리?"

"난 맨날 이 지독한 닭똥내 나는 계분만 뿌려 대니 쿤내가 몸속으로 사방팔방 백혀서 사시사철 쿤내가 나니 처녀들이 옆에 붙지 않잖나요. 그러니 장개도 못 가고……."

"이 사람아, 저녁에 가서 홀랑 벗고 이 구멍 저 구멍 싹싹 문질러 닦아 내면 괜찮어."

"어디 봐둔 처녀라도 있남?"

"있긴 뭐가 있을라구? 동네에서 처녀 씨가 마른지 언젠데……. 창말 다방 가서 노닥거릴려구 그러지? 티켓다방이 성하니 촌 총각들이 돈 벌어 죄다 다방레지들한테 갖다 바치니, 참……."

"그래두 동네 사람들 국시는 먹에 조야지."

인구 5천 명 되는 봉평 시장엔 다방이 12군데나 성업 중이고 한 군데 다방엔 평균 네댓 명의 아가씨들이 있으니, 촌사람들은 농사일이 끝나는 저녁이나 농한기가 되면 다방에 죽치고 있고 비싼 티라는 술을 시켜 먹으며, 저녁에는 술집에서 티켓을 끊고 다방 아가씨를 부르는 것은 아주 익숙한 풍경이다.

고된 노동은 노동요를 부르기도 하지만 농담으로 분위기를 돋우고, 웃음이 넘치는 농사일로 마을 사람들이 부대끼며 살아간다. 봄에 우는 뜸부기는 농부들이 밭에서 쟁기 부딪히는 소리, 씨앗이 밭고랑에 떨어지는 소리에 날갯짓을 신들린 듯하며 봄바람에 나부끼는 산골 아낙네의 머릿수건에 취하여 마른소리를 뜸북거린다.

골 깊은 계곡에서 겨우내 꽁꽁 얼었던 두터운 얼음도 반짝 햇볕에 익은 바위의 온기에 녹아 졸졸졸 흐르는 내를 이루고, 냇가에 버들강아지는 하얀 속살을 수줍은 듯 선보이는 감자 심는 마을의 봄.

이른 봄의 두터운 작업복과 벙거지 모자를 벗을 시간이 되면, 머리엔 송글송글 땀에 젖고 땀방울은 수증기 되어 하늘로 날아갈 즈음이면 어느새 참 먹는 시간이다.

"어이, 마카 나와 이제 막걸리 한 곱뿌씩들 하고 젯놀이 먹고 하자구."

이곳 봉평에선 참을 왜 '젯놀이'라고 했는지……. 익숙한 말에 곡괭이와 소쿠리를 밭 가운데 두고 일꾼들은 담배를 피우고 모인다.

"아침부터 칼국수를 했잖우."

"칼국수 밀다가 귀찮아서 일부는 칼국수를 하고, 나머지 반죽은 뜰어국을 만들어 섞었는데 괜찮은가 모르겠네."

"칼국수에 감재 넣고 뜰어국 섞어 넣으니 훨씬 더 좋게 보이네."

"감재는 감재씨 하고 남은 걸 설설 썰어서 넣었지."

"감재 종자 따고 남은 감재를 버릴 수 없으니 다들 쪄 먹거나 아니면 반찬으로 괜찮아요. 어디 하나라도 버릴 게 있나요!"

"자 막걸리 받어."

"안주를 명태 코다리 무침으로 했는데……. 하두 올해는 간단하게 하자구 해서……."

농사는 막걸리 힘으로 한다는 농촌 사람들의 그 고된 노동을 술 힘으로 버티고 그 술 힘은 마을 사람의 우정과 인심이 된 것은 농경문화의 핵심이자, 농촌 사람들을 단단하게 엮어 주는 질긴 노끈이 된다.

요즘엔 농촌의 참문화도 많이 바뀌어 빵으로 대체를 하거나 아니면 시장의 중국집에서 자장면이나 막국수를 시켜 배달해 먹는 게 일반화되었다. 그러나 그 시절엔 칼국수를 만들고 수제비를 만들고, 콩탕을 만들고, 보리밥에 막장과 봄나물에 비벼 먹는 풍경이 참 아름다운 그런 시절이었다.

"어이! 한잔하고 젯놀이 먹고 가."

"예, 감재 심는군요! 덕거리는 너무 이르지 않아요?"

"아녀! 저기 창말 하고 평촌은 다 심었겠지?"

"아녀요, 이제 한창인 걸요."

농촌의 인심은 지나가는 배달부나 전기 검침원도 불러 젯놀이를 주고 막걸리 한 사발을 건네는 살아 있는 인정이 따스하게 숨 쉬는 정겨운 풍경이다.

아무리 멀리서 지나가는 사람도 "젯놀이 먹으러 와!" 하는 커다란 외침과 손짓으로 사람을 부르고, 그 소리에 놀란 제비는 제비집을 짓다가 시장기를 느껴 까만 눈동자는 먹이를 찾아 날갯짓을 푸드럭거리며 개울로 나선다.

"참, 요즘엔 감재 전용 비료가 나와서 편하게 됐어."

"그렇긴 한데요, 비료 값이 좀 마이 들어가요? 비료회사에서 어찌된 게 작물마다 전용 비료를 내놓으니 안 쓸 수도 없고……."

그랬다. 예전엔 요소, 염화가리, 용성인비를 적당한 비율로 섞어서 밭에 뿌렸는데 이제는 전용 비료를 사용하면서 농민들의 영농기술을 퇴화시키고 모든 걸 획일적이며 기계적인 시스템으로 전락되면서 비료

가격이 상승하는 바람에 영농비 부담만 가중되고 있다.

"아니, 그런데 감재가 싹이 트면서부터 농약을 치기 시작을 하는데 거의 열흘에 한 번은 뿌리는데 말여. 그 농약 값만 해도 장난이 아니여."

"감재 종자를 원종장에서 구입하면서부터 병충해에 더 약해진 것 같지 않어."

"수미하고 남작이 공급되면서 수확량이 더 많아지게 하려니까 감재 바이러스 발생이 많이 돼서 아무래도 농약을 더 치고 농약상이 권해 주는 영양제를 냅따 뿌려 대는 것 같아요."

"옛날에 하지 감재가 수확은 적어도 농약을 치지 않았는데 말이여."

감자종자 개량화를 하면서 병해충에 훨씬 취약해지고 많은 양의 화학비료를 주어야 생산성을 높일 수 있으므로 결국엔 영농비가 가중되고, 그 가중되는 만큼 농협이나 지역농약상의 이윤만 늘어간다.

결국 이 영농비 증가는 거대자본의 이윤 추구가 확장된다는 것임을 증명하게 되고, 농민은 자칫 과잉 생산이 되거나 자연재해로 인한 농산물의 수확량이 떨어질 경우는 고스란히 빚더미에 올라서고 그 빚은 평생의 빚으로 정착되고 마는 슬픈 현실이다.

어느덧 해는 뉘엿뉘엿 넘어가고 감자 심는 첫날은 이렇게 지나간다.

"낼은 논 가운뎃집이 심는다구?"

"야! 낼은 우리 집서 싱구는데 장재골 밭으로 오문 돼요."

"장재골에? 그러문 비료랑 감재씨랑 다 지게로 져 날라야 하잖어?"

"비료랑 감재씨랑 일꾼들이 농고 가지고 지고 가야지요, 뭐."

"허이, 낼 또 빡시겠네야! 고뱅이가 또 뻑쩍지근하겠네."

"우리 안사람은 낼 못 가네. 감재씨 눈 까리 따야 하니 낼은 츤상 빠지고 담부터 가야지, 뭐."

"감재 눈 까리는 밤에 따도 되는데……."

"일하구 나서 돼빠진데 밤중에 을마나 따겠어!"

한 집 두 집 심어 가면서 농부들은 점점 더 지쳐 갈 것이다.

덕거리의 겨울

덕거리의 겨울은 유독 눈이 많이 내리고 긴 겨울에 매서운 추위가 몰아친다. 길고 좁은 개울은 계곡 따라 두껍게 얼음이 얼고, 얼음 위로는 눈이 수북이 쌓인 을씨녕 같은 겨울을 몇 달이나 가두어 놓는다.

마을 사람들은 삼삼오오 사랑방에 모여 삼태기를 짜고 다래끼를 만들고 난방용 땔나무를 하며 보낸다. 긴 겨울의 무료함을 달래는 건 마을 사람들이 모두모여 함께 즐기는 먹거리다.

오늘도 하얀 겨울 하늘엔 함박눈이 내리고, 소나무 군락지엔 가지가지마다 흰 눈이 솜이불처럼 온 산은 눈으로 뒤덮여 겨울의 자연을 스케치하였다. 아랫집 둔덕에 사는 남중이 아버지가 눈길을 뚫고 안씨집으로 마실을 왔다.

"어서 오게."

"야! 아이, 뭔 눈이 겨울 내내 퍼붓고 치우고 치워도 끝이 없네요."

"그러게 말여. 올해는 유달 시리 눈이 더 퍼버 대는 것 같아!"

남중이 아버지는 어깨며 머리며 잔뜩 묻은 훌훌 털어 내며 뜨락에 올라서서 방으로 든다.

"은제 한번 메물 국시 눌러 먹어야지요."

덕거리는 가을 농사로 메밀을 많이 하기 때문에 겨울이 되면 마을 사람들이 모두 모여 메밀국수를 만들어 먹는 게 겨울나기의 재미이기도 하다.

"오늘 눈 내리는데 말 나온 김에 한번 할까?"

안씨의 말에 남중이 아버지는 이내 맞장구를 친다. 안씨는 얼른 안방에 있는 아내를 부른다.

"병각이 엄마 동네 아주머이들 뭐하고 있나! 오늘 메물 국시 잔치나 한번 하지?"

"으이구, 참 귀찮게 눈이 푹 빠지는데 뭔 메물 국시……. 그리고 방앗간에 가서 갈기도 내야 하는데 여자들이 모이겠어요?"

아내의 투덜거림에 안씨는 못마땅한 모습으로,

"군불 잔뜩 땐 안방에서 궁둥이를 구들장에 붙이고 있으면 밥이 나오나, 떡이 나오나? 날래 준비를 해서 아래 원씨댁과 남중이 어머이 부르고 저기 반장댁도 부르고 해서 준비를 하자구."

"참! 하여간 남자들은 여자들 귀찮은 줄 모르고 그저 저우내 먹을 궁리만 한다니까……."

안씨댁은 광에서 메밀을 함지에 담고 준비를 한다.

머리에 수건을 동여맨 동네 아낙들이 하나둘 모이고 모두들 입은 삐죽이 나와 원망스런 얼굴은 어디다 숨길 수가 없다.

최씨 집 옆의 디딜방앗간 가는 길은 눈도 치우지 않아서 눈이 딱딱하게 굳어 자칫하면 미끄러지기 십상이다. 궂은일을 마다않는 논 가운뎃집 총각이 눈을 치우고 디딜방앗간을 깨끗하게 청소하여 준다.

원씨댁의 칭찬이 이내 폭풍처럼 몰아친다.

"아이구, 이 동넨 논 가운데 총각만 한 사람이 없다니까? 장가들면 아마 색시한테는 일등 신랑은 따 놓았어! 어디 좀 중매를 서야 하는데…….”

“쿵더쿵 쿵더쿵!”

디딜방아 소리는 하얀 눈 속에 하모니가 되고 메밀가루는 고운 채를 치는 동네 아주머니들의 눈썹과 콧구멍 그리고 얼굴까지 가루를 뒤집어쓰게 한다. 이 디딜방아는 언제부터 이 자리에 있었는지, 마을의 역사가 태동될 때부터 마을 사람들의 먹거리 기계 역할을 하고 마을의 애환을 그대로 간직한 보물이다.

메밀가루 만드는 작업은 서너 시간 동안 방아질을 해야 하기 때문에 마을의 남자들은 그 수고스러움을 애써 외면하고 메밀국수 잔치에만 마음이 가 있다.

마을 아낙들이 메밀가루를 만들어 안씨 집으로 돌아오면 안씨 집은 마을 사람들로 북새통을 이룬다. 메밀국수 잔치를 한다는 소문은 꼬리를 물고 저 아랫동네까지 퍼져 겨울 눈길을 뚫고 사람들이 모인다.

“어이, 돈설이! 저기 승재하고 집 뒤에 있는 국시분틀 좀 가지고 와.”

박달나무로 만든 국수 뽑는 기계는 이곳 덕거리에서 메밀을 재배할 때부터 만들어 사용하고 보관을 하며, 낡으면 다시 제작을 하여 겨울에 사용하는 귀중한 도구이다.

논 가운데 총각은 국수분틀을 가져와 뜨거운 물로 국수 나오는 구멍의 막혀 있는 부분을 일일이 바늘로 뚫고, 반장은 가마솥에 불을 지핀다. 동네 아낙들은 메밀반죽을 하고 동치미를 꺼내 육수를 만들고 갓김치를 무치는 등 좁은 부엌은 북새통을 이룬다.

가마솥에 물이 끓으면 메밀반죽을 국수분틀에 넣고 국수를 뽑기 시작하는데, 철저히 분업으로 이루어진다. 국수분틀에서 반죽을 눌러 주는 팀은 최소 장성 세 명이 힘을 Tm고 눌러 주어야 하며, 반죽을 하는 아주머니, 국수분틀에 반죽을 넣는 사람, 국수를 끓어 국수가 익으면 건져 주는 사람, 장작불 조절하는 사람, 국수를 씻어 주는 아주머니, 국수에 살짝 들기름을 발라 소쿠리에 담는 사람 등 저마다 익숙한 솜씨로 메밀국수를 만든다.

농담 좋아하는 김씨는 오늘도 걸죽한 농담을 한다.

"임씨 형님 ! 국수분틀에 메물 반죽 집어넣는데 손은 씻었어요?"

"이 사람아, 손을 왜 씻어?"

"하이고 형님 ! 오줌 누고 손도 안 씻었단 말이에요?"

임씨의 말이 참 걸작이고 폭소를 자아내게 한다.

"이 사람아, 오줌 쌀 때 나무젓가락으로 찝어서 쌌네."

"하하하…… 호호호……."

순 메밀은 끈기는 없지만 구수한 맛이 일품이고, 눈이 펄펄 내리는 날 동치미에 말아 갓김치를 곁들인 맛은 정말 일품 중에 일품이다. 메밀국수는 덕거리에서 겨울의 별미로 자리 잡은 지 꽤 오랜 세월이 되었다. 눈 내리는 겨울날의 메밀국시는 하루 종일 가루를 내고 즉석에서 마을 사람들의 합심으로 만들어 즐기는 것은 끈끈한 정으로 맺어져 있어 지루한 겨울을 이기는 원동력이 된다.

"야! 오늘 국시는 더 구수하고 쫄깃하네."

안씨의 말에 사람들은 듣는 둥 마는 둥 메밀국수를 입에 가져가기에만 분주하다.

메밀국수 추렴은 그렇게 웃고 먹는 사이에 그렇게 지나갔다.

“토끼만두 자시러 와요!”

점심 즈음이 되자, 입맛 까다롭기로 소문난 기철 씨가 마을마다 돌아다니며 마을 사람들을 초대한다. 기철 씨는 눈 내린 겨울 앞산에 올무를 놓고 잠에 빠져 있는 산토끼를 용케도 찾아내어 소스라치게 놀란 토끼를 달구기 시작한다.

산토끼는 눈에 밟힌 자기 발자국만 쫓아 고집스럽게 뛰어가기 때문에 적당한 위치에 올무를 걸어 두면 영락없이 올무에 걸리고 만다. 예전엔 산토끼가 너무 흔하여 먹이를 구하려 마을까지 내려왔기 때문에 마을에서 두 귀를 쫑긋거리며 두리번거리는 모습을 종종 목격할 수 있었다.

기철 씨는 적당하게 두 마리 토끼를 손쉽게 잡고 토끼만두를 준비를 아내와 함께한다. 기철 씨는 토끼고기를 잘게 썰고 아내는 김장독의 찬 김치와 두부를 으깨고 토끼고기로 만두소를 만든다.

마을 사람들을 다 초청하여 만두를 드시게 하자면 웬만큼 만두를 빚어서는 안 되니, 만만한 게 반장댁이고 이장댁이다. 아침부터 만두 빚기가 시작되면 거즘 점심 무렵이 되어서야 만두를 다 만들 수 있고 커다란 무쇠 솥에 한가득 만두를 푸짐하게 끓여 낸다.

재빠른 기철 씨는 어느새 됫병들이 소주 두병도 준비를 해두었다. 물 건너 행남이 어른이 일착으로 도착을 한다.

“어이, 참 바지런하네. 그새 토끼를 잡아서 맨두를 다 만들고…….”

“하하, 어서 오세요.”

마을분들이 남녀노소 안방과 사랑방에 북적이고, 둥그런 상엔 만둣국과 갓김치와 시뻘건 배추김치가 가득 차려지고 소주병이 놓인다.

"있잖아요, 있잖아요. 소주부터 한잔하세요!"

예의 그 '있잖아요'가 들어가야 다음 말을 이어 가는 독특한 언어 습관에 오늘은 아무도 토 다는 사람이 없다.

"토끼 맨두 참 오랜만에 먹네. 하여간 기철이는 참 약사빠르기도 하지! 은제 산에가서 날래두 토끼를 잡았네야"

주씨 어른은 큼지막한 만두를 집어 들며 흐뭇한 표정이 겨울 눈 녹듯 한다.

"역시 만두는 야생 토끼나 꿩이 최고여."

행남이 어르신의 말에 이구동성 동의를 한다. 그리고 안씨는 예전의 이야기를 끄집어낸다.

"지금은 돌아가셨지만, 우리 앞집 권씨 형님이 재주가 좋아서 꿩을 참 잘 잡았어. 하여간 하루 서너 마리 잡는 건 일두 아니었다니 글쎄!"

그러자 최씨 어른 왈,

"그 권씨는 싸이나를 찔레열매나 콩 속에 재워서 들판에 뿌렸다가 잡는데, 난 영 깨름칙해서 못 먹겠더라구."

"싸이나 독이 퍼지기 전에 내장을 다 버리고 맨두속을 만들면 그 맛이 김치하구는 생판 다른 맛이지!"

남중이 아버지도 토끼만두를 연신 먹으며 한마디 거든다.

"아이, 양반들 참! 토끼만두 먹으면서 꿩 만두 이야긴 참! 예전에 꿩 만두를 최고로 쳤고, 그다음이 닭 만두인데…… 그래서 나온 말이 있어요. '꿩 대신 닭'이라구!"

"그나 꽁맨두 먹어 봤으니 묻겠는데 쟁끼가 더 맛있어? 아니면 까투리가 더 맛있어!"

"……꽁이문 다 꽁이지, 잿끼나 카투리나 그게 그거지!"

겨울이 긴 덕거리의 겨울나기는 마을 사람들의 이야기 장터를 유감없이 풀어놓게 하고, 하루를 따스하게 보내는 유쾌함이 정겹다.

"뭐해요?"

남중이 아버지가 오늘도 어김없이 칼바람을 맞으며 마실을 왔다. 안씨는 사랑방에서 화투로 신세점을 보구 있다가 들어오라고 손짓을 한다.

"내일은 발구를 가지고 실바골에 참낭구 하러 갈라우."

"참낭구? 왜?"

"지금 눈이 많아 물기가 많을 때 참낭구를 베어 놓았다가 내년 봄에 표구대를 만들면 아주 최고거든요! 내일 갑시다."

"그래. 내일 내가 발구를 준비해 가지고 가지, 뭐."

눈이 많은 덕거리는 겨울의 이동수단으로는 소가 끄는 소발구가 가장 유용하고, 또한 설피를 반드시 신고 산에 올라야 한다. 참나무 군락지에 가서는 아무 참나무나 베는 게 아니라 간벌 식으로 하여 너무 많이 우거진 숲을 정리하고 보호해 주어 참나무가 바르고 곧고 자랄 수 있도록 숲 가꾸기의 목적도 있다.

이른 아침에 발구를 손질하고 겨우내 아무 일도 않고 있는 암소에 멍이를 씌우고 눈밭을 출발한다. 반들반들한 신작로는 설피가 아니면 미끄러워 낙상을 하기 쉽고, 산 구렁엔 눈이 많이 쌓여 반드시 설피를 신어야 발길을 움직이기가 용이하다.

실바골은 왜 그 같은 이름이 붙여졌는지 모르지만, 아름드리 참나무가 사람이 지나갈 수 없을 만큼 빽빽하게 군락지를 이루고 있는 산림이다. 특히 실바골 참나무겨우살이가 눈 덮인 참나무가지 사이에 파랗게 매달려 있고, 이 겨우살이를 채취하여 참나무 향이 온방 가득하게 차를 달이는 모습은 덕거리 어느 집이건 익숙한 참나무 화로의 풍경이다.

실바골엔 나무의 종류도 다양하여 참나무 외에 박달나무, 고로쇠나무, 물푸레나무, 피나무, 느릅나무, 단풍나무, 산벚나무, 가래나무 등 많은 침엽수로 군락을 이루는 지역이다.

안씨와 남중이 아버지는 몇 그루의 참나무를 베어 쓰러트리고 적당한 크기로 잘라 발구에 실어 밧줄로 단단히 묶는다. 표고버섯대는 참나무의 껍질이 벗겨지면 쓸모가 없기 때문에 참나무를 아기 다루듯 한다.

소발구는 눈 위에 미끄러지듯 산 아래로 내려가고, 가파른 산에서 빨리 내려가면 소가 위험하기 때문에 소코뚜레를 단단히 움켜잡고 소발구의 속도를 조절한다. 암소의 등허리엔 금방 땀에 촉촉하게 배고 뭉글뭉글 땀 기운에 김이 솟는다.

한나절이 넘어서 집으로 돌아오고, 암소는 가마솥에서 끓여 섬유질을 부드럽게 만든 여물을 정신없이 먹는다. 참나무를 발구에 싣고 온 암소가 많이 배고픈 모양이다.

“어때? 소주 한잔하고 가야지.”

“좋죠! 오늘 일도 시마이 했는데……. 하하.”

안씨댁은 청국장에 돼지비계를 썰어 넣어 구수하게 끓여 내고, 갓김치와 무생채와 고추장을 넣어 볶은 볶음밥으로 한상 차려 낸다. 한두 잔으로 끝내야 할 술상은 뒷집 최씨 어른이 오면서 술판이 달구어지고 또 겨울날의 하루가 진다.

"오늘은 점심내기나 할까?"

앞집 원씨가 살짝 사람들에게 바람을 넣는다. 점심내기라야 민화투나 육백인데, 덕거리 사람들은 화투의 숫자가 많은 팀이 이기는 민화투를 편을 갈라 즐긴다. 막걸리 값과 함께 시장에서 짜장면을 시키곤 하는데, 보통 4명이서 한 팀을 이루어 화투게임을 하면 지는 팀이라야 1인당 5천 원 남짓이다.

민화투는 만담이라고 하며, 판은 삼세번을 하여 그중 2회를 이긴 팀이 승자가 되고, 진 팀은 그날 점심과 막걸리를 꼼짝없이 내야 한다. 오늘은 안씨, 원씨, 이장, 주씨가 한 팀이 되고, 최씨 어른, 행남이 어른, 기철 씨, 남중이 아버지가 한 팀이 되었다.

민화투 게임은 참 쉽게 진행된다. 12회로 나누어 하는데, 1년 12달을 의미한다. 청단 · 홍단은 3점, 월약은 5점, 팔 넉 장을 팔통으로 8점, 구 넉 장을 모으면 9통으로 9점, 일 넉 장을 모으면 백통으로 10점, 똥 넉 장을 모으면 똥통으로 4점, 피 12장을 모으면 피쭉으로 12점, 피를 한 장도 모으지 않으면 백떼기로 10점 이외에 비 넉 장이면 비약, 풍 넉 장을 모으면 풍약, 오 넉 장을 모으면 초약으로서 각기 4점씩을 부여하는 숫자로 승부를 내는 게임으로, 숫자를 세기 위해 팀별로 성냥개비 1개는 백 점으로 하여 3개피씩, 옥수수알은 한 개에 10점으로 정하여 20알씩 가지고 숫자를 얻는 만큼 가져가며 숫자를 헤아려 승부를 결정한다.

"자, 시작합시다."

"어이~ 기철이, 눈치껏 잘해?"

"아이고, 있잖아요? 형님이 잘 풀어야 해요."

원씨가 먼저 통재를 부른다.
"허이~ 팔통이다, 팔통……."
"야, 기철이 이 사람아, 그걸 짤랐어야지?
"있잖아요, 있잖아요! 팔이 난 없었다니까요!"
"하이, 그놈에 있잖아는 참……."
점잖게 화투판을 바라보던 이장이 한마디 한다.
"기철이는 없는 거 빼고 다 있는 사람이여! 우리 마을에서 제일 많다니까! 하하하…… 있잖아!"
시장에서 배달시켜 먹는 짜장면은 시간이 경과하면 짜장면이 밀가루 덩어리가 되므로 배달이 되자마자 얼른 먹어야 한다.
겨울이 긴 덕거리의 일상은 또 그렇게 지나간다.

도꾸 형은 오늘도 망태기를 지고 신발 끈을 단단히 조여 매고 길을 나선다.
"형! 어디 가요?"
"응 산지골로 해서 밤나무골로 한 바퀴 댕게 보려구."
"이렇게 눈이 많은데……."
논 가운데 총각은 앞뒤 마주 보고 있는 도꾸 형네 집의 도꾸 형을 쳐다보면서 이야기를 건넨다.
"오늘은 뭐 하러 가려구요 ? 눈이 한질이나 빠졌는데!"
"어, 산지골 꼭대기에 운지버섯하고 저기 밤나무골에는 떡다리가 요맘때면 누가 따가지 않아서 큰 게 꽤 많을걸! 가서 따 가지고 이번 돌아오는 창말 장날에 내다 팔아 담뱃값이라도 해야지."

겨울이 긴 덕거리는 겨울이면 눈 속에 갇혀 버리니, 어디 가서 용돈 하나 나올 틈이 없다. 봄, 여름, 가을이면 각종 나물과 산약초를 채취하여 제법 용돈을 쓸 수 있지만, 겨울이면 활동 자체가 완전 중단되니 궁색하기 이를 데가 없다.

"같이 갈래요? 나도 진 저울에 몸뗑이 근질거려 못 배기겠어요."

"그래, 얼른 단댕이 챙게 입고 나와!"

산지골은 산죽이 많아서 산죽골로 부르게 되었고, 겨울 이맘때면 석이버섯과 운지 그리고 가끔은 상황버섯도 볼 수가 있다.

떡다리 버섯은 '잔나비걸상버섯'이라고 하나 덕거리에서는 통상 '떡다리'라고 하며 봉평에 전문약초상회가 생기면서 각광을 받고 있지만, 과거에는 이 지역 사람들에게 가끔 관상용으로만 채취되곤 하였다. 신경쇠약, 신장병, 심장병, 폐결핵, 중풍, 뇌졸중, B형간염에 좋다고 하여 알려지면서 덕거리에는 평균 해발이 높은 산이 즐비하게 둘러싸여 있음에 많이 자생하고 있고 주민들에게 용돈벌이가 되어 주었다.

도꾸 형과 논 가운뎃집 총각은 주루먹(망태기)을 짊어지고 눈길을 나선다.

"으, 미끄러. 산죽이 아주 눈이 덮여있으니 매끌 매끌한게 완전 썰매네"

"조심해. 그러니 설피를 신고 왔어야지! 무슨 똥재주가 있다고……."

도꾸 형이 타박이다.

"으, 차거! 형 낭구 좀 흔들지 말고 뎅게요! 눈이 다 쏟아져서 난닝구 속으로 다 들어거고, 부랄 밑에도 눈이 다 들어가서 척척하게 되잖아요!"

"아이~ 그 자식, 그 괜히 데리고 와 가지고……. 참 성가스럽네야!"

산지골에서 밤나무골 넘어가는 구렁은 눈이 쌓여 거의 한길은 되고 허리까지 눈이 차인다.

“형! 운지는 보이지도 않네요!”

“눈이 많아서 뭐 어디 찾을 수가 있어야지.”

“형, 그러지 말고 밤나무골로 넘어갈까요?”

“거기도 눈은 많을 거여.”

둘은 산죽에 미끄러져 엎어지고 자빠지면서 밤나무골로 들어선다.

“돈설아! 저기 떡다리 있다.”

“떡다리는 제법 그래도 있네.”

“오늘 술값은 하겠네요?”

겨울 산을 헤매며 얻은 수확물은 겨우 떡다리 몇 개뿐이다.

밤나무골 양지쪽의 말라 버린 계곡엔 멧돼지들이 진흙목욕을 한 자리가 선명하고, 주위엔 여러 마리 돼지 발자국이 눈밭에 어지럽게 나 있다.

부쩍 개체수가 늘어난 멧돼지들이 부족한 먹이 때문에 민가에도 출몰을 하지만, 산에서 만나는 멧돼지는 위험하다. 몇 해 전 보래골의 함씨는 겨울 산에 홀로 산에 오르다 멧돼지를 만나 습격을 받아 중상을 입기도 한 이후 멧돼지 경고령이 발령된 상태이다.

“야! 돈설아! 얼른 내려가자.”

“예! 으스스하네요.”

예전 같으면 멧돼지도 많이 잡아서 식용으로 먹기도 하였지만, 먹을 거리가 풍족한 요즘엔 멧돼지 사냥을 하는 사람은 좀체 보기가 어렵다.

“어이, 뭘 많이 땄는가?”

멀리서 최씨 어른이 보고 손짓을 한다.

“웬걸요! 눈이 한질이어서 통 보이지도 않고 멧돼지가 있을까 봐 겁이 나서 날래 내려왔어요.”

“조심해야 돼. 우리 집엔 어젯밤에 멧돼지들이 떼를 지어 내려와서 지둥뿌리하고 브루스를 추고 난리를 펴서 집이 흔들거렸다니까.”

“그러니 멧돼지한테 적당히 밥하고 찬하고 좀 줘야 기둥뿌리하고 멧돼지가 연애를 하지 않지요!”

“아니, 인흥동 포수 양반은 요즘 멧돼지 사냥을 나가지 않는 모양이야! 그 양반 댕길 때는 멧돼지가 저닫 하지는 않았는데 말이야!”

“요즘 뭐 멧돼지도 잡지 못하게 엽총을 전부 다 압수해서 지서에 맡겨 둔 모양이더라구요! 그러니 겨우내 꿈적도 않구 있지요!”

이제는 야생조류와 동거를 하는 그런 시대의 산골이 되어 가고 있다.

하얀 눈으로 가득 덮인 덕거리 사람들은 산과 길과 개울을 몽땅 눈에 내주고 그 눈 덮인 마을에서 겨울을 살아가는 방법과 지루한 겨울을 견디는 방법을 오랜 세월 터득하고 겨울이 만든 풍경과 자연을 만끽하고 있다.

예전엔 겨울이 되면 일부 덕거리 사람들은 노름에 빠져 산자락에 겨우 붙어 있는 문전옥답을 처분하는 일이 종종 있었다. 특히 겨울엔 멀리 도회지에서 전문 노름꾼이 순진한 덕거리 사람들을 노름판으로 꼬드겨 재산을 탕진케 하는 일은 너무도 비일비재하였고, 마을의 큰 어둠이었다.

겨울이 긴 덕거리 사람들이 즐겨했던 노름은 마작이었다. 마작노름에 며칠씩 집으로 들어오지 않고 그 들어오지 않는 시간이 길수록 노름의 폐해는 이루 말할 수 없다.

언제부턴가 마을에 마작노름이 사라지고 덕거리 사람들은 삼삼오오 모여 새끼를 꼬고 멍석을 만들고 망태기를 만드는 데 열중을 하며 겨울의 문화가 바뀌고 있었다. 그러나 그건 너무도 오랜 후였다. 겨울이 길지만 그 겨울나기를 새롭게 만들어 가는 것이 어쩌면 겨울 수업료를 톡톡히 낸 덕분인 것 같기도 하다.

그해 겨울은 유난히도 따뜻했다. 그해 겨울은 그 많이 내리던 눈마저 멈추어 버리고 겨울가뭄에 마을 사람들의 우물이 마르고 가까운 개울에서 물지게를 지고 물을 퍼 날라 식수와 소여물을 해결하여야 했다.

겨울가뭄이 극심하고 날씨마저 따스한 어느 겨울날, 덕거리엔 처음으로 버스가 들어오기 시작했다. 장평에서부터 봉평시장을 지나 덕거리로 들어오는 버스는 학생들의 통학에 맞추어 아침, 저녁으로 한 번씩 들어오면서 많은 변화가 생겼다. 자전거를 타고 중학교에 통학을 하던 학생들은 비나 눈이 내리면 걸어서 통학을 하였고 여학생들은 대부분이 걸어서 통학을 하곤 하였는데, 이제는 버스를 타고 통학을 하기 시작하였고 걸어서 봉평 시장에 볼일을 보러 다니던 마을 사람들도 버스를 타고 다니는 혜택을 받는 시절이 되었다.

덕거리에 다니는 버스는 덕거리 사람들만 타기에, 버스 안은 왁자지껄 동네의 분주한 이야기가 화기애애하고 버스 안의 분위기는 시장바닥이다.

"산댁은 창말 머하러 가우?"

"서울 아덜들 내레온다구 하니 지름 좀 짜다 놔야 이홉들이 한 병이래

두 챙게서 주지요! 그래서 깨 서너 되 가지고 지름 짜러 가요!"

"어디 웃창말 지름집에 가우?"

"야! 난 거개가 단골이라서! 그리구 그 집이 지름을 야무지게 잘 짜요!"

"아니, 그 집 바깥양반이 마이 아프다고 하던데 괜찮우?"

"접때 가니 지름을 못 짜서 안댁이 방간을 돌리더라구! 근데 이젠 머다 나았겠지, 뭐. 상기 아플라구."

"그 집 양반도 원길리에서 농새 짓다가 내려가서 방간한 지가 꽤 오래됐지!"

"그럼요, 두 형제가 형은 방간하고 동생은 자징거포를 해서 돈을 심대로 벌었지! 그리구 두 형제가 아주 얼매나 야물딱진 줄 몰러요."

"지름을 짜는 대로 짜고 우리 애 애비가 깨보생이를 좋아하니 몇 종재기는 달달 볶아서 빠가지고 깨보생이를 만들라구."

걸어서 한 시간 거리를 10분여를 가면 봉평시장에 버스가 서고, 버스에서 내린 덕거리 학생들은 학교로, 어른들은 각자 시장에서 볼일을 보고 저녁이 되면 다시 버스를 타고 덕거리로 올라온다.

겨울가뭄이 극심하고 따스한 겨울 날씨에 개울물이 얼지 않아, 덕거리 사람들은 겨울의 개울을 뒤져 민물고기를 잡는다. 난데없는 동네 사람들의 개울 공습에 큰 바위틈에서 겨울잠을 곤히 자던 개구리들이 놀라 튀어 나온다.

덕거리 사람들에게는 겨울잠 자는 개구리가 최고의 겨울의 술안주였고 간식이었다. 개울의 큰 바위를 지렛대로 흔들면 주먹만 한 개구리가 여기저기서 튀어 나온다. 맨손으로 개구리를 건지느라 여념이 없고, 일부 사람은 돌에 미끄러져 개울물에 풍덩 빠지지만 즐거운 표정이 역력하다.

“아이, 개구락지가 아주 실하네.”

“알이 가져서 머이 큰 억먹자구 같네야.”

“여기는 미꾸리가 아주 꽉 찼네! 오늘 아주 멧사발 잘 잡네.”

“엔간히 잡어! 마이 잡아서 개구리 종자가 마르면 안 되잖어!”

“우리가 안 잡아먹으면 시장놈들이 와서 씨를 말린 텐데 뭘 그래? 내 참. 개구리 씨 마르는 걱정은 참? 팔자야!”

비료포대에는 개구리와 수수미꾸라지 깔딱메기 뚝저구 등이 담기고, 사람들은 임씨네 집으로 향한다.

임씨네 집은 어느덧 마을의 사랑방 역할을 하고 자주 마을 사람들이 모여 겨울을 보낸다.

마을 사람들은 아궁이에 불을 지핀 후 참나무 장작을 피워 장작숯불을 만들고, 알이 꽉 찬 개구리를 기절시켜 숯불에 굽기 시작한다. 일부는 민물고기를 손질하여 어죽을 끓이는 등 바쁘게 움직이는 부엌엔 마을 사람들로 가득하다.

금방 술상이 차려지고, 개구리를 안주 삼아 큰 잔을 돌리며 술타령이 시작되면 금세 됫병들이 몇 개가 없어진다.

“아이, 알이 아주 쫀득쫀득한 게 징말 최고네야! 이게 다 개구리가 되면 달부 몇 십 마리 될 텐데 말여.”

“아이, 날래 술이나 받어!”

“어이, 취하면 안 되는데……. 우리 안덜이 또 설레발 칠 텐데 말여! 깍지도 썰어 놓지 않고 왔는데 말여.”

"아이구, 참 행남이! 안덜하고 아덜덜이 어련히 알아서 할라구! 깍지 그까짓 거 한번 안 썬다구 쇠새끼가 굶을라구."

그해 겨울 날씨마저 따뜻한 날에 개구리가 수난이고, 겨울 추위에 행동이 느려진 민물고기만 수난이다.

"한번은 얼굴 텐데……. 올핸 참 희한하네야! 눈도 없고."

"그런 소리 말어! 한번은 눈이 한질 푹 빠질 날이 있을 거여."

면민체육대회

가을이 되면 봉평에서는 각 자연 부락이 산재해 있는 마을이 리대항 면민 체육대회를 한다. 봉평면민체육대회는 역사적 전통 또한 무시를 못해 마을 간의 사활을 건 대회가 되고, 마을의 명예와 세과시의 치열함 때문에 싸움도 종종 일어나는 경쟁이 치열한 대회이기에 마을별로 준비를 단단히 한다.

덕거리도 봉평면에서는 강팀으로 속하고 많은 대회를 우승으로 이끈 전통이 있기에 마을의 자존심을 건 한판의 체육대회가 되곤 한다. 올해도 어김없이 이장은 마을의 청년들을 이장 집으로 모이게 하였다.

"아! 작년에는 좋은 성적을 거두지 못했는데 올해는 어쨌든지 간에 좋은 성적을 거두어서 마을의 사기도 진작을 시켜야 하니 올핸 아주 단디 준비를 하자구."

경식이가 자신 있는 말투로 한마디 거든다.

"이장님 육상은 우리가 강하고, 여기서 축구만 우승하면 종합우승은 거뜬합니다."

"그래도 모르제. 그 무이리 하고 원길1리도 무시할 수가 없어!"

"그래도 우리는 병길이 하고 저 아래 형진이만 있으면 육상은 따 놓은 거구요. 그리고 병길이 동생 예숙이하고 효숙이를 데리고 가면 전 종목을 휩쓸 수 있습니다."

병길이와 형진이는 강원도 대표를 한 쨍쨍한 선수 출신 이기에 육상은 자신이 있다는 말이다.

면민체육대회의 종목은 육상은 남녀 100m, 200m, 400m, 남녀 400 계주, 남녀혼합계주, 남자 800m, 마라톤 등으로 구성되고, 구기 종목으로 축구, 배구, 탁구, 족구 등 네 종목이며 힘자랑, 씨름, 줄다리기로 경합을 한다.

이 중 덕거리는 육상은 절대적으로 강한 종목이고, 여기에 축구와 씨름 줄다리기에서 강세를 보인다. 청년들은 일주일간 학교 운동장에서 오후에 연습을 하기로 하고, 선수가용자원을 최대로 끌어 모은다.

육상 외에 축구와 배구, 족구, 씨름을 중점적으로 연습하고, 마을에서는 이장님을 비롯한 마을 사람들이 각종 먹을거리를 보내 주곤 하여 선수들은 한껏 힘을 내며 연습에 몰두할 수 있다. 덕거리엔 젊은 사람들도 꽤 많이 있었으며, 모두들 실력이 출중한 선수들이다.

면체육대회를 준비하는 것은 마을의 부녀회에서 더 고생이 많다. 부녀회에서는 이틀 동안 치러지는 체육대회 행사에 선수를 비롯한 마을 사람들의 점심과 중간중간 먹을거리를 준비하여야 하는 번거로움이 있지만, 어느 한 분도 싫은 내색을 하지 않는다.

면민체육대회가 개최되는 봉평중학교 운동장엔 면민들이 꾸역꾸역 모이고 주변에는 발 디딜 틈조차 없다.

봉평면은 창동1 · 2 · 3 · 4리, 평촌1 · 2리, 원길1 · 2리, 덕거1 · 2리, 무이1 · 2리, 흥정리, 진조리, 면온 1 · 2리, 유포1 · 2 · 3리 등 총 19개 리

로 구성되어 있으나, 참가팀은 리별 연합을 하기 때문에 창동1리, 창동2리, 창동3리, 창동4리, 평촌1리, 평촌2리, 덕거리, 원길1리, 원길2리, 무이리, 흥정리, 진조리, 면온리, 유포리 등 14개 팀이 경합을 한다.

강팀이라고 분류되는 창동1·2리, 덕거리, 무이리, 면온리, 원길1리는 대진표에 서로 맞붙지 않으려 물밑경쟁이 치열하고, 대진표에 맞붙게 되면 길게 한숨을 쉬지만 타 팀에서는 경쟁팀이 피터지게 싸우게 되므로 쾌재를 부른다.

봉평은 중학교가 봉평중학교 한 학교에서 배출되어 마을별로 포진해 있으므로 모두가 선후배 관계임에도 불구하고 마을 대항전 관계로 경쟁의 살벌한 풍경은 이미 선후배 관계를 초월한다.

각 리별로 선수단 본부가 차일을 치고 중학교 주변의 땅을 빌려서 마을별 식당을 꾸린 후, 돼지를 삶거나 소머리를 삶는 냄새가 운동장 주변에 진동을 하고 마을별 부녀회원들의 손은 분주하다.

각 리별 본부엔 선수들이 들어차고 한쪽 곁에서는 기부금을받는 자리가 마련되면 면소재지의 이름 있는 분들이 봉투를 내고, 또한 시장에서 가게를 운영하는 상인들이 각종 협찬금 또는 현금을 낸다.

마을 사람들도 십시일반으로 기부를 하기에 어느 때보다 풍족하게 기부금을 사용한다. 기부금은 주로 선수 유니폼과 마을 사람들이 모두 함께 먹을 수 있는 식당용 재료를 구입하는 데 사용을 하지만, 남는 기부금은 적립을 하고 다음 대회를 위해 요긴하게 사용을 하는 전통이 있다.

각 리별 선수들은 웃으면서 입장을 하기 시작하며 여유를 가지고 가볍게 농담을 하지만 긴장된 모습이 역력하다.

"어이, 덕거리 선수들! 살살 하기여!"

"이이고, 그지 말고 형님 동네나 좀 쎄게 하지 마요! 작년에 까진 오굼팽이가 아직도 낫지 않았다니까."

"예끼!"

"하하하"

오늘은 면장보다 체육회장이 더 각광을 받는다.

이윽고 국민의례가 끝나면 체육회장의 개회사와 일장 연설이 시작된다.

"에, 각리별 선수 여러분 그리고 관계 임원 여러분, 안녕하십니까? 에~~ 체육회장 곽길동이올시다.

오늘 천고마비의 계절에 면장님 그리고 소방대장님 노인회장님, 농협조합장님 등 여러 기관단체장님을 모시고 봉평면민 체육대회를 성대하게 개최하게 되어 체육회장으로서 무한 영광입니다.

올해는 가을 하늘이 더 청명하고 오곡이 무르익는 그런 가을이 이 체육대회를 더 빛나게 합니다. 면민 여러분들이 가을걷이가 한창인 이때 체육대회를 하게 되어 가뜩이나 일손이 부족한데도 불구하고 전 면민이 모두 합동하여 모이게 되어 체육회장으로서 매우 영광입니다.

주민들이 오시지 않아 선수들만 썰렁하게 대회를 하면 어쩌나 했는데, 오셔도 너무 많이 오셔서 봉평시장 일대가 인산인해를 이루어 아주 감개무량합니다.

늘 체육대회를 하다보면 각 리별로 과도한 경쟁으로 인해 불상사가 일어나기도 하는데, 봉평은 사실 모두 아는 사람들이고 선후배 사이입니다. 뭐 좀 지면 또 어떻습니까? 너무 이기는 데만 몰두하지 마시고 선수여러분은 면의 단합과 선후배간의 우정이라는 생각을 가지고 아무쪼록

무탈하게 마무리되기를 바랍니다.

그리고 면민 여러분들은 화합이라는 기치 아래 술도 한잔하시고 주민간의 협동이라는 마음으로 이 체육대회가 원만히 끝날 수 있도록 협조하여 주시면 감사하겠습니다."

선수들은 곳곳에서 웅성거린다.

"저 양반 국회 나오려나? 뭔 말이 저래 많어!"

"당최 말이 많네야."

선수들이 퇴장을 하고 본격적으로 육상 경기가 시작 된다. 각리별로 두 명씩 출전을 하여 결선에 진출하는 방식으로 진행되는 것을 보니, 올림픽 못지않은 열기가 운동장에 가득하다.

덕거리 선수는 남녀 2명씩 출전을 하여 결의를 다진다. 그리고 가볍게 예선을 1등으로 통과한 선수들은 자신만만한 포즈를 취해 덕거리 본부석은 응원하는 주민들은 흥분의 도가니다.

"뜀박질은 옛날부터 덕거리여!"

"그걸 말이라구? 저 보랫령 심썩은 물을 먹고 큰 사람인데~~ 암만 덕거리를 이길 수 없지."

"저기 안씨 집 둘째 아들은 강원도 대표 출신 아닌가! 봉평에선 언나들 장난이지."

100m 결선에서 가볍게 1.2등을 독식하고 여자부 100m 에서도 1등을 한다. 200m와 400계주, 혼합계주마저 1등을 하자, 덕거리 본부석은 그야말로 벌떼 같은 분위기고 술잔이 춤을 춘다.

"머이 그냥 싹쓸이를 하잖아."

"멘민체육대회가 재미가 하나도 없네! 완전히 이건 머이 언나들하고 뜀박질하는 것 같군? 하하하~~."

"아이, 저 이장 말이야! 살그마니 해도 되겠어! 술 한 잔 받어!"

면민체육대회는 이기고 지는 체육 경기도 중요하지만, 그보다 더 의미 있는 것은 봉평면민들이 한마음으로 즐기고 나눔이 있는 행사라는 점이다. 부녀회에서 정성스럽게 만든 음식과 봉평시내의 철물점, 농자재점, 약국, 슈퍼마켓, 정육점 등에서 협찬하는 소주며 음료수로 푸짐하고 힘든 농사에서 잠시 손을 놓는 해방감이 있기도 하다.

오전에 육상경기가 끝나면 오후엔 축구 예선과 배구, 족구, 씨름 등의 예선이 진행되는데, 그중 가장 인기 있는 것은 단연 씨름이다. 덕거리는 축구 첫 시합에서 원길2리와 예선을 하고 배구는 평촌2리와 족구는 창동4리와 예선을 치르며 씨름은 부전승으로 준준결승에 진출하였다.

축구 게임이 시작되면서 덕거리와 원길2리의 본부석은 응원의 함성으로 열기를 뿜어낸다.

"플레이, 플레이, 덕거리!"

"빅토리, 빅토리, 원길리!"

"눈이 와도 좋아, 비가 와도 좋아, 덕거리가 최고야!"

전 · 후반을 비긴 덕거리와 원길2리는 짜릿한 승부차기로 들어간다. 승부차기는 정말 손에 진땀을 흐르게 하며, 아슬아슬한 마음으로 양리 주민들이 운동장에 시선을 고정하고 있다.

덕거리팀이 먼저 차기로 결정이 되면서 첫 번째 키커로 나선 영준이는 그만 골대를 맞추고 만다. 그리고 상대방 선수 역시 공을 하늘로 날려 보낸다. 키커의 중압감은 이루 말할 수 없고, 잘못하면 마을의 사기를 떨어트릴 수 있어 피를 말리는 싸움을 해야 한다.

두 번째 세 번째 키커들은 양 팀 모두 골을 넣어 스코어가 2:2가 되고 마지막까지 가는 승부에서 원길2리는 실축을 한 데 비해 덕거리의 경수가 골키퍼 다리 사이로 빠지는 절묘한 골로 승리를 확정지었다. 덕거리 본부석은 난리가 나고 술잔이 도리뱅뱅이를 한다.

덕거리는 배구는 예선 탈락을 하고, 족구는 준결승에서 무이리에 패한다.

축구예선이 끝나고 덕거리 사람들은 우르르 부녀회에서 운영하는 식당으로 향한다.

예전에는 식권을 나누어주고 식권을 가지고 봉평 시내 아무 식당에나 가서 점심을 먹었으나, 이제는 마을에서 자체적으로 식당을 운영하니 마을 사람들은 모두 함께 먹고 즐기고 더 우의를 다질 수 있다.

부녀회원들과 청년들이 부지런히 돼지국밥을 나른다. 점심은 돼지국밥과 깍두기 그리고 메밀부침이 전부지만, 모두들 맛있게 먹으며 선수들 활약에 이야기꽃을 피운다.

“덕거리 아들이 참 잘 뛰대? 아주 그냥 펄펄 날어.”

“이이 그 안씨 집 둘째 아들은 2등 하고 격차가 글쎄 10리는 되더라니까!”

“이 사람 참, 말을 해도! 마라송인가! 10리가 벌어지게.”

이에 질세라 인흥동 학일이 아저씨도 한마디 한다.

“옛날부터 뜀박질을 원체 안씨가 잘했지! 그 피가 어디 가나.”

"그건 그렇고, 축구도 아주 아슬아슬하게 이겼지."

기철이 형이 한마디 한다.

"있잖아요, 있잖아요. 원길2리가 우승할려고 베루고 나왔는데 하필 덕거리하고 붙었다고 근심을 하더니, 그만 툭 떨어지고 말아서 아주 그냥 초상집이래요."

국밥에 깍두기에 소주를 곁들이며 덕거리 사람들은 자신들이 경기를 한 것처럼 한껏 고무되어 있다. 잠시 후, 이장이 노트와 볼펜을 가지고 와서 화제를 전환했다.

"저기, 그 즘심 잡숫고요. 줄다리기를 해야 하니 선수 구성을 해야 합니다. 남자 열 분과 여자 열 분으로 한 팀이 되는데 남자들은 등치 좋은 사람들이 있으니 그런대로 됐고 여자분들이 이제 좀 그래서 새댁들이 좀 나서 줘야 하겠어요."

그러자 부녀회장 왈,

"이장님! 새댁들은 맥사가리가 없고 짐매고 비료포대 짊어지고 농사에 이골이 난 나이 든 여자들이 더 빡시다니까요."

"아니! 새댁들은 왜 맥사가리가 없어?"

"이이구, 참 언나 낳고 그리고 맨날 신랑들이 저녁에 가만 놔두지 않고 보꾸치니 힘이 글루 다 빠졌지!"

듣고 있던 새댁들은 얼굴에 홍당무가 들며 혼비백산한다.

"하하하, 그렇구나! 그럼 저 빡신 중댁들이 나서요. 그 저 부녀회장이 명단을 적어서 날 줘요."

줄다리기는 면민체육대회의 꽃이다. 주민들이 일시 단결하여 힘을 쓰고 마을의 단합된 모습을 보여 주며 상대 리보다 더 강하다는 것을 보여 주기 때문에 선수들이나 응원하는 주민들이나 모두 목에 힘이 들어간다.

줄다리기는 창동2리하고 경기를 치르는데, 양 팀을 결사적으로 줄을 당기는 데 문제가 생겨 양 팀 주장들의 거친 말이 오가면서 중단되었다. 덕거리팀은 목장갑을 끼고 나왔는데, 상대 창동2리는 고무장갑을 끼고 나와서 불공정하다는 이야기다.

“아니, 고무장갑을 끼고 나오면 어떡해? 목장갑을 끼고 나와야지. 어느 팀이든지 다 목장갑을 꼈는데 왜 창동2리만 고무장갑을 낀 거여?”

“아니, 고무장갑 끼지 말라는 대회 규정이라도 있어? 아이 그러면 덕거리도 고무장갑을 끼고 나오면 될 것 아니여.”

심판은 난감해한다. 이 예기치 못한 고무장갑 때문에 대회본부가 급히 모이고, 각 리 이장들이 모여 규정에 대하여 급히 회의를 한다. 이윽고 심판이 양 팀 주장에게 말한다.

“평창 노성제 때 줄다리기 선수들이 출전을 해야 하니, 거기 규정에 의하기로 하면서 목장갑으로 통일합니다.”

고무장갑의 해프닝은 그렇게 마무리되었다.

덕거리는 창동2리를 이기고 준결승에 진출하였으나, 축구에 이긴 원길2리에게 패하였고 원길2리가 우승을 차지하였다.

또 씨름장에는 사람들이 발 디딜 틈조차 없고 어린아이들은 아버지의 무등을 타고 구경에 빠진다. 덕거리는 예선에서 평촌1리를 이기고 준결승에서 무이리에 이겨 결승에 진출하여 창동1리와 결승을 치르게 되었다.

창동1리는 씨름에서 전통적으로 강팀이고 강릉농고에서 레슬링 선수로 뛰던 한근이가 주축이 되므로 절대 이길 수 없는 팀이기도 하다.

첫날의 면민체육대회는 끝나고 덕거리는 축구 한 경기만 남겨 두고 두 번째 날 대회를 치르는데, 첫날보다 주민들은 삼분의 일로 줄어 운동장은 꽤 한산한 편이다.

덕거리는 준결승에서 창동3리와 경기를 치르는데, 명식이의 결승골로 1:0으로 이겨 준결승에 진출했다. 준결승은 무이리와 경기를 치르는데, 무이리는 전통적으로 강팀으로서 결코 만만한 상대가 아니다.

코너킥을 얻은 덕거리는 영식이가 코너킥이 그대로 골문에 빨려 들어가 전반전을 끝내고, 후반전에 일진일퇴를 거듭하여 한 골을 만회한 무이리와 1:1 상황에서 후반전에 결승골을 차 넣어 2:1로 이기고 결승에 진출한다.

결승은 해가 기운 가운데 창동1리와 결승을 치르는데, 창동1리와의 경기는 해가 진 상황에서 경기를 하여 1:0으로 승리를 하고, 덕거리는 종합 우승과 축구 우승의 쾌거를 이루었다.

날이 어두워지는 가운데 폐회를 하고, 덕거리 선수단과 주민은 우승기 두 개를 앞세우고 봉평 시내 행진을 하고 시내버스를 빌려 덕거리로 올라가려고 하였으나, 버스회사의 규정상 별도 운행이 곤란하다고 하여 딱히 운송수단이 없는 덕거리 선수들은 걸어가기로 결정하였다.

저녁을 먹으며 술에 취한 젊은 선수들은 덕거리로 걸어가는 길에 노래를 부르며 마음껏 승리를 만끽한다.

“어이, 축하하네.”

시장 사람들의 부러움과 질시를 받으며 젊은 선수들은 의기양양하게 행진을 하나 곳곳에서 승강이를 벌인다.

"야 새끼들아, 조용히 기어 올라가! 여기가 어데라고 소래기 지르며 난리 브루스야?"

시장의 젊은 사람들이 시비를 걸고 금방이라도 싸움을 할 태세다.

"뭐라고? 조용히 올라가라고? 니가 뭔데 그래, 이 씨발놈아!"

욕지거리가 난무하고 금방이라도 주먹질이 오갈 태세인데, 나이 있는 선배들이 만류한다.

"야들아, 다 중학교 선후배 관계인데 왜 그래! 그리고 시장 아들 약 올리지 말구 그냥 조용하게 올라가자!"

"성은 참! 우리가 왜 조용해야 돼요! 저 새끼들이 우승을 했으면 봉평을 들었다 놨다 할 텐데……."

"뭐라구? 저 새끼들! 야 새끼야, 너 일루 와봐 ! 너 이 자식아, 중학교 몇 회야? 이 새까만 후배 놈이 어디서 욕지거리야?"

선배들이 겨우 뜯어 말려서 덕거리로 올라가는 중에도 곳곳에서 말썽이다. 야채를 가득 실은 화물차 앞에서 화물차를 가로막고는 우승을 했으니 돈을 내놓으라고 하는 등 이건 완전히 억지 수준이다.

우여곡절 끝에 덕거리에 올라와 주막에서 또 한 번 술판이 벌어진다.

"해저문 소양강에~~~~~"

웬 소양강! 춘천도 아닌데…….

달은 휘영청 밝고 승리에 취하고 술에 취한 선수들과 마을 사람들은 이슥한 밤중까지 주막에서 보낸다.

이튿날, 이장은 종합 우승과 축구 우승을 기념하기 위해 조촐한 잔치를 준비한다. 닭을 몇 마리 잡고 체육대회 때 협찬 들어온 술과 음료수 과일을 마을의 장광으로 가지고 나와 선수들을 격려한다.

"에! 우리 덕거리가 오랜만에 종합 우승을 하고 축구 우승까지 하게 되어 창말 바닥에 덕거리의 기백을 보여 주었습니다."

"허이고, 이장 준비 많이 했네."

"에! 그래서 간단하게 우승 축하 잔치를 하고 마무리를 하려고 합니다. 우선 협찬과 기부금 내용을 말씀 드립니다. 협찬은 농협 소주 두 박스와 금일봉, 강릉상회 소주 한 박스 봉평철물점 맥주 한 박스……, 기부는 봉평건강원 3만 원, 기풍상화 5천 원, 김학경 씨 만 원, 주원식 씨 만 원……. 네, 이상입니다."

"많이도 들어왔네."

마을 사람들과 선수들은 체육대회 마무리를 이렇게 하고 또 내년을 기약한다.

여름이 오는 덕거리

깊고 높은 계곡이 골골마다 어우러진 덕거리의 여름은 시원한 계곡수와 산들바람이 실개천을 타고 찾아든다.

화전 밭을 일구던 야산엔 아름드리 낙엽송이 잔가지에 촘촘히 박힌 잎새가 여름 바람에 흩날리고, 굴참나무 · 떡갈나무 · 피나무 등 너른 잎새의 낙엽수는 한낮의 뜨거운 햇볕을 차단하여 덕거리 사람들에게 편안한 휴양처를 제공한다.

여름이면 농사라고는 밭농사 위주인 이곳의 밭엔 감자꽃이 지기 시작하고, 배추 · 무 · 양배추 등 고랭지 야채들이 낮은 계곡을 이루는 산촌의 밭을 푸르게 그려 내고 있다. 많은 농사꾼들의 배추밭이 장관을 이루고, 이 여름 야채를 수도권으로 실어 나르는 화물차의 엔진 소리가 마을을 삼킨다.

여름이면 외지의 야채 중간 상인들이 봉평에 둥지를 틀고 농사꾼의 야채를 입도선매하여 서울의 가락동으로 부지런히 실어 나르고, 마을 사람들은 너 나 할 것 없이 중간 상인들에게 밭떼기로 팔아넘긴다. 우리나라의 농업 판매는 이 중간 상인들에게 의존하고 있으며, 이 중간 상인들은 때로는 막대한 차익을 얻기도 하지만 손해를 보는 일도 종종 볼 수 있는, 데이터에 의존하지 않는 전근대적인 농산품 판매 행위가 이루어지는 곳이다.

아침 일찍 아랫집 남중이 아버지가 찾아왔다.

“배추를 팔어넘겨야 하는데 요즘 배추 값이 을매나 될란가 통 모르겠어요! 장사꾼들이 들락거리지도 않고! 저 아랫말 태왕이한테 한번 가 봐야 하는지…….”

“그래도 장거리 농약방이나 농협에 가서 날래 알어보기는 해야겠는데……. 시간나면 장거리 한번 댕겨오자구.”

안씨의 말에는 농사꾼의 농산물 판매 및 가격 정보의 어두움이 고스란히 묻어 있다. 이 나라 농사는 농사지은 사람이 정보도 알아야 하고 판매도 하는, 그야말로 슈퍼맨의 역할을 하여야 한다.

“올해도 배추 · 무가 많이 파종이 됐는지, 저기 내면이 요새 고랭지 야채 재배를 많이 하고 장사꾼들도 거길 자주 댕긴다구 하던데요!”

“내면 사람들이 옥씨기 감재 농사만 하다가 은제부터 고랭지 야채에 눈을 떠서 온 오랍도니가 마카 야채밭이라 하드라구.”

“예! 아주 배차 무꾸가 벌기 하나 먹지 않고 밴들밴들하게도 키워 놨다고 하드라구요.”

“남중이 아버진 내면에 댕게온 모양이지?”

“아니, 뭘요! 역부러 갈 수 있나요! 작년에 야채 작업하러 갔던 사람들이 난중에 얘기해서 들었지요.”

“아무튼 장에 한번 댕게오세! 농사꾼이 농사를 지 놓구도 속 시원히 팔 수 없으니 참 환장할 노릇 아닌가!”

“그러게 말이에요! 즈 아래 사촌이 서울로 가길 참 잘했지! 이거 원

농사꾼은 팔 때가 되면 죄인이라니까!"

그랬다. 농사를 잘 지어 놓고도 판매 때가 되면 장사꾼을 찾아 나서야 되고 비굴하게 팔아야 하는 을의 입장이 되는 것은 우리 농업의 경쟁력의 취약성은 물론, 결과적으로 농업을 위축시키고 농업인을 희생시키는 결과인 것이다.

특히나 야채 농업은 대표적인 투기 작물로서 전해에 가격이 폭락이 되면 당해 년에는 대폭적으로 경작이 절감되며, 풍수해의 여하에 따라 가격의 등락폭이 크므로 운이고 재수에 따른 비과학적인 농업의 대표적인 케이스이다.

남중이 아버지와 안씨는 장거리 농협이나 농약방에서 정보를 얻기로 하고, 남중이 아버지 오토바이로 시장을 향했다. 봉평농약방엔 농자재와 농약을 사러 오는 사람들과 야채를 팔아야 하는 농사꾼으로 분주하다.

"어서 와요! 배추 팔었어요?"

봉평농약상 강씨의 말에는 아직 배추를 처분하지 못했으니 이제 농약방으로 나타났겠지 하는 뉘앙스의 비아냥도 있는 듯하다.

"이 사람아! 내가 배추를 처분했으면 외상값부터 진작이 갚았겠지. 여태 외상값을 놔두고 있겠어!"

"그러게요! 올핸 배차를 을매나 싱궜어요?"

"배차 이천 평에다 무꾸를 천오백 평 심었지."

"마이두 심었네요! 아즉 장사꾼들이 봉평에는 거들떠보지도 않구 대굴령과 안반데기 그리고 내면 쪽에만 손댄다는 정보가 있기도 한데……. 날래 팔아치워야 할 텐데 걱정이겠어요."

"걱정이다 마다, 매년 야채를 심지만 팔 때만 되면 잠이 안 온다니까!

야채 팔어야 농자금도 갚고 그간 빚내서 쓴 돈을 갚어야 하는데 당최 매가리가 없다니까."

도로가 좋아지면서 고랭지 재배 지역이 확대되었고 화학농사에 병들지 않은 새로운 고랭지 지역의 야채가 더 품질이 좋아지면서 그동안 야채농사를 하던 지역은 품질 면에서 떨어질 수밖에 없고, 이런 부분들을 야채 상인들은 교묘히 이용하면서 형편없는 가격을 제시하고는 한다.

"다 망가지기 전에 빨리 처분하는 게 더 좋을 것 같아요! 요새 장사치들이 여간 약아빠져서요."

"에이그, 이 사람아! 그 부애 나는 얘기 좀 하지 말어! 언제 장사꾼들이 좋은 가격을 줄려고 했어? 항상 농사꾼을 등쳐먹기나 했지."

"에이, 드러워서 이눔의 농사, 올해만 하구 때려치우든가 해야지 원……."

"성님! 대성집 가서 막걸리나 한잔하구 올라갑시다."

"그래, 그러자구……."

그때까지 아무 말도 하지 않던 안씨는 막걸리 이야기가 나오자 기다렸다는 듯 반색을 한다. 남중이 아버지와 안씨는 자주가는 대성집으로 향했다.

"어인 일이예요? 무신 날에!"

"은제 장날에나 내려오라는 법이 있나요? 두부 끄 가지고 막걸리 한잔하게 준비나 해 주."

"농삿물이라도 팔은 모양이지요? 낮부터 대폿집을 찾게!"

"하이고, 참 야채를 팔었으면 이런 대폿집에서 막걸리나 기울이고 있을까! 저 아래 색시집에 가서 맥주나 마시고 있겠지."

"하여간 우리 집 양반이나…… 남자들은 그저 몇 푼 생기기만 하면 그저 치마 두른 아들한테 바치지 못해 환장을 한다니까."

"하하하! 그렇다는 얘기지, 그럴 형편이나 되나요? 야채 팔어서 농자금 갚고 외상비료에 농사에 다 퍼 주고 나면 겨우내 쓸 돈도 없다니까! 그러니 겨울에는 도 산판이나 가야 하고……."

안씨의 말에 대성집 주인도 일리가 있다는 듯 머리만 끄덕이며 두부 한 모를 썰어 들기름에 구워 상에 내놓는다.

"그래도 농삿물을 팔었다 하면 여기 봉평 다방의 아가씨들이 초저녁부터 씨가 마른다우! 마카 다 농사꾼들로 술집이란 술집엔 몽땅 꿰차구는 다방 아가씨를 티켓으로 불러내 돈을 펑펑 쓰며 아까운 줄 모른다니까……."

여름의 봉평은 어떻게 보면 이 지역 유흥가는 대목이기도 한 풍경은 고랭지 야채와 감자가 높은 가격을 형성하면서 생긴 진풍경이고, 그 틈새를 노린 다방이 우후죽순처럼 들어섰으며 외지에서 온 아가씨들의 호주머니 속으로 빨려 들어간다.

야채를 조금이라도 더 받고 팔아야 하는 농사꾼들과 조금이라도 싸게 사야 하는 중간 상인들의 눈치싸움이 여름의 뜨거운 햇볕만큼이나 벌겋게 달구고, 야채를 중간에서 소개하는 거간꾼가지 등장하여 농산물을 가운데 두고 전쟁 아닌 전쟁이 벌어진다.

"배추 팔었수?"

이른 새벽에 오토바이를 타고 태왕 씨가 남중이 아버지를 찾아왔다.

“팔긴! 장사꾼 민상도 보기 힘드네.”

“내가 장사꾼 하나 델구 올 테니 오늘 팔어치워요! 괜히 밭에 더 나둬 봐야 망가지기만 하고 더 똥값이 되구 말 테니까 딱 받을 값만 받구 넹기자구요!”

“을말 받어야 돼?”

“배추가 2천 평…… 그리고 무꾸가 천오백 평이지요?”

“그렇지.”

“배추는 백팔십만 원 이구 무꾸는 백오십만 원 정도밖에 안 되겠는데……. 어쩌요?”

“뭐라구? 이 사람아! 그럼 5톤 한 차에 삼십만 원씩이란 말여? 비료 값, 농약 값 빼고 나면 품값은 일 원도 안 되네!”

“성님! 성님도 현 시세를 봐야 대요! 장사꾼들이 내면이나 안반데기를 일등품으로 치면 봉평과 진부는 3등품으로 친다니까! 그리고 올해는 작황이 좋아서 야채 값이 작년보다 택도 없이 떨어졌으니 낸들 어떡하우!”

“자네는 그런데 우리랑 같이 농사를 지으면서 그렇게 야무지게 잘 아는지 모르겄네!”

“이이구, 성님! 장사꾼들한테도 듣기도 하지만 장사꾼이 아예 덕거리는 잘 오지도 않으니까 내가 쭉 댕기면서 알아보구……. 그리고 나도 얼른 처분해야 하니 시세가 그렇더라구요!”

“허! 참! 내년부턴 아예 이눔에 야채는 거들떠보지도 말어야지, 원……. 어디 농사를 지어 먹겄어?”

“그러게유! 야채 농사하지 않으면 딱히 뭘 할 것두 없구!”

“그나저나 잘 얘기해서 좀 더 받을 수 있도록 동상이 심좀 써 줘 봐!”

"야, 내가 더 얘기해 보구 이따 즘심 무렵에나 댈구 오께요."

"그러게."

남중이 아버지는 터덜터덜 걸어 옆집의 안씨 집으로 향한다.

"저 아랫말 태왕이가 왔다가 가는 것 갔드니만……."

"야! 야채장사꾼을 이따 즘심 때 댈구 온다구 하는데, 아조 행펜 없는 가격을 놓구 가서 부아가 아주 머리끝까지 뻗치네요."

"을마나 준다구 한다는데?"

"말 마슈! 배추는 5톤 한 차에 삼십만 원, 무꾸도 삼십만 원 준다고 하니 배추가 삼천 폭을 실어야 한 차니까 글쎄 배추 한 폭에 100원밖에 안 되자누."

"하여간 도둑놈의 새끼들……. 농사꾼 잔댕이를 꺾어 놓는다니까. 정지로 들어오게! 소주나 한 곱뿌 하세."

"어떻게 성님도 밭에다 썩히지 않을라문 처분을 해야 하잖아요."

"별 수 없지, 어떡해. 그나저나 태왕이는 같은 말 사람이래도 워나기 장사꾼 펜을 드는 사람이라서 당최 믿을 수 있어야지!"

"그러니 어떡하우! 장사꾼들은 도통 볼 수가 없구 쳐내버려 두자니 썩어빠지문 빚은 빚대로 남고 소설은 뭘 먹구 지낼지! 아새끼들 핵교 납부금도 줘야지……."

"……팔어넘게야지……."

점심 무렵 장사꾼 두 명과 태왕 씨가 남중이네 집과 안씨 집 야채를 전부 다 밭떼기로 샀고, 두 사람은 아쉽지만 어쩔 수 없이 밭떼기로 넘기고 말았다.

농사꾼들이 워낙 농사를 주먹구구식 손익분기점을 계산하지 않고 짓는 형편이지만, 배추 한 포기에 백 원은 말도 안 되는 가격이고 농사비용을 계산해 보지 않아도 이미 올해 농사는 낭패일 수밖에 없다.

"그나저나 성님들, 잘 팔었어요! 솔직히 저우에 보래동 마가리는 작업비가 마이 들어서 장사꾼들이 거저 가져가래도 못 가져간다구 그러드라구요. 성님들은 그래두 개바닥이라서 작업비가 들지 않으니 내가 아조 신신당부를 해서 파는 줄이나 알구 계셔요."

"그리구 저 야채 작업은 허 주셔야 하는데……. 이 동네 사람들이 앞으로는 야채 작업을 다 맡어서 해 주면 좋겠어요."

배추 상인의 말에 남중이 아버지는 화색이 돈다.

"그리문 우리야 좋지요! 가즉이나 이문이라구는 한 푼도 없는 판에 작업이라두 해야 보충이 되지."

"그러문 차당 5만 원씩 해서 하루 두 차씩 해 줘요! 작업비는 당일 달일 지불해 드릴 테니까요."

"아이구, 오만 원이문 거기 배추 따는 아주머이를 두 명 쓰고 나면 남는 게 없다니까? 아무리 안 줘도 칠만 원은 받어야 한다니까! 배추도 싸게 팔었으니 몸뚱이로 벌어먹어야 하는데 품삯까지 깎어 버리문 어디서 작업꾼을 구해! 그리고 젯놀이는 라면이래도 몇 봉지 하구 한 차당 쇠주 한 병은 내놔야지."

"그래요! 그럼 그렇게 해서 작업을 내일부터 하루 두 차씩 합시다."

그리하여 남중이 아버지는 작업꾼 다섯을 모으고, 남중이 어머니를 배추를 따는 사람으로 결정을 하였다. 작업꾼은 남중이 아버지와 안씨네 아들, 논 가운뎃집 총각, 기철 씨, 도꾸 아저씨 등 다섯 명으로 매일

5톤 두 차의 작업을 하기로 하고, 일당이 그래도 이만오천 원씩 돌아가니 품팔이치곤 꽤 괜찮은 수당이다.

뜨거운 여름 한철의 작업이기에 부지런히 모으면 겨우내 용돈은 충분히 쓸 수 있는 귀중하고 가치 있는 돈이다.

이튿날 대장골부터 먼저 작업을 하기로 하고, 경운기에 지게와 바수가리 그리고 라면을 끓일 수 있는 솥단지와 소주 됫병 하나에 저마다 점심 도시락을 들고 대장골로 야채 작업을 하러 떠난다.

대장골 그 비탈길에서 바수가리를 얹은 지게에 배추를 가득 담고 꼬불꼬불 산길을 내려와 배추를 길옆에다 쌓아 놓기를 시작한다. 평균적으로 한 명이서 열 번은 지게를 지고 내려와야 5톤 한 차가 되기에 이른 새벽부터 서둘러야 하루 두 대분의 트럭에 상차를 완료할 수 있다.

평지라면 그래도 작업이 쉽게 끝낼 수 있지만, 대장골 같이 차량이 들어갈 수 없는 지대는 한참을 땀을 뻘뻘 흘리며 지게질을 하여야 하는 고되고 힘겨운 노동이다.

"어이! 다섯 집씩 져 내리고 소주 한 곱뿌씩 하고 또 나르자구!"

"야! 부젱이 져 나르고 한 잔씩 하죠, 뭐."

"저기 돈설이는 라면 몇 개를 안주로 끓여 넣어 매운 고추를 뿌질궈서 넣구."

"야!"

한동네 사람들로 구성되어 있는 작업조는 한여름 땀을 뻘뻘 흘리며 거친 숨소리를 내며 부지런히 움직여 반차분의 배추를 밭에서 옮겨 놓고 라면을 끓여 소주를 한 잔씩 나눈다.

"그래도 여름에 이런 야채 작업이라도 있으니 용돈하고 집에 좀 보태 쓸 수 있지. 농사만 지어 가지구는 장사꾼 좋은 일만 시킨다니까."

남중이 아버지의 말에 도꾸형이 거든다.

"하여간 농사꾼은 농사짓느라고 뺑이치고 지은농사는 헐값에 넘기구 그 헐값에 사간 장사꾼들한테 품팔이나 하구 있으니 참!"

"그러게요! 농사꾼은 약아빠지지 못하니 맨날 당하구 살구 이렇게 뼈 빠지게 고된 노동이 팔자라니까."

"자자, 투덜대지 말구 쇠주나 한 딱까리씩 해."

"라면도 다 익었는데 풀까요."

"아니 노글노글하게 끓여! 매운 고추 팍 집어넣구."

라면에 소주 한 잔씩 한 후, 다시 지게를 지고 져 나르는 중 화물차 한 대가 도착하였다.

"아이구, 고생들 많습니다. 벌써 많이 작업을 했네요! 힘들죠?"

중간 상인은 배추상태를 이리저리 둘러보면서,

"배추는 좋은데 값은 없구……."

배추의 트럭에 상차는 신문지로 배추 밑동을 싸서 상차를 하여야 배추가 무르지 않고 신선하게 유지될 수 있어 배추 상인들은 신문뭉치를 몇 둥치씩 차에 싣고 다니며 작업을 한다. 배추 상차 시에는 트럭기사도 신문지를 펴 주는 등 단단히 한몫을 해야 장사꾼의 눈에 들 수 있고, 그래야 트럭을 계속 제공하여 돈벌이를 유지할 수 있으니 어떻게 보면 서로 공생관계다.

배추 상차를 하는 것을 보면 트럭에 배추 쌓는 사람들의 기술력을 엿볼 수 있다. 가지런하고 일률적으로 그림처럼 쌓는 모습은 예술이고,

더 아름답게 쌓을수록 시장에서 호평을 받는다고 한다. 이렇게 작업을 하여 보낸 야채는 가락동 농수산시장으로 가고, 시장에서 경매를 통하여 수도권 사람들에게 먹거리로 제공되는 것이다. 서울 시민들이 배추 한 포기에 천 원이면 이곳 농민들은 그 십분의 일인 백 원밖에 받지 못하는 현실은 우리 농업을 참 아프게 한다.

삼천 포기의 한 차의 작업은 끝이 나고, 어느덧 해는 중턱에 머물러 있다.

"이이고, 고상들 했네! 즘심 자시고 하자구."

다섯 명의 일꾼들은 각자 가지고 온 도시락을 풀어 놓는다.

"하하! 예전에 학교 댕길 때가 생각나네요."

"그러게, 그땐 옥시기 밥을 싸 가지고 가서 남새스러워 벤또를 꺼내놀 수 없어서 몰래 한데로 나와 먹구는 했는데……. 요새는 그래두 이 밥이라두 잘 먹으니 그나마 잘 사는 거지, 뭐."

"하긴요! 배추 작업을 너댓세 하면 쌀이 한가마니인데……. 그러니 농산물이 아주 젤 헐하다니까!"

"낼은 또 어디서 작업할란가요?"

"낼은 글쎄 고무골 최씨네 밭으로 갈 것 같은데, 여기 대장골 보다는 그래도 수월하겠지."

"자, 또 시작을 하자구! 저기 아까맨치로 다섯 짐을 날르고 쇠주 한 딱까리씩 하자구."

한낮의 더위는 해발이 700이나 된다는 덕거리라고 해서 예외는 아니다. 내리쬐는 태양에 굵은 땀은 연신 흐르고, 돌 틈에서 흐르는 샘물은 흐를 틈이 없이 마구마구 마셔 버려 샘물이 마를 지경이다.

대장골 깊은 골에서 지게로 나르는 배추 짐에 고추잠자리 한 마리가 배추 끝에 앉아 있다.

“성님! 저 잠자리는 성님 지게에 무임승차를 했네요! 잠자리 한 마리 더 싣고 내려오느라 엄청 무거웠겠어요. 하하!”

“하하하…….”

인흥천 계곡에서 내려오는 계곡물은 대장골 어귀를 휘돌아 덕거천을 이루고, 덕거천은 흥정천과 합해져 멀리 남한강을 이룬다.

더위에 지친 작업꾼들이 대장골 계곡에 풍덩 빠져 온몸의 열기를 식히고 잠시 숨고르기를 한다. 하루의 야채 작업은 산골의 짧은 해와 함께 지나가고, 작업꾼들은 고추잠자리가 하늘을 가리는 저녁 시간이 되어 고된 몸을 이끌고 집으로 돌아온다.

그렇게 한여름의 고랭지 야채 작업은 7월 20일경부터 시작을 하여 9월 초에 마지막 작업을 마무리한다. 여름 그 뜨거운 날의 덕거리 사람들의 일상이고, 동네 사람들 간의 끈끈한 이웃 정의 나눔이 있다.

“우리 마을 점방에 가서 시원한 맥주라도 한 잔씩 걸치고 갈란가?”

“오늘 처음 벌었다고 술로 없애문 너무 아꾸운데…….”

“이 사람 참! 우리가 을매나 먹는다고 학교 운동장 아카시아 나무 밑에서 한 잔씩만 때리구 가자구.”

역시 도꾸 형의 선동이 시작된다.

“저건 지 혼자 있다구 남 생각 안 한다니까! 그래, 점방에 가서 맥주 3병만 가지구 와.”

“그리구 낼은 좀 더 일찍이 일어나서 서둘러서 작업을 하자구. 조금

일찍 작업을 끝내야 소꼴도 베구 집안일도 하구 그러지."

"예, 그래야 하겠구먼요. 있잖아요! 우리 한 잔씩 더 하구 가지요!"

"기철이 이 사람, 또 발동을 거네야! 안 돼, 내일 힘들어! 오늘 아주 땀이 온 몸땡이에 범벅이 돼서 개울에 가서 좀 씻고 해야지."

남중이 아버지의 단호함이다.

"이이구, 성님! 있잖아요, 한 잔씩만 더……."

"이 사람 또 있잖아요, 있잖아요, 하는 거 보니 금세 취했네. 난 가네! 낼 아침에 보자구."

하얀 초승달이 소나무 가지에 걸리고 밤 비둘기는 어디론가 나는 여름밤이다. 술에 취한 고된 몸을 이끌고 집으로 들어오는 순간, 남편을 향한 기철 씨 부인의 불타박이 이어진다.

"배추 작업이 벌써 끝나도 열댓 번 끝났을 텐데 집에 베락이 난지도 모르고 술타령에 이제야 기어 들어와요?"

"이 사람, 기어 들어오다니? 걸어 들어오구 있구만! 근데 집구석에 뭔 놈에 불베락이 났다고 쌍심줄을 켜고 난리여."

"아이참 내! 뒷집 상희네 소가 아께 뛰나서 저기 콩밭을 다 짓삶아 놓구 감재밭은 콩알만 하게 달린 감재를 죄다 뒤집어 놓아 절단이 났다구."

기철 씨 아내는 입에 거품을 물며 밭이 망가진 부분을 힘주어 이야기한다. 기철 씨 부인 소리에 앞집 주씨 부인이 들어오면서 묻는다.

"상희네 소가 뛰났다구?"

"야, 성님네 옥시기 밭도 쇠새끼가 들이닥쳐 몽지리 작패를 해놨으니 밭에 가서 저지랭이 치고 보꼬 친 꼴을 좀 봐요!"

"아니, 어쩌다 소가 뛰나도록 쳐내비레 뒀단 말이여?"

"아이, 그 상희네 꼬부랑 어머이가 소멕인다고 소를 끌고 나왔다가 글쎄 소가 그 집 어머이를 내동댕이치고 뛰났다니까요!"

"아니, 고삐는 뒀다 뭐하구 쇠새끼가 뛰나도록 내비 두냐고! 쇠새끼가 술을 처먹었나, 아님 발정이 나서 지랄을 하나?"

기철 씨도 입을 씰룩거리며 콩밭과 감자밭으로 향한다.

"아이구, 숭악해라! 콩밭을 아주 매렌 없게 해놨네! 내 이눔에 쇠새끼를 그냥……. 감재는 전부 똥구멍이 다 들어나 올 감재농사는 절단이네, 절단."

마을에는 가끔씩 소가 발정이 나면 외양간을 벗어나 마을을 헤집고 다니며 농작물을 망가트리는 일이 있다. 집집마다 일소를 한두 마리씩 키우는 관계로, 언제 어떻게 될지 모르는 상황이라 당장은 부아가 치밀지만 넘어갈 수밖에 없다.

"소가 뛰나는 걸 봤으면 밭으로 못 들어가게 하든가 해야지, 저 발광을 치도록 집구석에 있으면서 쳐내버려 뒀단 말이여?"

"아니, 당신두 참! 쇠새끼가 눈까리가 뒤집혀서 입에 게거품을 물구 숭악하게 치뛰고 내리뛰고 하는데 막았다간 뭔 사단이 날려구 나한테 타박인지 모르겠네."

"아이구, 그래! 성한 장정도 이기지 못하는데 여자들이 뭔 수로 그 빡신 소를 붙들어! 하여간 남자들은 뭐든지 여자 탓이라니."

"그나저나 쇠새끼는 어떻게 붙들었어?"

"한참을 사람들을 놀래쿠구 개지랄을 하더니 저기 정씨네 정낭을 들이박고 정낭을 오부댕이 뿌세 놓구는 글씨 심이 빠진 걸 남승이 아버지가 달래 들어 붙들었지, 뭐."

"개지랄이 아니라 소 지랄이겠지! 그나 정씨네 정낭에 사람이 없었으니 다행이지 정낭 칸에 사람이 있었으면 어떻게 할 뻔했겠어. 당장 정씨네 정낭이 다 뿌세졌으면 볼일은 어디서 보나."

소 소동은 그날 저녁 그렇게 마무리가 된다. 그 많던 반딧불의 개체수는 현저히 적어지고 어디선가 홀로 우는 밤 부엉이 소리만 고요한 덕거리의 여름밤을 지킨다.

가을의 일상 1

멀리 문드러니에서 내려오기 시작하는 가을의 전령은 매지골 쿵쿵소 주위를 붉게 물들이고 고무골, 사태골, 절골을 온갖 나무의 단풍이 곱게 단장을 시작하면 다람쥐는 겨울채비에 더 분주해지고 계곡에서 유영하던 개구리는 겨울 집을 짓기 시작한다.

덕거리의 가을은 먼 산에서부터 시작을 알리지만, 더 분주해지는 사람들은 몸빼 바지에 수건을 동여매고 바삐 콩밭과 개밭 팥밭을 부지런히 다니는 동네 아주머니들이다.

"갈이 빨라서 머이 벌써 콩이 튀기 시작을 하네."

"그러게요, 콩 튀기 전에 날래 콩을 꺾어야 하는데 우리 집 양반은 태평세월이라니까."

원씨 아줌마는 가을 거두미에 속을 태우며 이른 아침부터 최씨 집 부엌에서 조바심을 낸다.

"바깥양반이 어디 갔수?"

"산에요! 저기 계방산으로 심 보러 갔는데 날이 좋을 때 갈 거두미를 먼저 해치워야 하는데 저렇게 산에만 쫓아다니고 있어서 속이 타 죽겠다니까요!"

"뭔 심이 그렇게 있수?"

"그러게 말이에요! 하이탄간에 육구만달이를 캐야 한다나 어쩐다나 참! 속에서 아주 천불이 난다니까요!"

최씨 집 아주머니는 소여물에서 올라오는 김을 피하며 이야기를 이어 간다. 원씨 집 아줌마는 따스한 부엌의 장작 타는 모습을 바라보며 애타는 모습을 여과 없이 말하며, 부엌 앞에 쪼그리고 앉아 따뜻한 장작불에 잠든 강아지의 머리를 쓰다듬고는 이야기를 이어 간다.

"심이 있기는요? 진삼이 눈에 띄기나 하나요, 뭐! 횡재를 잡으려고 저렇게 갈산을 뒤지고 댕기니 오랍돌에 갈설거지는 마카 내가 해야 하니 부애가 나서 죽겠다니까요."

"우리 집 양반은 오늘 뭐할지! 개울 건너 굴아우밥에 가서 콩을 꺾어야 할 텐데 이러다 콩이 꽁밥이 되고 말겠어."

"아이고, 내가 신세 한탄하다가 아덜 아침밥 챙겨 줘야 하는 걸 깜박했네. 난 가우."

"야, 잘 가우!"

짧은 가을해가 되면 덕거리 사람들은 분주해지고 행여 비가 오고 난 뒤에는 금방 추워지므로 이른 서리라도 내리고 나면 애써 가꾼 농작물이 잘못되므로 조바심을 태울 수밖에 없다.

집집마다 굴뚝에서 피어오르는 이른 아침의 연기가 사그라질 즈음이면 아침상을 마주하고 가을걷이에 순서를 정해야 하는 회의를 하는 시간이기도 하다.

"태규 아부지요! 저기 굴아우 콩부텀 먼저 꺾어야 하는 거 아니유?"

"콩도 꺾어야 하구 팥도 뽑어야 하구, 메밀보 베야 하고 깨도 베서 널어야 하구 고추도 마저 따야 하구…… 통 할 일이 아주 태산이네."

“그나저나 텔레비전 좀 틀어 봐! 일기예보를 들어 보구 마댕이 순서를 정해야 할 텐데…….”

“아이구, 그 일기예보를 머이 통 믿을 수 있어야지! 하여간 오늘은 콩부터 꺾어요.”

최씨 내외는 지게를 걸머지고 숫돌과 낫을 들고 굴아우 밭으로 콩을 수확하러 떠난다. 굴아우골은 작은 골을 형성하고 있는데, 골 중심부에 작은 바위굴이 하나 있어서 붙여진 골의 명칭이다.

덕거리는 골과 골 사이에 형성된 부락으로 좁은 평지가 있기는 하지만, 대부분이 산자락으로 형성된 비탈밭을 많이 경작하고 있다.

“머이 하며 콩이 온 사방에 튀었네! 야물게 여물었는데 갈이 가물어서 그런지 아주 버쩍 말라서 몽지리 튀게 생겼네야.”

“글쎄, 그렇다니깐요! 아즉은 초갈긴데도 이러니 원 참.”

“하여간에 갈 날씨는 어제 다르고 오늘 다르니 참! 쟁끼들만 신이 나서 다 쪼아 먹게 생겼네.”

덕거리는 꿩이 참 많은 마을이고, 겨울이면 마을 사람들의 꿩사냥이 예전에는 제법 많아서 겨울을 요긴하게 보내기도 한다.

최씨 두 부부는 부지런히 낫질을 하며 콩을 베기 시작한다. 덕거리에서는 콩 베는 것을 ‘콩을 꺾는다’고 한다. 낫으로 마른 콩대를 대고 앞으로 꺾으면 수월하게 베어지므로 꺾는다고 표현하는 것이다. 콩을 벨 때마다 마른 콩 줄기에서 콩이 밭으로 떨어지고 콩이 다 베어지면 일부는 손수 줍기도 하지만, 콩이나 새 먹이로 밭에 그냥 두기도 하며 자연과 환경과 공존하는 사람들이다.

"콩이 아주 마이 튀는데 저걸 다 어째?"

"짐승들도 좀 먹고 살아야지, 죄다 다 줏어 버리면 짐승들이 마을로 죄 내려와 피해를 입힐 텐데……. 적당히 좀 즈들 먹을 걸 냉게 놔야지, 뭐."

"그래두 너무 아깝자누! 콩 한 되면 두부가 여러 모가 나고 콩갱이를 해두면 메칠을 먹을 건데……."

고기를 많이 먹을 수 없는 덕거리는 콩농사를 제법 많이들 한다. 콩은 산골에서는 없어서는 안 될 아주 중요한 곡식으로서 두부는 물론 콩탕, 콩죽을 해먹는 단백질 공급원이기도 하지만, 고추장 · 된장 · 막장 · 간장의 메주를 쑤어야 하는 없어서는 안 될 곡식이다.

"태규 아부지요! 쇠주나 한 곱뿌 자시고 하시오."

"술을 챙게 왔어? 웬일이여! 상전 술 챙길 줄 모르더니……."

부부는 고추무침을 안주삼아 물 건너 마을을 바라보며 뉘엿뉘엿 물들어 가는 산촌을 바라보며 소주를 한 잔씩 나눈다.

평생 이곳 덕거리를 벗어나 보지 못하고 아버지 적부터 농사를 지으며 마을 사람들과 부대낀 삶이지만, 이웃과의 정이 돈독하여 이곳을 떠난다는 생각을 해 볼 수도 없었지만, 떠난다는 그 자체가 두려움이 먼저 생긴다.

그러나 오남매의 자식들은 다 도회지로 떠나고 명절이나 여름휴가에 찾아오니, 노부부로서는 자식들의 찾아옴이 그저 반갑고 만족하기만 하다.

가끔은 아들딸 집을 장평에서 버스를 타고 가 보기도 하지만, 아찔한 아파트를 보는 순간 현기증부터 먼저 나고 이내 덕거리로 돌아갈 생각만 나는 것은 흙과 산과 공기가 익숙하지 않기 때문이다.

"오늘 다 꺾어야 할 낀데 부쟁이 해야지! 몽낫을 일루 줘, 숫돌에 갈아 줄 끼니!"

"야! 콩대가 억세서 그런지 날이 머이 금세 무대지네."

"즘심은 집에 가서 먹고 올라와지."

"야! 구찮아서 밥보따리를 싸지 않았어요! 식은 밥 있으니 뜨신 국에 한 숟갈 말어 먹고 오지, 뭐."

좁디좁은 산골에 두 부부의 콩 베는 모습을, 장끼 한 마리와 까투리 한 쌍은 근심 어린 듯 보고 있다. '콩을 다 베어 가면 뭐 먹고살지?' 하는 꿩 내외의 눈길을 최씨 부부는 알 턱이 없이 부지런한 낫 놀림에 어느덧 비탈의 콩밭은 점점 흙을 드러내고 누런 콩잎만 떨어져 덮는다.

최씨는 독한 담배 한 대를 빼어 입에 물고 콩 베는 일에 열중이고, 말 없는 부부 사이로 가을은 그렇게 점점 다가오고 비둘기의 바쁜 날갯짓이 굴아우골에 콩밭과 함께 저문다.

가을 날씨는 고추잠자리가 하늘을 가리는 시점에 절정을 이룬다.

해 질 무렵 덕거리의 가을. 어느덧 메밀은 붉은 대공이 더 선명한 자태를 드러내고 하얀 싹은 검은 알갱이가 촘촘히 여물고 메밀을 베는 구릿빛 얼굴의 농사꾼은 빈틈없는 시간을 쪼개고 나누어 가을걷이에 짧은 해를 몸부림한다.

올해도 메밀은 튼실히 농부의 바람을 잊지 않았다. 척박한 천수답을 가진 덕거리의 농사에서 하지까지 비가 내리지 않으면 다랭이 논에는 여지없이 메밀을 풀어 겨우내 식량을 해결해야 했다. 모든 먹고 사는 것을 최우선으로 여겼기에 덕거리는 가을이면 하얀 메밀이 밤길의 가로등 역할을 한다.

"아이구, 하여간에 메물은 참 잘 여물어."

"올해 갈날이 좀 좋았어요! 올해 갈날 같으멘야 곡석은 살찌고 나달은 아주 튼실하지! 오늘 메물 비면 다 비겠네요?"

원씨는 오늘도 보래령 산에 다녀오다 최씨 집을 들러 메밀 수확하는 모습을 보며 가을 예찬을 한다.

"머이 심을 좀 캤어?"

"심은요! 귀경이라도 하고 죽을래도 아조 꼭꼭 숨어 통 뵈질 않네요."

"그래! 육구만달이 한 뿌리는 캐야 여름내 산에 다닌 품값이라도 찾지."

"그러게 말여유! 에펜네 잔소리 하기 전에 날래 가서 몇 뿌레기 되지 않는 팥이라도 뽑아 줘야지 저녁밥 얻어먹지요."

가을엔 소가 먹는 소 풀도 씨가 잔뜩 여물고 꼴도 줄기에 물이 빠지며 억새 지면서 누렁소가 소풀 뜯는 모습도 힘겨워 보인다. 뚝뚝 끊어져야 할 풀은 뿌리째 뽑히며 흙 묻은 뿌리를 골라내려는 누렁소의 가을이 왠지 소에게는 살찌는 소리로 들린다.

봄에서부터 여름까지 소 쟁기를 등에서 벗어내지 못했던 일소의 가을은 모처럼의 해방을 만끽하고 송아지에게 아낌없이 젓꼭지를 선뜻 내어준다.

집집마다 메밀을 베어 햇볕에 건조하는 사람들과 팥가리를 만들어 두는 사람들. 그리고 들깨를 마당에서 타작을 하는 사람들로 여유라고는 어디서도 찾을 수 없다.

"메밀은 햇빛에 메칠만 말리면 금세 털 수 있겠지요?"

"메밀 털기가 젤 펜하지, 뭐. 난 낼모레 두둘길나네."

윗집 도꾸형이 지나가다 말을 건다.

"여보게, 할 일 없으면 낼모레 우리 집에 메물이나 털러 와."

"야! 벨일 없으문 와서 도리깨질이나 도와줄게요."

메밀 타작하는 일이 가장 수월하다. 메밀은 척박한 땅의 구황식품이기에 늦여름에 파종을 하여 늦가을에 수확을 하여 별다른 도구 없이 드럼통을 눕혀 놓고 메밀단을 드럼통에다 때리면 메밀알갱이가 수북하게 쏟아지곤 한다. 덜 떨어진 메밀은 집단을 풀어 도리깨질 몇 번이면 깨끗하게 털어지기 때문에 아주 수월한 농사 중에 하나다.

최씨네는 올해도 메밀 몇 가마를 수월하게 생산을 하고 겨울을 준비한다.

개울물 소리가 점점 힘이 없어지는 가을엔 여름내 흩어졌던 개울속의 민물고기인 버들치, 수수미꾸라지, 뚝저구 등이 수량이 적어진 개울물에 모여들기 시작을 한다. 가을걷이가 분주하긴 하지만, 이때쯤이면 동네 사람들은 하루는 시간을 내어 물고기를 잡고 어죽과 매운탕 추렴을 한번은 한다.

한두 집 굴뚝에서 연기가 피어오르기 시작하면 가을의 기온은 급격히 내려가고 선뜻 선뜻 추위를 느낀다. 메밀을 수확하고 나면 연이어 콩타작과 팥타작을 하여야 한다. 콩과 팥은 쉽지 않은 타작이어서 마당에 콩단을 풀어 가지런히 놓고 하루 종일 도리깨질을 하여야 한다.

가을의 도리깨질이 가장 힘든 노동에 속하지만 피할 수가 없이 이 과정을 거쳐야 콩과 팥을 수확할 수 있기에 가장 늦게 타작을 하는 게 덕거리 사람들의 풍경이다. 그래서 이즈음이면 어느 가정이나 다 콩타작 팥타작을 하는 풍경을 쉽지 않게 찾을 수 있다.

오늘도 최씨네는 그동안 가을 햇볕에 잘 말려 두었던 콩타작을 하려고 식전부터 부지런을 떨고 있다. 뒷산에서 도리깨를 만들려고 물푸레나무 가지를 잘라 오고 말려 두었던 칡줄기를 꺼내서 야무지게 도리깨를 만든다.

리어카에 바람을 넣어 콩단을 마당으로 옮기고, 마당엔 콩섶으로 가득하다. 아침을 먹은 후 "탁, 타닥" 도리깨질을 하고 있으면 아내도 별 수 없이 나와 함께 도리깨질을 한다.

"도꾸가 온다고 하더니 안 오네!"

"이이구, 잘도 오겠수! 품값이나 주면 몰라도 어디 딴 집으로 가소 일해 주겠지."

아내의 퉁명스런 이야기를 하지만 최씨는 기다리는 눈치가 역력하다. 가을 일손은 너무 귀하여 한 명 한 명이 반가울 수밖에 없는 가을이다.

"머이 날래도 시작을 했네요."

"어이, 왔네! 난 어디 딴 데로 내뺀 줄 알었지!"

"아이구, 의리 없이 어떻게 그래요! 도와드린다구 했으면 대갈이가 두 쪽이 나도 지케야지요."

"고맙수야! 이이구, 오늘 아주 큰 일꾼 하나 잡았네."

최씨 아내는 연신 싱글벙글이다. 어깨가 좋지 않아서 내심 오늘 도리깨질이 좀 부담스러웠는데, 도꾸 노총각이 도와준다고 하니 한결 날아갈 것 같은 느낌을 지울 수가 없다.

"쇠주 한 고뿌 하고 할까?"

"그럼 좋지요! 날래 한 잔 주세요."

농촌의 일은 역시 한 잔 술의 힘이 대단하고 고된 일을 의지하는 힘이 된다. 농경민족의 한과 육체의 고단함을 술이라는 나눔으로 풀 수 있었기에 우리 민족은 농주라는 막걸리를 탄생시켰을 것이다.

한때는 밀주라고 하여 가정에서 막걸리의 제조 자체가 금지되었고, 바쁜 와중에 막걸리를 할 수 있을 수 없어 소주로 대신하지만 술은 농촌을 지탱하는 없어서는 안 될 존재이다.

"탁……."

"타, 다다닥……."

장단을 맞추는 도끄 형과 최씨의 도리깨질에 가을날은 반짝이고 산비둘기의 "구구구" 소리는 박자를 짚어 가는 모습이다.

최씨의 아내는 고등어를 숯불에 굽고 아끼던 돼지고기를 썰어 두루치기를 만든다. 덕거리의 인심은 앞집에서 도리깨질을 하는 논 가운뎃집 최씨를 비켜 갈 수가 없다.

같은 강릉최씨의 동본으로 논 가운뎃집 최씨가 항렬상으로는 아저씨뻘이 되지만 족보상으로 멀기 때문에 터놓고 지내는 사이이다.

"어이 한집이! 어서 오게! 와서 두루치기 한 점에 소주 한잔하구 하세."

두루치기 볶는 냄새와 고등어 숯불구이는 아랫집 안씨 집까지 날아간다.

가을걷이는 대부분이 가정에서 울력 없이 하기에 아랫집 윗집을 불러 소주 한 잔 나누는 정이 정말 돈독한 덕거리 사람들이다. 콩 한 쪽도 나누어 먹는 인심에서 사람 사는 마을을 잉태하고 사람 사는 냄새를 풍긴다.

앞마당 도랑가에 개복숭아가 주렁주렁 매달린 것이 오늘은 더 탐스럽게 보이는 것은 가을이 살푯하기도 하지만 욕심이 없기에 더 소담스러운 모습니다. 덕거리의 가을은 겨울의 주 양식인 잡곡 타작이 마무리되어야 비로소 가을의 진한 향기에서 벗어날 듯하다.

코스모스 씨는 여물대로 여물어 긴 허리를 휘청이며 한 움큼씩 까만 씨앗을 토해 내고 가는 잎은 하나둘 늙어 간다. 여름내 울창했던 솔잎은 산자락을 덮어 겨우내 얼어 있을 대지에 소나무의 뿌리에 이불을 덮어 주고, 그 가느다란 솔잎이 마지막 생명까지 다하는 것에 계절의 숭고함이 돋보인다.

“마댕이 이젠 마무리가 돼 가는가 보죠?”

“머이, 아즉 마누라가 들깨를 다 털었는지 모르겠네. 아이 털고 두 벌은 아직 남은 것 같은데 말여.”

“갈마댕이가 마이 힘들죠?”

“심들구 말구, 마카 등짐으로 저 나르고 심으로 다해야 하니 마댕이 끝나면 맥사가리가 하나도 없다니까 글씨.”

“그래두 뭐 일 년 농사 고상한 보람이 있지요, 뭐!”

알알이 영글어 수확을 하고 긴 겨울엔 일하나 없이 뒹굴뒹굴해야 하는 계절이면 오히려 몸살이 날 지경이니, 차라리 힘이 들더라도 일하는 계절이 농사꾼들에게는 오히려 행복 할 수도 있다.

깊어만 가던 가을은 이내 서리가 내리면서 긴 겨울을 향해 속절없이 흐른다. 가을은 그렇게 또 흘러간다.

가을의 일상 2

“머이 서리가 한번 푹 빠지더니 날이 아조 쌀쌀해졌네! 마댕이는 서리 맞지 않고 잘 끝냈어요?”

이장집 아내가 옷깃을 여미며 주씨댁에 들려 이야기를 한다.

“아이고, 웬걸요! 고추를 미처 뽑지 않아서 설마 했더니 글쎄 서리를 푹 맞아서 아주 질렁 녹아 버렸어요! 아주 아꾸워 죽겠네!”

“그러게, 풋고추가 그냥 있을 텐데……. 난 그럴 줄 알구 가빠를 푹 덮어 놨더니, 그나마 그래도 먹을 건 챙기겠던데…….”

“그래야 하는데 서리가 그렇게 단번에 푹 빠질지 알았수! 첫서리가 내려도 대번에 이렇게 푹 얼굴지 누가 알았겠어.”

첫서리가 내린 늦가을의 덕거리는 겨울의 초입으로 부지런히 겨울 채비를 하여야 하는 계절로, 사람들의 조바심은 더 마음을 조여들게 한다.

회령봉에는 벌써 낙엽지고 앙상한 가지만 드러낸 참나무를 위시한 벌거숭이 나무만 큰 산에 남아 시커먼 가을을 만들어 냈다. 울창한 숲을 아지트 삼아 제몸을 숨겨왔던 멧돼지 · 고라니 등 산짐승은 벌거벗은 듯 제 모습 감추기에 여념이 없고, 사람들의 마음을 허전하게 한다.

덕거리의 늦가을이 되면 바로 겨울의 문턱으로 들어가기에 이 산촌에 서식하는 뱀과 개구리 같은 파충류가 제일 먼저 긴 겨울잠을 위해 아지트를 튼다. 특히 산개구리는 까맣게 살갗을 태워 서둘러 계곡의 큰 바위 밑으로 몸을 숨기고 겨우내 몸을 보전하기 위해 낙엽 집을 짓는다.

겨울 문턱의 늦가을은 앙상함이 마을을 덮치고 마을 사람들의 종종거림은 긴 겨울을 준비하기 위함이며 겨울이 모든 것을 정지시키기 때문이다. 할 일이 너무도 많은 사람들의 모습에서 가을의 일상을 찾고 그 늦가을이 주는 것은 풍요로움보다는 근심덩어리가 된다는 걸 피할 수가 없다. 그만큼 할 일이 더 많아지는 겨울의 초입에 동동 거릴 수밖에 없다.

가을이 가는 소리가 빠르게 마을을 덮으면 덕거리 사람들은 겨울 땔감 준비에 여념이 없다. 낮은 산에 올라 잔가지의 나무를 베어 단을 묶어 지게로 나르고, 아낙네들은 부살개를 할 수 있는 불쏘시개용 마른 소나무 잎을 주워 나른다.

겨울이 긴 덕분에 덕거리 사람들은 겨울을 지새울 난방용 나무 장만에 남녀노소가 따로 없다. 6개월을 따듯하게 보내야 하기에 엄청난 나무가 필요하고, 가족이 동원되지 않으면 온 가족이 눈 속의 추위에 갇혀 있어야 하기 때문이다. 이처럼 난방용 땔나무는 중요한 자원이기에 온가족이 동원되어 개울가에서부터 산등성이까지 땔나무 구입에 바쁜 일손을 놓지 않는다.

"이젠 가까운 산엔 낭기 없네!"

덕거리 사람들의 겨울 땔감용 나무의 주종은 잡나무를 낫으로 베어 석단씩 단을 묶어 지게로 져 나르는 일이다. 집집마다 긴긴 겨울을 나야 하기에 가까운 야산보다는 더 깊은 산에서 나무를 하여야 하고, 온 동네 사람들이 울력으로 돌아가며 하기도 하는 늦가을의 일상이다.

"이장! 낭구를 하려면 은제 모여서 돌아가문서 해야 하니 날을 잡어야 하지 않겠어?”

“아이, 뭐 낭구까지 동네가 돌아가문서 해요! 그냥 가까운 사람들끼리 돌아가문서 하문 더 낫지요.”

“글케도 요샌 산엔 낭구도 그렇게 많지 않은데 괜히 산림감수들한테 해꼬지 당하지 않게는 해야지.”

“아이, 뭐 비나무 하는데 산림감수들이 뭐라고 할까요? 돈 들이지 않고 국유림에 간벌을 해 주니 더 좋지요.”

“그래도 산림감수들 끗발이 있다고 괜히 트집을 잡는다니까…….”

논 가운뎃집 운집이 어른은 망태를 짊어지고 앞산으로 향한다.

“어디 뭐, 산에 봐둔 더덕이라도 있수? 일찌감이 산으로 가게!”

“아니, 삼태기랑 주루먹을 만들라면 이때 칡을 거둬 와야지. 너무 늦으면 물이 말라서 비틀어지문 심이 있어야지.”

부지런하기론 동네에서 소문난 논 가운뎃집 어른이다. 키는 작지만 아주 야무지고 바지런하여 눈비가 오기 전에는 여간해서 집에서 쉬는 시간이 없을 정도로 부지런하고 성실한 어른이다.

겨울이 오면 눈이 많이 내리고 긴 겨울이 지루한 지역의 특성상 마을 사람들은 피나무 껍질이나 칡 줄기를 거두어 보관하여 여러 가지 농사 도구를 만들어 사용한다.

특히 피나무 껍질을 벗겨 만든 망태기는 질기고 견고하며 가벼워서 사람들이 가장 선호하는 도구 중에 하나가 되며, 이 망태기를 가리켜 덕거리 사람들은 ‘주루먹’이라고 한다. 주루먹 속에는 낫, 손도끼 같은 쟁기가 들어 있고 멀리 일하러 갈 때는 주루먹 안에 도시락을 싸들고 다니기도 하기 때문에 없어서는 안 될 일상 용기이다.

덕거리의 늦가을에는 온통 겨울을 날 땔나무를 하는 풍경을 어디서나 볼 수 있는데, 어린 잔가지를 베어 묶어 3단씩 지게에 지고 내려오는데 가파른 산길을 내려오는 모습은 아슬아슬하기도 하다.

"날래도 한 짐 지고 내려오네야."

"야! 머이 낭구도 없어도 저 자지봉 꼭대기나 가야 한 짐 할까 하네요."

"보래동 실바골 가서 참나무나 해 와야지, 뭐. 이 비나무는 화력도 약하고 해서 구둘장이 데워지지 않아서 낭구 값도 하지 못하지."

"실바골 갈라문야 한저울에 눈이 내려야 발구를 끌고 가지, 지금은 그저 비나무해서 구들짱을 뎁혀야지요, 뭐."

덕거리 사람들은 국유림에서 겁도 없이 참나무를 도벌하여 난방용 땔나무를 하곤 하였으나, 이제는 산림당국의 강력한 단속으로 과거처럼 마음대로 도벌을 할 수 없는 처지다.

"부살개 할 갈비도 긁어 놔야 하잖아!"

최씨는 큰 자루를 챙기며 지게를 지고 뒷산으로 향하는 동안 아내한테 이야기를 하며 짐짓 같이 산에 가길 바라지만, 겨울이 오기 전에 할 일은 오히려 여자들 일이 더 많은 산골이다.

"아이고, 참 여자들 할 일이 을마나 많은데 부살개까지 하러 가지구 그러우! 그지 말구 갈비를 마이 긁어서 무저 놔요! 이따가 같이 올라가서 한꺼번에 마대자루에 넣어 굴리게……."

"난 아무래도 소까지를 따야 할 텐데……. 저울에 눈이 한질이 빠지면 아무래도 갈비도 눈에 젖어 뿌리니 버강지에 불을 들일라문 소까지가 젤인데 말여."

"소까지는 저울에 산판 하는데 가서 따문 되지 뭘……. 인자는 아무래두 부살개 할 갈비나 잔뜩 긁어야 한다구."

소나무가 많은 덕거리는 소나무 잎이 말라 떨어져 산자락에 수북이 쌓이니 겨울 난방에 요긴하게 쓰여 집집마다 큰 자루에 보관하여 겨우내 사용한다.

늦가을의 일상 중에서 덕거리 아주머니들은 엄청난 일에 매달리게 된다. 그 일 중에서 제일 큰일은 아무래도 겨울 김장이다.

가족이 많고 겨울이 길어 다른 반찬을 해먹을 수 없는 덕거리 사람들은 김장하는 날은 산더미처럼 많은 배추와 무를 다듬고 김장은 동네 사람들이 울력으로 한다. 그래서 모든 일 하나하나가 마을 사람들의 협동은 필수적이다. 특히 김장김치는 한 가구에서 평균 배추 300포기와 깍두기용 무 200개를 버무리는 대형 김치공장이 된다.

뒷간에 장독대 묻을 구덩이를 파고 사람 키만 한 장독대를 묻고 눈이 맞지 않도록 옥수수 짚으로 울타리를 쳐 주면, 겨우내 땅에 묻어 둔 김장김치를 온 집안 식구가 김치찌개와 김치만두를 즐기고 김치죽을 먹을 수 있는 겨우내 충분한 양식이 된다.

덕거리의 김치는 젓갈을 넣지 않은 특성이 있지만, 김치를 잘 담그는 집은 주문진에서 싱싱한 명태를 구입해 토막을 쳐 싱싱한 생태를 배추김치 속에 넣어 두면 김치가 익으면서 명태가 발효되면서 그 맛은 김치의 절정을 이룬다, 이 명태김치로 김치찌개를 하면 이보다 더 좋은 김치찌개는 없는 듯하다.

특히 오징어 철에 주문진에서 오징어를 듬뿍 사다가 채를 썰어 채김치와 함께 담가 먹는데, 채김치가 익으면서 오징어도 함께 발효되면 최상의 영양 오징어 채김치가 된다.

또 늦가을이면 집집마다 무청을 새끼줄에 엮어 처마에 매달아 놓으면 적당하게 얼다가 녹으면서 말린 무청시래기는 겨울에 콩탕재료로 훌륭하며, 시래기 밥이나 시래기장국으로 덕거리 사람들의 겨울나기에 최상의 식품으로 거듭난다. 이처럼 덕거리 사람들은 눈이 오기 전 가을에 이토록 많은 먹거리를 준비한다. 겨울이 긴 특성을 잘 활용하는 마을 사람이다.

구덩이를 마당 앞에 두 개를 파두고 한 구덩이에는 감자를, 또 한 구덩이에는 무를 묻어 두고 감자는 겨울에 밥에 섞어 먹거나 긴 겨울밤에 화롯불 속에서 따끈하고 고소하게 익어 간식으로 겨울밤의 배고픔을 달래 준다.

구덩이 속의 무 역시 긴 겨울밤에 간식으로 깎아서 먹는데, 시원하고 아삭한 무는 겨울을 보내는 사람들의 지혜이기도 하다. 특히 무는 겨울에 감기나 몸살이 나면 무 가운데를 파내고 가을에 채취한 토종꿀을 넣어 달여 마셔 감기를 이기는 명약이 되며, 가끔은 오미자를 넣고 끓여 차처럼 마시면서 겨울에 있는 몸살감기를 극복한다.

“산댁 방앗간에 옥시기 능구러 가지 않을라요?”

“옥시기도 능궈 놔야 하는데……. 언제 다 모여서 한꺼번에 능구지, 뭐.”

겨울 양식 중에 빠질 수 없는 게 옥수수와 감자인 덕거리는 옥수수로 다양한 먹거리를 만들어 낸다. 옥수수를 곱게 빻아 옥수수쌀을 만들어 쌀 · 조 · 수수와 섞어 밥을 하기도 하지만, 옥수수 껍데기를 살짝 벗겨 보관해 두었다가 겨울에 간식으로 먹는데, 이때 껍데기를 벗긴 옥수수와 팥을 섞어 오랜 시간 푹 삶으면 단맛과 어우러져 옥수수범벅으로 한 끼를 충분히 해결할 수 있고 마을 사람들이 한데 모여 함께 즐기기도 한다.

삼굿과 삼농사

덕거리에는 아무도 찾을 수 없을 정도로 삼이 울창하게 밭을 메운다. 덕거리에서는 집집마다 대마로 익히 알려져 있는 삼농사를 많이 하고, 마을 개울 한복판에 삼을 찌는 삼굿터가 있다.

삼굿은 삼베옷을 만드는 길쌈의 원료가 되는 대마 줄기에서 쉽게 섬유를 얻어 낼 수 있도록 수증기로 찌는 공정으로 '삼 찌기'라고도 한다. 또한 삼굿은 이때 쓰는 쇠로 만든 큰 통 모양의 용기를 가리키기도 하는데, '삼무지'라고도 부른다. 베 짜는 데 필요한 섬유질은 삼 껍질에서 나온다. 삼은 대략 4월에 씨를 뿌리며 7월 하순이면 다 자란다. 7월 하순이면 삼을 베어 삼굿을 한다.

과거에는 한식, 청명 무렵에 파종해서 100일 정도 지나 초복을 전후해서 수확했다고 한다. 3월 무렵이면 먼저 밭에 거름을 내고 암소두마리가 경운하는 쟁기를 이용해서 밭을 깊이 갈아엎는다. 그 후 비료를 뿌리고 파종을 한다. 7월 초순 수확할 무렵이 되면 삼은 보통 12~3m 정도까지 자란다. 삼을 벨 무렵이 되면 낫을 날카롭게 잘 갈아 두어야 한다. 과거에는 '삼칼'을 사용했다. 삼은 베어진 상태에 따라 한 단씩 상중하로 분류해 둔다. 그리고 한 단씩 묶인 삼은 '삼굿'에 가서 증기를 이용해 찐다.

덕거리의 토질은 대마 재배에 적합한 사질토이고, 기후 조건이 좋은 곳이다. 덕거리에는 세 곳의 삼굿터가 있다. 이 삼굿에 물을 붓고 그 위에 삼을 놓아 증기를 이용해 삼을 찌는데, 색깔이 누렇게 변할 때까지 쪄야 한다. 외지에서 삼단을 사러 온 사람은 삼을 찌기 전에 거래를 한다. 이때 삼을 판 사람이 삼을 쪄 준다고 한다. 보통 삼단 한 단에 가격은 많이 나갔으나 덕거리 주민들은 대부분 이 삼을 직접 벗기고 실을 만들어 베를 짰다.

이렇게 삶은 삼단을 햇볕에 말려서 물에 불리면 껍질이 벗겨진다. 대마 줄기에서 쉽게 섬유를 얻어 낼 수 있도록 수증기로 찌는 공정이 바로 삼굿이다. 전통적인 방식으로는 구덩이를 깊게 파고 불을 피워 돌을 뜨겁게 달군 뒤, 그 위에 삼단을 쌓아 두고 물을 뿌려서 뜨거운 증기를 만들어 삼을 찌는 형태이다. 노동력이 많이 필요했기 때문에 온 마을 주민들이 참여하였고 작은 마을 잔치와도 같았다. 근래에 와서는 대형 삼무지에 찌는 형태가 보편화되었다.

삼굿을 하는 날이면 마을에는 남녀노소 할 것 없이 긴장을 하고 그 긴 노동과 정성은 한 해의 삼농사를 좌우하는 결정의 날이므로 덕거리 사람들은 온갖 정성을 다하며 부정 타지 않는 행위를 삼굿 전날부터 하지 못하도록 강제한다.

“어이, 젊은 사람들은 오늘 저녁엔 내우하지 말고 각방을 쓰고 조심들 하게.”

마을 어른들의 지침은 젊은 농군들의 잠자리까지 간섭을 하고, 품질 좋은 삼을 생산하기 위해 눈과 귀를 마을에 집중을 하고 안테나 역할을 한다.

삼을 삶기 위한 과정은 고된 노동이고 마을 사람들이 함께하는 울력이며 공동체의 일이 될 수밖에 없다. 마을 청년들과 젊은 사람들은 삼굿터를 삽으로 파고 넓히는 일을 하루 종일 하여야 하며 삼을 익히는 화목을 준비하여야 하기에 가까운 산에서 잡목을 베어 지게로 나르고 이 잡목을 화집에 차곡히 채워 화력을 최대한 끌어올려야 삼이 바르게 익어야 벗겨 내기 쉬우므로 화목을 선택하는 것 또한 마을 사람들에겐 노하우 속하는 일이다.

화목을 화집에 산더미처럼 쌓아 놓고 소나무가지를 베어 화집을 덮고 개울에 있는 큰 돌로 이 화집을 쌓으면 화목에서 달아오른 화력이 돌에 전이되면서 엄청난 화력을 발생시켜 삼을 잘 익게 하는 기준이 된다.

거의 한나절 이상을 화목을 태우는데, 화목이 타는 동안 뜨거운 열기가 여름의 태양과 함께 개울이 이글거리며 한여름의 열기를 발한다. 그 동안 마을 사람들과 아이들은 시원한 개울물 속에서 미역을 감는다.

삼 찌기는 마을의 행사인 만큼 마을 잔치와 다름이 없었고, 소득원이 삼농사와 누에고치였기에 마을 사람들은 온 정성을 다하고 이날만큼은 푸짐한 음식을 준비하는 게 관례였다. 다른 마을 행사와 명절엔 돼지나 닭을 잡고 육식을 하고 즐기지만, 삼 찌기 행사는 일체 육식을 하지 않는 게 특징 중 특징이다.

화목이 타는 동안 마을의 아낙네들은 집집마다 음식을 하여 마을 사람들과 공동으로 음식을 먹으며 삼농사의 풍년을 기원 하는데, 형편이 넉넉한 가정과 넉넉지 못한 가정과의 음식 차이는 각양각색을 이루며 온 마을 사람들이 둘러앉아 음식을 먹는다.

감자가 많이 나는 덕거리에는 특히나 감자 음식이 주를 이룬다. 생

감자를 갈아서 쫀득한 감자전분에 비벼 강낭콩을 넣고 감자 뭉생이를 만들며 감자 부치기와 감자옹심이가 많으며, 옥수수로 만든 올챙이국수는 풋고추와 열무김치와 섞이게 되면 제일 인기 있는 음식이 된다.

집에서 만든 옥수수 막걸리는 빠져서는 안 되는 자양강장제이며, 삼굿행사에 흥을 돋우고 힘든 노동을 지탱하는 활력소이다. 양은냄비에 가득 담아 한 사발씩 마시고 열무김치 한 가닥의 안주는 마을 사람들에게 공통의 만족을 주고 공동체의 일원으로서 마을을 지탱하고 함께하는 힘이 된다.

"아이고, 그래도 이 옥씨기 동동주는 대집이 어른의 아주머이가 담근 게 제일 마숩다니까?"

"대집이 어른 할마이는 기정떡도 잘하고 막걸리도 어쩜 이렇게 입에 쪽쪽 들어붙게 마숩게 만드는지! 나 한 사발 더 줘 봐!"

"예끼, 이 사람! 엔간히 작작 마시게! 이따가 진물 불 때 부정 타게 엉뚱한 곳에 들어붙지 말구."

"아이구, 형님은! 막걸리 한 잔에 거나하게 해야 진물 불 때 신나서 육자배기가 절로 나와야 저기 호랑봉 산신령님이 삼을 잘 익게 한다니까요."

덕거리 사람들에게 술이란 마을을 화합하게도 하지만 때론 지나쳐 별것 아닌 것 가지고 고집을 피우고 싸우게 되는 물질이기도 하다. 어찌되었든 이런 공동의 행사에서 빠지지 않는 술은 오랜 농경문화와 울력으로 마을 일을 함께하는 사람들의 큰 버팀목이다.

마을 장정들과 청년들이 막걸리를 함께 먹고 마시는 사이, 동네 노인들과 아이들 그리고 부인들은 한 곁에서 태양빛을 온전히 받으면서 구릿빛 얼굴들이 모여 음식을 먹는다.

좀 괜찮게 사는 사람들의 음식은 옥수수쌀과 혼합된 쌀밥이다. 한여름에는 좀체 쌀밥을 구경하기 힘든 산골 덕거리 사람들에게 쌀밥이란 보약 같은 존재일 수밖에 없다.

해가 서쪽으로 가면서 뜨거운 여름날의 삼굿도 이제 그 마지막을 향해 가기 시작하면, 동네의 연장자 어르신은 화목의 불꽃 상태와 돌의 온도를 짐작으로 보고 화집에 충분히 가열된 돌무더기 위에다 풀과 나뭇가지로 덮은 후 흙으로 덮으라고 손짓을 한다. 그러면 마을 장정들은 서둘러 삽으로 빠르고 신속하게 화집을 덮기 시작하는데, 매운 연기에 연신 콜록이며 흙덮기 작업을 멈추지 않는다.

그 후 개울에서 양동이로 물을 길러 오는 사람과 화집을 괭이로 구멍을 내는 사람, 양동이물을 화집에 붓는 사람으로 철저하게 분업하여 화집에 물을 붓기 시작한다. 특히 이때 화집에 물을 붓는 시간과 타이밍이 삼을 잘 익게 하고 잘 벗겨지게 하는 데 결정적으로 작용하므로 아주 경험이 풍부한 사람이 맡을 수밖에 없다.

화집에 물을 부을 때는 "진물이여! 짐물이여!"를 크게 외치면서 붓게 되는데, 이때 달구어진 돌에 물이 들어가면 천둥번개를 치는 요란한 소리와 더불어 이때 발생한 뜨거운 수증기가 삼이 쌓인 삼집에 들어가면서 파랗던 삼이 갈색으로 변하며 삼이 익게 되는데, 이때의 수증기 온도는 상상을 불허한다.

화집에 물을 붓는 작업은 돌이 다 식을 때까지 반복하여 물을 부으면, 그 김에 의해서 삼에 알맞고 균일하게 수증기가 들어가 삼 껍질을 벗기기 좋으며 잘 익은 만큼 삼의 품질이 좋아진다.

"아이고, 고상들 했네."

"올해도 짐이 잘 들어가서 삼이 아주 알맞게 익었겠어."

"그럼요, 이만큼 보꼬치고 난리법석을 피웠는데."

어느덧 동녘 하늘엔 달이 휘영청 밝고, 때마침 찾아드는 반딧불이 여름 하늘을 수놓는다.

"막걸리 한 잔씩 잡숫고 가야지요?"

"그걸 말이라구. 짐물 붓느라고 목구영에 흙이 쌓여서 저벅저벅한데 흙이 싹 빠지게 몇 사발 들이키야지요."

"자넨 흙이 목구영에 들어부었는가? 난 화목에서 숯이 올라와서 창지까지 꽉 배겐네야. 막걸리로 빨어야 하겠네."

"이 사람들 참, 말이라구? 흙이나 숯이 똥구멍으로 나올려면 또 똥구멍 찢어진다고 안달복달을 하겠구먼."

"똥구멍을 나오면 그래도 넓어서 괜찮은데 그게 오줌구멍으로 나오면 더 클날 일이지요."

"조심하게. 막걸리 많이 마시면 아무래도 오줌으로 나오는 게 훨씬 더 많으니까 이왕이면 위로 털어 내구 마시라구."

마을 사람들의 힘든 삼 찌기 행사를 끝으로 봄부터 여름까지 삼농사를 마치며, 진한 농으로 힘든 과정을 웃고 즐기며 털어 낸다.

자자봉에서 들려오는 밤 부엉이 소리와 어미를 잊은 고라니 어린 새끼들의 울음소리가 어두워진 덕거리의 정적을 깬다. 밤이 되면 개울물 소리는 더 맑은 소리를 내고, 밤을 잊은 찌르레기가 숲 속에서 애처로이 그 긴 입을 열어젖힌다.

삼농사는 삼 찌기 행사에서 끝나는 게 아니다. 어떻게 보면 삼 찌기까지의 농사는 남자들의 일이었지만, 삼 껍질을 벗기고 다듬고 베 짜기의 일은 여자들의 몫이고 더 힘겨운 일의 시작이다.

이튿날 남자들은 삼집을 헤집고 쌈을 끄집어내기 시작하면 하루가 지났는데도 삼집의 수증기 열기는 숨이 막힐 지경이다.

숨이 턱턱 막히는데도 불구하고 마을 사람들은 각각 자기 삼단을 용케도 찾아서 개울물이 잘 흐르는 명당자리를 차지하기 위해 동분서주하고, 때로는 아주머니들끼리 육두문자를 써 가며 큰소리를 내기도 한다. 남자들은 시원하고 목 좋은 곳을 차지하기 위해 삼단 한 단을 날름 먼저 점찍어 둔 자리에 옮겨 놓는다.

"하이고, 동작 한번 날래네. 내가 점찍어 놨더니 다래미 새끼처럼 벌써 자리를 차지하고 말었네야."

"성님두 참. 이 너른 장광에 아무데나 차지하문 되지요, 뭐!"

"이 사람아! 그래도 여자들이 뙤약볕에서 삼을 베끼려면 뭐이 좀 응달진 데가 있어야지."

또 한편에서는 여자들의 앙칼진 목소리가 길고 좁은 산골동네에 메아리쳐 들려 산속에 매미마저 놀라 울음을 멈춘다.

"산댁요! 아이 거긴 내가 맡아 놓은 자린데 널븐 데를 놔두고 해필이문 거기서 보꼬치구 그래요?"

"아이 참, 내 장광에 임자가 따로 있나? 먼저 차지하문 임자지, 저 난리를 피우고 지랄이라니까!"

"지랄요? 산댁! 아니, 터진 입에서 말이문 단줄 알아요! 저기 보이는 게 우리 바깥양반이 차지하구 삼단을 먼저 갖다 놨잖아요. 그리문 우리

자리지, 우째서 산댁 자리요."

"삼단만 갖다 놨지, 사람은 얼씬도 하지 않는데 대체 누구네 삼단인지 내가 알 도리가 있나. 삼단만 먼저 옮게 노면 그게 내 자리라고 어디 써 있느냔 말이지."

"아이구, 산댁도 억지도 저런 억지가 어데 있데! 그래도 발 빠르게 차지하문 인정을 해야지, 그런 떼가 어디 있데요?"

이렇듯 목 좋은 자리를 차지하려고 하는 것은 삼 벗기기가 더운 여름에 하는 일이기도 하지만, 삼을 적당하게 흐르는 개울물에 세척하여야 하기 때문에 물가의 좋은 자리를 차지하기 위한 신경전은 오전 내내 계속되고, 삼을 벗기면서도 한동안 말을 주고받지도 않으며 앙금이 꽤 오래 가기도 한다.

삼 찌기가 끝나면 삼을 찌던 삼굿터의 화잡과 삼집의 열기는 보름 이상 유지되기 때문에 마을 총각들과 어린애들은 감자나 옥수수를 가지고 삼터로 와서 열기가 채 가시지 않은 돌이나 흙 속에 묻어 두고 익혀 먹기도 한다.

여자들이 삼을 벗기고 나면 남자들은 하얗게 벗겨진 저릅을 묶어 지게로 져 집으로 옮겨 놓는데, 이 저릅는 농촌에서 아주 요긴하게 사용된다. 저릅대는 지붕의 천정을 수리하는 데 사용하기도 하지만, 허물어진 벽을 수리하고 황토를 바를 때 기초로 사용한다.

그래서 덕거리 사람들은 이 저릅대를 아주 귀중하게 여겨 함부로 버리지 않고 집에 보관을 한다. 아이들은 이 저릅대를 가지고 놀기도 하는데, 저릅대는 가운데가 비어 있어 저릅대를 불면 소리가 나므로 피리

처럼 가지고 놀며 어디서나 "삥삥" 소리를 내며 즐긴다.

삼을 벗기고 나면 가을 추수가 시작되기 전까지 삼을 가늘게 만드는 작업을 하여야 하는데, 이 작업 또한 여자들의 몫으로서 집집마다 아주머니들은 삼 껍질을 쪼개고 비비기를 반복한다. 아주머니들은 허연 허벅지살을 드러내고 허벅지에서 비비기를 하므로 허벅지살은 빨개지고 살갗이 벗겨져 쓰고 아린 고통이 있지만 삼실 만드는 작업을 중단 할 수가 없다.

"창호지 사요! 창호지 사요! 문지방 바르는 창호지가 아주 좋습니다. 아주머이, 창호지 좀 사시오."

"우린 재작년에 산 창호지가 그냥 있어요. 그래서 올핸 사지 않아도 베기겠어요."

강원도 원주는 예부터 닥나무 주산단지로서 한지가 유명하였으며 이 한지를 등짐에 지고 다니며 파는 보부상들이 많았다. 특히 봉평은 5일장이 서는 지역으로서 멀리 제천이나 원주에서 들어오는 장사꾼들이 많았고, 원주에서 장보러 오는 한지 장사꾼들은 양구두미의 험한 태기산을 넘어 걸어서 장을 보러 오던 것이, 버스가 다니기 시작하면서 버스를 타고 횡성 안흥을 지나 대화를 거쳐 봉평으로 들어와 마을마다 다니면서 한지를 팔았다.

"그러지 말고 한지 좀 팔아 주." 하면서 뜨락에 걸터앉은 이 한지 장사꾼은 여인의 허벅지를 힐끗힐끗 쳐다보며 도통 갈 생각을 하지 않는다.

여인은 입에는 삼배를 물고 허벅지엔 연신 삼실을 만들어 내는 데만 열중하고 있다.

"아이고! 아저씨, 우린 창호지를 안 산다니까요! 얼른 다른 집으로 가요."

"한권만 팔아 주면 좋을 텐데 왜 그래요! 짐 보따리 지고 다니는데 인정 봐서 팔아 주든가 아니면 물이라도 한 사발 주든가요."

한지 장사꾼이 치근덕대는 꼴을 부엌에서 바라보고 있던 시어머니가 버럭 소리를 지른다.

"야! 이 첨자구야! 어디서 히얏까시를 하고 지랄이야?"

"아이, 이 할망구가! 내가 언제 히얏까시를 했다구 난리를 치구 그래? 내 참 별꼴을 다하고 그러네."

"이 첨자구가 죽을라구 환장을 했나. 왜 우리 며느리 허벅지는 눈까리가 벌게 가지고 쳐다보구 지랄을 떠는데?"

"이 할망구가 노망을 하구 있나! 내가 뭘 봤다구 악다구니를 하는지 모르겠네? 에이 씨, 퉤!"

"이 첨자구가 확 그냥!" 하면서 시어머니는 부엌에 있는 부지깽이를 들고 나와 후려치려고 하니, 한지 장사꾼은 꽁지가 빠져라 하고 줄행랑을 친다.

여름내 만들어 낸 삼실은 찬바람이 불기 시작하면 뒷방 한편에는 어느 집이건 할 것 없이 삼베틀이 차려지고 겨우내 삼베 짜는 소리가 덜커덩거리며 들린다.

겨울의 삼베는 여름내 김매기와 가을의 거두미 타작에 이은 농사의 마지막을 장식하지만, 덕거리 아주머니들에겐 겨우내 또 족쇄가 되고 무거운 삼베길을 허리에 감고 밤이 이슥하도록 삼베를 짜야 한다. 삼베 짜는 삼틀 소리와 소록소록 눈 내리는 소리가 조합을 이루는 여인들에게 가녀린 밤이 된다.

한 필 두 필 곱게 짜내려 가는 삼베를 만들기 위해 덕거리의 여름은 삼굿을 하고 마을의 삼터를 일구었다. 또 내년 봄이면 삼은 어김없이 심어야 하고 여인네들의 일은 일 년 열두 달 너무도 고달픈 한이 되었는지도 모른다. 그 한을 베틀에 매여 아리랑이 되고, 아리랑의 노래는 여인의 한이 가득 밴 여인의 한을 토한 노래인지도 모른다.

모내기 풍경

"동네 주민 여러분, 안녕하십니까? 벌써 모심기철이 되어 내일 반장집에 마카 모여서 모심기 일정을 잡으려 하니 내일은 한 분도 빠짐없이 반장네로 마카 모에 주시기 바랍니다."

모내기철이 되면 마을은 돌아가며 모내기를 하기에 모내기 일정을 잡는 것은 매우 중요한 마을의 행사이다. 덕거리의 모내기는 매년 5월 20일경 시작을 하여 6월 5일경 끝내게 되지만, 해발이 높은 지역이라 아침에는 제법 한기가 느껴지는 날씨다.

산골의 논이라 넓은 논배미는 많지 않고 다랑논 투성이라 천수답을 겨우 벗어난 개울에 보를 막아 논에 물을 대는 척박한 논농사를 짓고 있다. 마을의 농가는 평균적으로 근 10마지기 조금 넘을 정도의 논을 보유하고 있을 뿐이다.

덕거리가 생겨난 이후 마을에 가족을 이끌고 돌아온 사람들은 자갈투성이의 척박한 땅에 억센 잡풀과 버들을 베어 내고 돌을 주워 내며 높은 둑을 층층이 만들어 다랑논을 억척스럽게 만들었고, 그 다랑논은 대대손손 이어 이 마을에 쌀밥을 먹을 수 있는 근원이 되었다.

"전부 다 모이셨지요! 올해도 20일경에는 모를 시작해야 하지 않아요?"

"그때는 시작을 해야 단오 전에 모가 끝내지, 모심기도 때가 있는데 말여. 너무 늦어도 산골 논은 벼가 여물지 않으고 쭉정이만 남으니 말여……."

"하여간에 맨 먼저 심을 집부터 정해 가지고 순서대로 돌아가메 심으면 될 것 같네요."

"그럼 말해 봐요!"

"내가 젤 먼저 시작을 하지, 뭐."

작은 임씨네가 먼저 시작을 하면서 논 가운뎃집, 내면 집, 둔덕박씨 집, 남승이네, 원씨네, 안씨네, 큰임씨네, 행남이 어른, 규택이네, 이장 집, 승규네, 상래네, 남규 형 그리고 마지막으로 영규 형네가 끝으로 모내기 순서를 정한다.

산골 위 모내기 행사는 기계화를 할 수 없는 관계로 소로 써레질을 하고, 이 써레질을 하는 일꾼을 '성군'이라고 불렀는데 집집마다 이 성군에겐 특별한 반찬이 제공되곤 하였다.

드디어 모내기의 첫날이 되었다.

모를 찌기 시작하면서부터 시작이 되는 모내기는 새벽 5시에 모이기 시작하기에 마을 사람들은 첫날의 모내는 집에 꾸역꾸역 모여든다.

모내기 일꾼은 평균 주인 외에 써레질 하는 성군 3명, 모내기 일꾼이 한 마지에 한 명 꼴로 12명가량과 모심을 수 있도록 모를 날라 주는 못종 2명 등 17명으로 구성되는데, 논이 많고 적음에 따라 일꾼의 숫자는 유동성이 있게 된다.

식전에 모두 모여 간단하게 죽이나 칼국수, 수제비, 만둣국한 그릇과 막걸리 한 사발씩 하고 논으로 나간다. 5월 20일의 덕거리는 산과 들엔 아직 잎이 피어나기 전이기에 추위가 잔뜩 묻어 있으며, 모를 찌러 논으로 들어가기엔 차가운 논물이 종아리를 경기 나게 한다.

"으이그, 아직도 한저울이네. 뼤마디가 아주 끊어질 정도로 논물이 차굽네."

"글게 말이여. 아직까지 마이 이르다니까! 앞대는 아주 만발을 했지만 여긴 하늘은 상기도 눈이 잔뜩 들어 있어."

그러나 산골에도 봄은 봄인지라 극성을 부리는 깔다구 때문에 짚단으로 모깃불을 피워 놓고 모를 찌고 못단을 부지런히 묶어 낸다.

이른 아침부터 부엌은 부산을 떨기 시작하고, 마을 아주머니들은 새벽닭이 울기 전에 일어나 모심는 집에 모여 서로 품앗이를 해야 한다. 가마솥에 불을 지펴 밥을 하고 찌개도 끓이고 솥뚜껑에 들기름을 묻혀 구워 내는 김 냄새가 사방에 진동하고, 숯불에 고등어를 구워 떨어지는 기름 냄새 때문에 앞집 뒷집 강아지도 모두 모여들며 혀를 낼름거리는 모내기하는 첫날의 풍경이다.

모를 다 찌고 나면 모내기 일꾼들이 아침 먹으러 집으로 들어오고, 푸짐하게 차려진 밥상에 옹기종기 둘러앉는다. 모내기하는 날엔 어느 집이나 어김없이 흰쌀밥을 마음대로 먹을 수 있다. 반찬도 각양각색으로 두부찌개, 고등어구이, 김, 미역부각, 콩나물부침, 돼지고기 볶음, 호박볶음, 장아찌, 양파무침, 무채나물, 햇김치, 미역국 등 다양하게 준비된다.

아침을 먹고 나면 본격적으로 모를 심는데, 이곳 덕거리의 모내기는 평야지대의 모내기 하고는 사뭇 다르다. 평야지대는 모내기 줄을 띄우고 일렬횡대로 사람이 서서 자기 앞의 모내기 줄에 간격으로 표시된 곳에 모를 꽂지만, 덕거리의 모내기는 모내기 줄로 칸을 만들어 모심는 사람이 한 칸씩 들어가 한 칸에 5개씩 꽂으며 뒤로 나가는 방식이다. 이런 방식은 고랭지 이앙법으로, 모의 칸을 좁게 유지함으로써 밀식 모내기로 수확량을 늘리기 위한 방식이다.

새참 때가 되면 막걸리와 안주를 준비해서 먼저 준비해서 아주머니들이 이고지고 논으로 나온다, 논둑에서 막걸리와 곁들인 새참의 맛은 이 지역 사람들의 나눔의 문화이고 농경문화의 아름다운 풍경화에 속한다.

새참이 끝나면 이내 점심을 준비하고 이 점심은 마을 남녀노소가 모두 와서 함께 먹는 전통 때문에 큰 가마솥에 엄청난 양의 밥을 하여야 한다. 새참을 먹고 나면 일꾼들은 바로 논으로 들어가 오전 내내 허리를 구부려 모를 심는다.

모를 심는 사람도 중요하지만, 모를 심을 수 있도록 못칸에 모를 전달해 주는 못종의 역할도 매우 중요하다. 덕거리의 못종은 주로 정해져 있다. 모를 잘 심지 못하는 도꾸 형이 주로 못종을 하는데, 사람들은 못종인 도꾸 형을 놀리는 데 골몰을 하면서 힘든 모내기 노동을 하면서도 웃음을 나눌 수 있는 여유를 만들어낸다.

"어이, 못종! 이칸에 모가 없잖아. 날래 모를 가지고 와야지! 멀뚱 서서 먼산만 쳐다보면서 색시라도 생각을 하나?"

"아이, 성님도 참! 그 옆 칸에 모를 좀 땡게서 심으문 되지, 꼭 나ㅈ 부르고 그런다니까."

"야! 옆 칸 걸 땡게 심으면 또 모자라는데? 얼른 여기부터 못춤을 던져."

도꾸 형은 일부러 모를 세게 던진다. '철버덕' 하며 모가 논에 떨어지는 순간, 모를 달라고 하던 남승이 아버지와 둔덕박씨는 흙탕물을 뒤집어쓰고 말았다.

"야! 저이 저……. 저 원수 때문에! 못종주제에 제대로 얌전히 모를 날라다 줘야지, 왜 넌바닥에 집어던지고 난리인 줄 모르겄네?"

"성님! 하하……. 거긴 논바닥에 비얄이 져서 논물이 다른 데보다 더 많은 것 같아요! 나보고 야기하지 말구 저 성군 양반한테 야기해야 하는데."

"저런, 야! 논이 비탈밭도 아니고 왜 비얄이 져!"

덕거리 논은 거머리가 없는 논이지만 모내는 일꾼들 중에는 헌 양말을 신고 모내는 사람들만 듬성듬성 보인다. 맥고모자를 쓰고 허리를 하루 종일 구부려 모를 심는 풍경은 층층의 다랑논과 어우러진 산골의 목가적 풍경이 고스란히 채색된 한 폭의 그림이 된다.한 칸에 다섯 폭씩 심으며 뒷걸음치는 모심기는 때론 묘한 경쟁 심리가 젊은이들에게 발동을 하여 빠르기를 자랑하기도 하는데, 종종 내기를 하며 모내기를 뽐내기도 한다.

"모심기는 재원이가 그래도 젤 빠르네."

"아이고, 그럼요! 날라리 아들인데 그 솜씨가 어딜 가겠어요?"

어른들은 빨리 모를 내는 것을 은근하게 유도하기도 하고 경쟁을 발동시켜 그날의 모내는 시간을 단축하려는 목적의식도 있기 때문에 젊은이들은 기를 쓰고 빨리 심기를 마다하지 않는 모심기 풍경이다.

모내기는 먼저 두 명의 일꾼이 다섯 줄씩 심을 수 있도록 칸을 만들어 주는데, 이 두 명은 막대자로 정확하게 칸을 만들어 내면서 계속 옮겨

가며 모칸을 만들어 주는 역할만 담당한다.

“어이, 젊은이들! 빨리 심는 것도 좋지만 너무 깊게 심으면 모가 주눅이 들어서 모살이를 제대로 못하니 꾹꾹 눌러 심지 말고 살짝살짝 모를 논에 얹어 놓기만 해야 하네.”

“너무 얹어 놓으면 모가 둥둥 떠내려가니, 적당하게 모를 눌러 놓는 것도 중요하구.”

빨리 심는다고 대충 꽂아 놓으면 그날 오후쯤 되면 바람에 흔들리는 물결에 모는 둥둥 떠서 뒷날 또 남은 모를 들고 다니면서 ‘뜬모’라고 해서 어린아이 젖니 빠지듯 빠져 버린 빈 공간에 모를 심어 줘야 했다. 뜬모는 인부 필요 없이 나중에 가족들이 보충을 해야 한다.

나이 지긋한 어른들의 잔소리를 한귀로 들으며 가재처럼 뒤로 가며 심는 모내기는 어느덧 점심시간이 되며 점심 먹으라는 소리가 들리면 하나둘 논에서 나온다.

산골 모내기의 점심시간은 꿀맛 중에 꿀맛이다.

점심을 준비하는 동네 아주머니들은 각자 맡은 일에 여념이 없다. 많은 양의 쌀을 씻어 가마솥에 넣어 밥을 담당하는 아주머니는 장작으로 불을 조절하기 때문에 아궁이의 연기에 눈물콧물을 쏟으며 설익거나 된밥, 진밥이 되지 않기 위해 온 신경을 다 세우며 가마솥 밥 짓기에 여념이 없다.

화롯불 장작에서 꽁치를 굽는 아주머니는 꽁치가 골고루 익게 하기 위해 적쇠의 뒤집기를 반복하는 동안 꽁치의 기름타는 냄새가 온몸에 밴다.

며칠을 안방에서 키운 콩나물을 다듬고 삶아 무쳐 내는 아주머니의 손길이 분주하고, 김 굽는 아주머니는 커다란 솥뚜껑에 약간의 들기름을 김에 도포하여 한 장 한 장 김을 구워 낸다. 이렇듯 모내기의 부엌은 동네 아주머니들의 공동의 부엌이고, 함께 울력을 하여야 할 부엌 품앗이이다.

마당에 멍석을 펴고 하얀 쌀밥이 가득 담긴 냄비를 가운데 두고 꽁치구이, 콩나물무침, 도라지무침, 김구이, 멸치볶음, 고사리무침, 무생채, 두부부침, 햇김치 등 다양한 반찬이 빙 둘러져 있는 가운데 못꾼들이 한자리씩 차지하고 밥을 먹기 시작한다.

때로는 짓궂은 장난을 하는 청년들이 큰 냄비에 갖은 반찬을 다 넣고 들기름과 고추장을 넣어 비빔밥을 만드는데, 그 엄청난 양의 비빔밥을 꾸역꾸역 다 먹는 모습을 보며 부엌의 마을 아주머니들의 놀란 가슴을 쓸어내리기도 한다.점심을 걱고 나면 어른아이 할 것 없이 공통의 관심사는 가마솥의 누룽지이다. 어른들도 괜히 부엌을 드나들며 누룽지 한 쪽을 얻기 위해 눈치를 보며 애쓰기를 마다하지 않는 부엌의 풍경이고, 가마솥 담당하는 아주머니는 이 순간만큼은 막강한 권한을 누린다.

모심는 날이면 모내기하는 집은 동네잔치가 된다. 이렇듯 덕거리에는 마을의 남녀노소 모두를 초청하여 함께 점심 한 끼를 나누는 인정이 있고, 모내는 집은 마을 사람이 빠짐없이 와서 점심을 먹었는지 일일이 체크하고 행여 빠질까 노심초사한다.

또 지나가는 사람들도 모내기 집에서 점심을 먹는데, 그중에 우체부 아저씨는 특유의 너털웃음을 지으며 자전거를 끌고 거침없이 모내기 집에 들어선다.

"이이구야, 아주 진수성찬이네요! 난 편지 배달하다가 보면 모심기철이 젤 좋다니까!"

"어서 와요! 와서 막걸리 한 사발 쭉 들이키고 점심 자셔요."

"내가 점심 맞출라구 아주 부쟁이 돌아댕겼지요! 모내기철이라 집집마다 다 비어 있어서 사람 귀경도 못한다니까요."

"막걸리 마이 자시면 뉘 집 편진지 분간하지 못하니 적당히 잡숫고 배달하쇼. 하하하……."

"그래야죠! 앞대 있는 자석들 편진데 함부로 소홀히 할 수 있나요."

우체부는 한 손에는 숟가락을, 한 손에는 꽁치를 들고 야무지게 밥을 먹기 시작하며 걸쭉한 막걸리 한 사발을 들이킨다.

특히 모내기 점심은 가까운 덕거리 초등학교의 교장님을 비롯한 선생님들도 초청의 대상이 되어 점심을 접대하는데, 초청하는 집에서는 선생님들에게는 특별한 밥상을 사랑방에 차려 두고 온갖 정성을 다한다.

점심을 걸판지게 먹은 일꾼들은 피곤한 몸을 잠시 쉬기 위해 이곳저곳에 가마니나 멍석을 펴고 고단한 몸을 던진다.

오후의 논은 햇빛에 따뜻한 논물로 바뀌어 있고, 써레질하는 성군들이 소를 몰고 논으로 들어가며 구성진 쟁기 소리에 일꾼들은 하나둘 일어나며 논으로 향한다.

"들어서……. 들어서! 이놈에 쇠새끼가 여물을 들 먹었나! 아조 그냥 말을 안 들어 먹네."

이러어 어디여 이러~ 이려 이려이려 어디여 말그루 가자~~

이려 어디여 말그루 왜 말글 비키냐 말그로 가자~~

오후의 모내기는 모내기 농요의 구성진 소리가 좁고 긴 골에 울리고 오후의 나른한 몸에 채찍질을 한다.

"어이, 젊은 사람들이 신식 노래를 좀 해 봐."

어른들은 젊은이들에게 노래를 하기를 권한다.

"너무 느린 노래를 하면 모가 느리게 가니, 해까먹기 마침 맞으니 요즘 하는 고고로 불러야 돼."

"그러다가 모가 고고춤을 추면 어떻게 할라구요?"

"모가 고고춤을 추는 게 아니라 모 꽂는 손가락이 고고춤을 추면 모가 다 자빠져 버리면 곤란하니까 모는 야무지게 꽂으며 입으로 노래를 하구, 그래야 제대로 된 농사꾼이지."

"아이고, 행남이 양반도! 자들이 제법 농사를 지을라구요! 언제든지 도회지로 내뺄려구 기를 쓰는데……."

"이 사람아! 도회지를 나가더라도 뭐든지 제대로 다 배워 두면 언젠가는 써먹을 수 있는 거라네."

"말두 마슈! 저기 앞대농사는 벌써 모심는 기계가 나와서 기계 한 대면 하루 10마지기도 심는다 합니다. 우리 같은 산골이야 몇 마지기씩 부치지 않으니까 이렇게 다락배기에서 심들게 손으로 모를 심지만요."

"젯놀이 들어요! 젯놀이 왔어요!"

"허이, 벌써 젯놀이네……."

젯놀이! '참'을 덕거리에선 '젯놀이'라고 하는데, '제누리'의 변형된 어원이 틀림없는 것 같다.

하루 종일 엎드린 채 모를 심는 거칠고 힘든 노동으로 자칫하면 소화가 되지 않는 관계로, 일꾼들은 오후가 되면 독한 소주를 즐겨 마신다. 일꾼들은 이 독한 소주를 사발에다 한 사발씩 따라 마시며 노동의 고통을 잠시 잊으려 애를 쓴다.

"어이구, 머이 안주가 돼지고기 두루치기잖어?"

"하하! 이 돼지고기에다 누루대 잎을 싸서 소주 한 사발에 안주를 하면 아조 최고래요."

"맞어, 하루 종일 거꾸로 엎어져 있으니 창지가 거꾸로 서니 당최 소화가 안 된단 말이야! 하여간 이 누루대만큼 소화가 잘되는 것도 없어!"

누리대는 해발 1,000m 이상 되는 고산지대에서 자생하는 누룩취나물로서 덕거리의 큰 산에 군락지를 이루고, 마을 사람들이 가장 귀하게 여기는 나물이다. 누리대는 특이한 향 때문에 처음 먹는 사람은 그 방향성 때문에 먹지 못하지만, 한두 번 먹다 보면 그 맛에 반하게 되고 자주 찾게 되는 명품나물이다.

누리대는 고추장에 찍어서 생나물로 먹거나 고추장에 무쳐서 먹는데, 모내기철이면 돼지고기를 싸서 먹는 덕거리에서는 아주 귀하게 여기고 모내기철이면 빠져서는 안 될 나물이다. '누리대'라는 명칭은 향이 누린 맛이 있다고 하여 얻어진 이름으로, 통상적으로 '누루대'라고 부른다.

"성님! 소주를 이빠이 한 사발씩 하고 들어가지요, 뭐."

"이 사람이 술에 환장을 했나! 그 한 사발이면 이홉들이가 한 병이여! 대번에 그렇게 마시면 창지에 불이 날 텐데……. 그리구 논바닥에 나뒹굴면 어떻게 하려구 그러나."

"에이, 요까짓 거 한 사발 가지구 머이 그래요?"

"요까짓 거라니!"

지게 소쿠리에 가득 모를 지고 오는 못종 도꾸 형이 슬그머니 지게를 내려놓는다.

"저두 한 잔 이빠이 줘요."

"허이, 종 주제에 어디 양반들 틈에 끼어서 술을 먹을라고 그러나?"

"에이 참, 성님두! 하루 종일 지게질 하느라 고생하는데 못종이라고 참 괄세는 어지간히 하네요."

모내기를 하다 보면 모심는 중간에 비가 내리기도 한다.

아침부터 비가 내리면 그날은 연기가 되지만, 중간에 비가 내리게 되면 우비를 입거나 온몸에 비를 맞으며 모를 심는다. 모내는 날에 비가 오면, 마을 사람들은 진한 농담으로 웃음을 주며 모내기에 여념이 없다.

"허이, 쥔장! 어제 저녁에 짓껄이를 하지 않아야 하는데 고새를 참지 못하고 짓꺼리를 해서 이렇게 온 동네 사람들에게 죄다 비를 맞게 하누."

"그러게 말여유! 중늙이가 됐으면 집안에 큰 농사를 앞두고 산신령을 놀래키면 안 되는데 방아를 찧으니 이렇게 사단을 만들어 놓네."

"예끼, 이 사람! 논물 볼래 못단 묶을 짚 준비할래, 뭔 시간이 있다고 짓껄이를 한단 말인가."

굵은 빗줄기는 그칠 줄을 모르고, 논물과 빗물이 합쳐진 논엔 일꾼들의 손마디만 바쁘고 모를 날라 주는 못종은 비가 머금은 논두렁에 엎어지고 자빠지고 난리도 아니다.

도꾸 형은 지게 가득 모를 나르다 미끄러져 논바닥에 처박히고 만다. 사방에서 일꾼들이 깔깔대고 웃는다. 물에 젖은 생쥐 꼴이란 도꾸 형을 두고 하는 말인지, 온몸에 흙물이 뚝뚝 떨이지고 머리엔 온통 흙탕물 범벅이 되어 있다.

"하여간 저 도꾸 대가리! 마지막 사발 소주를 마시지 않았으면 다리심이 풀리지 않을 텐데 기어코 쳐 마시더니 논바닥에 처박히고 난리 브루스를 추지."

둑이 높은 논둑에서 넘어지면 자칫하면 사고날 염려도 있기에 특히 비 오는 날의 모심기란 여간 조심하지 않으면 안 되지만, 미끄러지는 데는 장사가 없다.

오늘 갈런지 내일 갈런지 정수 정망 없는데
맨드라미 줄 봉숭아는 왜 심어 놨나
서산에 지는 해는 지고 싶어지나
정 들이고 가시는 임은 가고 싶어
세월이 가고서 임마저 간다면
이 세상 한 백년을 누굴 믿고서 사나
간다지 못 간다지 얼마나 울었나
남안강 나루터가 한강수가 되었네

아리랑 아리랑 아라리요
아리랑 고개고개로 날 넘겨주게

세월아 네월아 나달 봄철아 오고가지 말아라
알뜰한 이팔청춘이 다 늙어를 간다

세월이 가려면 저 혼자나 가지
알뜰한 청춘을 왜 데리고 가나
태산이 높고 높아도 소나무 밑으로 있고요
여자 일색이 아무리 잘나도 남자 품으로 돈다
회령봉 살구나무도 고목이 덜컥된다면
오던 새 그 나비도 되돌아간다

아리랑 아리랑 아라리요
아리랑 고개고개로 날 넘겨주게

"어이구, 여기 뱀장어가 있네?"

"응! 뱀장어가."

"야! 여기 아주 내 팔뚝만 한 뱀장어가 막 돌아치구 난리네요."

"뱀장어 맞어!? 물뱀 아니여?"

"아니요, 뱀장어 맞어요. 뱀장어 하고 물뱀도 모를까요. 시퍼런 게 뱀장어래요."

"잡어, 잡어! 이 사람아."

행남이 어른이 그 빠른 몸으로 아랫배미 논까지 쏜살같이 달려오고, 사람들은 이리저리 뱀장어를 잡느라고 난리를 피운다.

"어이, 도꾸? 내가 지금 발가락에 메기새끼를 한 마리 찝어 놨네야. 얼른 들어와서 이 메기새끼 좀 잡어 봐."

"아이구, 참! 성님두 메기가 을매나 미끄러운데 글씨 발가락으로 메기를 찝어 놔요."

"아이, 참! 여기 찝어 놨잖어! 빠지겠네, 얼른 잡어!"

"진짜요? 뭔 메기새끼가 그렇게도 시마리가 그렇게도 없대? 성님 발가락에 찡게서 빠지지도 않고 멍청하게!"

"어이구, 저 사람 참! 남중이 아버지 발가락이 고기가 빠지지 않는 뿐드가 있는가 부지."

"아이구, 말 말구 날래 와! 발가락에 맥사가리가 하나두 없네!"

"어디요, 어디?"

"응, 여기 내 발가락 사이에! 메기가……."

"들어 봐요, 발을!"

"들긴, 발을 어떻게 들어? 엎드래서 손으로 내 발가락에 있는 메기를 빼야지."

도꾸 형이 남중이 아버지 발에 엎드리는 순간, 남중이 아버지는 흙이 잔뜩 묻은 발을 도꾸 형의 얼굴에 문지르고 만다.

"이이구, 성님! 원 참! 장난두……. 내가 멍충이네! 뻔히 알문서…….에이, 퉤!"

모심는 사람들은 한바탕 웃음꽃을 피운다. 개울과 가까운 논에는 가끔씩 뱀장어나 메기, 미꾸라지가 도랑물을 타고 논에까지 들어와 사람들에게 놀라움을 주기도 하지만, 물고기를 잡아 어죽이나 매운탕으로 안주를 삼기도 한다.

모내기가 끝나 갈수록 술이 거나한 어른들의 평창 아리랑 노랫소리가 뉘엿뉘엿 넘어가는 석양과 함께 산골마을에 메아리친다. 한평생 덕거리에서 벗어나 보지 못한 마을 사람들은 척박한 땅을 일구며 넉넉하지 못한 삶을 이웃과 어울리며 이웃과의 희로애락이 전부인 것을 노래 가락에 절절이 표현하고 있다.

한 마지지 한 마지기 점점이 파래지는 다랑논을 보며 첫날의 모내기가 시작이지만, 앞으로 열흘 이상을 새벽부터 저녁까지 모를 내야 한다. 오늘 하루 첫날의 모내기는 이렇게 끝이 나고, 도랑에서 마을 일꾼들은 손과 다리를 씻고 얼굴도 말끔하게 닦는다.

모내기가 끝나고 사람들은 저녁을 먹으러 모여들고 하루의 마감을 애써 자위한다. 모내기를 끝내고 마시는 술맛은 그 무엇과도 비교할 수 없는 꿀맛이고 단맛이다.

저녁상은 주로 콩죽이나 콩국수, 메밀국수, 칼국수를 준비하여 일꾼들에게 제공하는데, 그러고 보면 모내는 집은 새벽 해장국, 아침, 점심, 참, 저녁 등 6끼는 준비를 하여야 한다.

"아이고, 오늘 고상들 했어요! 첫날이라 아조 빽쩍찌끈 했을 텐데……."

"이제 모심는 몸을 만들어 놔야 낼부터 좀 익어 가지."

"술심으로 베게야지, 뭐. 우리들 농사꾼들이 뭐 언제는 심이 안 들었나? 하하! 팽생을 농사 속에서 사는 몸뚱아리인데……."

"야! 도꾸는 어디 갔어? 논에 처박히고 난리를 피우드니."

"머이 마이 된지 벌써 코를 골구 자구 있어요."

"하여간 뭐 짹짹거리는 마누라 있나, 삐약거리는 자석들이 있나! 참 불쌍한 짐승이여."

"글게 말이우! 저렇게 지 한 몸땡이로 살다가 가는 거지, 뭐."

새벽에 달 보고 나온 사람들은 저녁에 달 보고 지친 몸을 한 잔 술에 의지하여 들어간다. 뒷산에서 들려오는 홀로 우는 밤부엉이만 정적을 깨고 딱딱한 소나무 구멍을 파는 딱따구리의 부리 부딪히는 소리만 조용한 마을에 침묵을 강요하지 않는다.

소 쟁기 소리와 모심는 일꾼들의 왁자지껄한 소리에 놀라 몸을 숨겼던 먹저구가 큰 눈을 달빛에 마중을 나오고, 도랑에 졸졸 흐르는 도랑물이 풀잎을 적시는 밤이 이슥해진다.

내일은 논 가운뎃집이 모심는 날이라, 논 가운뎃집 최씨는 괭이를 어깨에 메고 어두운 논배미의 물꼬를 틀고 논물이 골고루 배게 달빛 고운 밤에도 지칠 줄 모르며 논물 준비에 여념이 없다.

또 논 가운뎃집 아주머니는 내일 일꾼을 위하여 가마솥에서 콩을 끓여 두부를 만들며 새벽 해장국용 순두부를 만들고 있다.

모를 내다 보면 어떤 집에선 모가 모자라기도 하는데, 이처럼 모자란 논은 마을 사람들이 모가 남아 있는 집의 모를 거두어 반드시 모자란 집의 논을 채워 놓는다.

“이 사람아, 내년에는 한두 됫박 밥 덜 먹고 종자를 더 많이 뿌려서 모가 모자라지 않도록 하게!”

“하하! 올해도 넉넉하게 씨를 뿌렸는데 모자랐네! 모 폭을 너무 많이 꽂아서 모자라게 한 모양이네.”

“하여간에 내년에는 두 됫박 밥 덜 먹고 종자벼부터 보관해.”

서낭당

서낭당은 불타고 있었다.

마을에 초등학교가 들어서기 전부터 서낭당은 하늘을 찌를 듯 구부러지고 휘어진 금강송 소나무에서 진한 송진내를 마을을 향해 뿜어내는 그 자리에, 무섬의 돌무덤이 똬리를 틀고 검고 바랜 서낭당이 돌이끼가 무성한 돌담으로 사람의 침입을 막으며 그 자리에 오랜 세월을 버티어 왔다.

마지막 불꽃이 남아 숨죽일 때까지 머리는 헝클어지고 초췌한 눈빛에 꺼져 가는 불빛 속에서 돼지고기 한 덩어리를 태우는 남자가 쭈그리고 있었다. 익다 만 한 덩어리의 돼지고기를 베어 먹으며 알 듯 말듯한 소리를 중얼거리며 물마시듯 소주를 벌컥거리는 남자와 마을의 서낭당은 무슨 연유가 있을까?

오랫동안 마을의 수호신으로 마을의 안녕을 빌고 마을의 역사를 고스란히 간직했을 법한 서낭당은 잿더미 속으로 사라지고 한 남자의 포효 앞에 그 속절없는 역사를 마감했다.

서낭당이 있던 자리는 덕거리가 생길 때부터 공동묘지와 돌무더기가 공존하던 자리였고, 마을에 민가가 하나둘 형성되면서 오래 묵은 나무는 베어지고 돌무더기를 치워 밭을 일구어 먼저 차지하는 사람이 임자였다. 그렇게 형성된 하나둘의 집들과 마을은 사람이 죽으면 먼저 묘지를 만드는 사람이 또 임자였고, 그 무덤은 마을신과 함께 서낭당을 모시고 마을을 지켜 주길 바랐는지도 모른다.

마을 사람들은 골골마다 사람이 차지하는 것을 목격하면서 서낭당을 세웠고, 이 서낭당이 세워진 자리에 특권이 형성되고 마을의 지배세력이 되었다. 서낭당 주위는 곧 마을의 권력을 송두리째 가지고 가 자연적으로 형성된 권력의 기운을 가질 수 있게 하였고, 이 권력의 기운은 덕거리의 지배적 질서로 공고히 하는 계기가 되었다.

서낭당 권력의 끈은 질기고 굵어서 한번 움켜진 권력은 그 누구에게도 내주지 않은 채 훨훨 잿더미가 되어 한 줌의 흙이 되고 옥수수 밭으로 바뀔 때까지 끄떡없었다. 서낭당 권력이 마을을 장악하자 서낭당 주위는 마을의 화려한 중심지로 이동되었고, 그 중심지의 축은 서낭당에서 10미터도 안 되는 거리에 서낭당의 구부러지고 긴 소나무와 경계를 이룬 초등학교가 마을 사람들의 뜨거운 배움의 열정이 되어 쭉데기 나무껍질로 얼기설기 둘러쳐진 채 세워졌다.

교문은 비스듬히 우로 틀어 서낭당을 향하게 하지는 않았지만, 한쪽 마을 사람들은 서낭당 돌담과 학교 돌담 사이로 길을 내고 다녀야 했고 반대쪽 사람들은 몇 기 남지 않은 공동묘지와 학교 돌담 사잇길로 다녀야 했다.

서낭당과 공동묘지는 오랜 시간을 기묘하게 동거하며 조화를 이루었다. 공동묘지가 학교로 바뀌면서 서낭당은 새로운 주인과 마주 보며 공존을 한다. 무덤을 베개로 한 학교의 섬찍한 무섬을 놀이터로, 아이들의 떠들썩함만이 좁고 긴 마을에 울린다.

서낭당에서는 일 년에 몇 차례의 제사를 성대하게 지낸다. 마을 사람들은 남녀노소 구분 없이 깔끔한 두루마리 차림에 두건을 쓰고 제사를 지낸다. 마을 사람들의 안녕과 마을의 풍수재해가 없기를 기원하며 사람들의 장수를 비는 자리로, 그 제사가 가지는 권력의 본질적 역할을 톡톡히 하였다.

서낭당은 덕거리 사람들 모두가 절대적으로 지켜야 할 토속신앙이 되었고, 권한을 유지하려는 사람들의 도구로서 덕거리의 가장 오래된 종교로 자리를 확고히 하였다. 옛날부터 우리의 선조들은 세상에는 토신 · 수신 · 목신을 비롯하여 미륵신 · 장승신 등 수많은 신들이 있어, 이들 신은 사람들의 복을 들이기도 하고 또한 화를 쫓을 수 있는 기능을 발휘하는 것으로 믿어 왔고, 덕거리도 재빠르게 이를 수용하여 권력의 중심부로서의 역할과 기능을 수호했다.

그래서 정초에는 안택을, 2월에는 영등 할미를 모시는 할만네를, 6월에는 용신제를, 7월에는 백중행사를, 9월 9일에는 선조들의 제사, 동짓날의 잡귀 쫓는 행사 등 절기마다 서낭당신을 모시는 행사를 가졌다.

특히 정월 초에는 대부분의 가정마다 인근의 판수점을 치는 장님이나 무당을 불러 안택을 하며 재앙으로부터 이 집안을 보호해 줄 것을 빌었고, 덕거리 산촌마을도 마을 공동으로 풍년제를 지내는 등 한 해의 풍년을 기원했다.

또 개인의 소원이나 자식들의 출세 등 가정의 소원을 기원할 때는 고목 앞에 촛불을 밝히고 정화수를 올리기도 했고, 식구들의 몸이 불편하거나 하룻밤 꿈자리가 사나워도 우리의 선조들은 서낭당에 빌면 모든 것이 해결될 것이라고 믿었다.

또 어떤 해는 장승을 세우고 돌탑을 쌓으면 이곳에는 초자연적인 신령이 강림, 이 신령은 아들을 점지해 주는 등 인간의 소원 성취는 물론 재앙이나 병액을 몰고 오는 악귀로부터의 수호 등 세상의 길흉을 조절하는 것으로 생각했다.

그래서 마을의 입구에 수호신으로 장승을 세우거나 탑을 쌓기도 했으나 어느 쯤엔가는 이 장승은 어쩐 일인지 보이질 않았고, 대신 돌무더기만 세워지곤 하였다. 특히 덕거리 사람들은 장승보다 돌탑이 허물어지면 동티가 나서 사람이 죽거나 다치게 된다고 믿고 고이 모셔 왔으며, 그 앞을 지날 때는 경건한 마음으로 절을 올리기도 했다.

덕거리 사람들은 이 서낭당에서 신효를 얻을 수 있다고 믿기에 아들 낳기를 소원하는 여인이 하나의 돌을 서낭당 돌탑에 얹고 빌면 효험이 있다고 믿기도 했고, 젖이 나지 않는 여인은 돌탑의 작은 돌 하나를 가슴에 훈기를 불어넣어 자신의 젖가슴을 접촉시키면 효험을 얻을 수 있다고도 믿었다.

서낭당 신앙은 덕거리 사람들에게는 절대적 믿음이었으며 또한 정신적 지주였다. 이 때문에 신령의 효험보다는 절대적 믿음이라는 효과가 사람들의 희망으로 이어져 병을 고치고 사랑을 얻고 또한 득남하는 신효를 얻는 것이었다.

그래서 이 서낭당을 장악한 주위의 사람들은 그 자부심이 대단하고 절대적 권력을 빼앗기기 싫어했다. 서낭당 제사를 지내는 계획을 만들고 제주를 하는 사람들은 절대적 권한을 가지게 되고, 마을 사람들에게 단단히 주의를 주고 서낭당신이 금하는 짓을 하지 못하도록 강제하였다.

낮과 밤 가운데 어느 쪽이 더 신성한 것인지는 말하기 어렵지만, 덕거리 서낭당 제사에서는 밤이 신성한 시간으로 여겨지고 있다. 이 제일은 성스러운 시간이기 때문에 제일을 앞두고는 부정(不淨)한 일을 일체 금지시키고 절대적으로 강요하였다.

만일 제일을 잡은 다음에 부정한 일이 생기면 제일을 물리거나 제사를 중지하는 경우가 생기고, 그러면 마을의 권력자는 그 부정한 사람을 색출하여 응징하기도 하였다. 그 까닭은 성스러운 제사의 시간이 부정과는 대치되는 시간이기 때문이다. 그리고 동제의 제일은 일정한 기간을 두고 정기적으로 찾아오지만, 별신적인 제사는 1년 또는 격년, 3년 · 5년 · 10년 등의 긴 기간을 두게 된다.

특히 별신제사에서는 밤과 낮이 함께 중요한 시간일 뿐 아니라, 시간 자체에 대한 신성한 의미보다는 축제적 분위기를 더욱 중요시한다. 따라서 동제는 주기성인 데 비하여 별신제사는 주기성이 약하고 동제의 시간을 보조적으로 재강조하게 되는 것이다. 그리고 제일에 앞서서 금기는 반드시 준수하게 된다.

제일 먼저 부정한 일을 금기한다. 마을 사람, 가정 내의 싸움이나 살생 등을 비롯한 이상한 행동을 삼가는 것은 물론이고 출산이나 초상에 대해서도 금기가 뒤따른다. 가령 만삭된 임부가 있을 때는 제일을 앞두고 다른 친정으로 보내도록 한다. 마을 밖은 마을 안과는 부정의 관계가 없다는 뜻을 엄격하게 지켰다.

만일 부정한 일이 있으면 동제를 연기하거나 부정을 최소한으로 줄인 뒤 실시하게 된다. 마을 사람이 죽었을 때는 가매장만 한 채 장례를 행하지 않고 동제를 지내거나 동제를 연기 또는 중지하였다. 그 까닭은 부정한 상태에서 동제를 지내면 제의의 효과가 없는 것은 말할 것도 없고, 마을에 불행한 사고가 나기 쉽다고 보기 때문이다.

그리고 부정한 일뿐만 아니라 일상적인 것도 금하는 경우가 많다. 그 대표적인 것은 일을 하지 않는 것이다. 일뿐만 아니라 일상적으로 행하는 성교도 금기한다. 성교는 일반적으로 규제하기 어려운 것이기 때문에 자신들의 신앙으로 금기를 행하도록 강제하고 마을 사람들이 눈치를 주었다.

덕거리 전체가 부정으로부터 몸을 지키고 신성 기간으로 들어간다는 것은 부정의 범위가 마을 전체라는 것을 의미하며, 부정 자체가 마을의 결속과 관련이 있다는 것을 의미하므로 절대적으로 지켜 내야 하는 제약이다.

제물은 마을신의 신격에 따라서 그 종류가 다르고 조리하는 방법도 다르지만, 일반적으로는 신찬과 신폐와 향촉으로 크게 구분된다. 신찬(제물)에는 술 · 고기 · 밥 · 떡 · 포 · 해 · 탕 · 건어물 · 소채 · 해초 · 과일 · 과자 등이 있고, 신폐로는 베 · 종이 · 돈 등이 있으며, 곳에 따라서는 씻은 쌀이나 조 등의 곡물을 올린다.

신찬 중에는 술이 가장 중요한 것으로서 이를 '제주'라고 한다. 제주는 강신, 헌작, 음복 등의 제의 절차에 없어서는 안 될 절대적인 것이다. 신이 술을 마실 줄 알거나 그러지 않거나를 불문하고 반드시 제주를 사용하는 까닭은 술에는 부정을 가시게 하는 힘이 있고, 술의 취기가 쉽게 망아의 경지에 이르게 할 수 있기 때문이라는 이유에서이다.

그리고 육류는 희생을 상징하는 것으로서 소 · 돼지 · 닭 등 대부분의 고기를 사용하나, 주로 돼지와 닭을 잡아 사용하였다. 제의가 끝나면 제물의 일부를 서낭당 신에게 바치게 되는데, 이때에도 신앙의 대상이 되는 신의 격에 따라 그 바치는 방법을 달리 하는 게 덕거리 사람들의 특징이었다. 천신에게는 태워서, 지신에게는 땅에 묻어서, 수신에게는 물에 가라앉혀서, 산신이나 수목신에게는 나무에 걸어서, 돌이나 바위 신에게는 그 위에 놓아서 바치는 것이 일반적인 통례로서 자리매김 하였다.

제사를 지내고 서낭당 신에게 바치고 남은 제물은 마을 사람들이 모두 나누어 음복을 한다. 덕거리 사람들은 음복을 통하여 마을 사람들과 서낭당 신은 중요한 융화 작용과 신비의 연쇄가 이루어진다고 굳게 믿었다. 이는 마을 사람들과 서낭당 신이 일체가 되고 마을의 안녕 수호를 지켜 준다는 확고한 신념 때문이기도 하다.

사제자는 신을 맞이하여 신에게 인간의 기원을 고하는 동시에 신의 뜻을 탐지하는 기능을 담당한다. 덕거리 마을에서는 '제관', '제주' 등으로 불리는 사제자를 선정하여 그로 하여금 모든 제의를 주관하도록 했다.

동제의 제관으로 선정될 수 있는 조건은 40세 이상의 성인 남자, 상주가 아닌 사람, 가족 중 최근에 임신 또는 출산한 자가 없는 사람, 제의가 끝날 때까지 부인에게 월경이 없는 사람, 생활환경이 깨끗하고 재혼한 일이 없는 사람, 제일에 생기복덕(生氣福德)이 닿은 사람 등이다. 이러한 조건을 모두 갖춘 사람 중에서 제일 약 15일 전에 마을회의에서 제관을 선정했다.

한번 제관으로 선정되면 1년 이상 계속하는 경우도 있지만, 일반적으로는 매년 새로 선정하고 있다. 덕거리에서는 고령자 또는 이장이 자동적으로 제관이 되기도 하며, 마을 권력자의 지침에 따라 제관을 정하기도 한다. 또 신대를 잡고 굿을 한 뒤 그 신대가 달려가서 지적하는 사람을 제관으로 삼는 강신사제(降神司祭)도 있다.

제관으로 지목된 사람은 그날부터 각종 금기를 준수하여야 한다.

첫째, 대문 위에 금줄을 늘여서 외인의 출입을 막고 자신의 출입도 금한다.

둘째, 매일 목욕재계하며 성생활을 금한다.

셋째, 육식 · 술 · 담배 등을 금한다.

넷째, 살생을 금하고 자기 몸에 작은 상처라도 나지 않도록 특별히 유의한다.

다섯째, 부정한 것을 먹거나 보지 않고 부정한 말을 듣거나 발설하지 않는다.

여섯째, 불난 곳이나 싸우는 곳에 가지 않는다.

일곱째, 남에게 절을 하거나 절을 받아서는 안 된다.

여덟째, 조상의 제사에도 참례하지 않는다. 제관으로 지목되는 사람은 통상적으로 덕거리에는 정해져 있는 게 관례이다. 특히 밥을 짓는 제관은 안씨 집이 주로 도맡아 젯밥을 지었는데, 안씨네는 진흙무기라는 물 빠짐이 없는 논을 가지고 있어 일반 천수답에 비해 쌀의 미질이 좋았다.

안씨 댁은 몸을 정갈하게 목욕재계를 하고 새벽에 성스러운 물을 받아 장독대에 올려 빌고, 그 순수한 물로 젯밥을 지어 온다. 제주를 주로 담당하는 임씨네도 일년 농사에서 가장 잘 여문 보리로 누룩을 만들며 토실토실한 곡식으로 술을 빚어 제주로 사용할 수 있도록 준비에 여념을 다하는 모습은 정성 중의 정성이다.

아홉째, 몸과 마음을 정결히 하면서 조용히 제일을 기다린다.

이렇게 많은 금기사항을 관리 감독하는 사람도 역시 서낭당 권력을 움켜쥔 사람들로서 덕거리를 효율적으로 권력을 강화하기 위한 하나의 원리적 독선이기도 하였다. 장소이기 때문에 종합적인 사회생활의 현장을 강조하고, 마을 사람의 복업을 빌며 서넝당 신의 규범 아래 묶어 두려고 한다.

서낭제가 끝이 나면 서낭당 주위엔 공동으로 제를 지낸 덕거리 주민들이 함께 음식을 먹으며 경건하게 보내야 하지만, 제를 지내기 전과 후에는 사뭇 다른 풍경이 펼쳐진다. 과자나 과일은 주로 아이들 몫이지만, 제주와 제에 사용했던 각종 제물은 동네 사람들의 음복과 거나하게 취하게 되는 동기를 만들어 낸다.

한 마리의 돼지는 무청과 배추 건더기를 넣고 국밥식으로 푹 끓이게 되는데, 고기보다 사람이 많은 관계로 물의 양을 엄청나게 많게 하고 돼지비계를 버리지 않고 뼈째 몇 시간을 고아 국밥으로 말아 낸다.

어른들은 서낭당 앞에 자리를 펴고 젯밥과 제주를 들지만, 아주머니들과 청년들은 서낭당 주위 빈자리 어느 곳이듯 차지하여 기름 둥둥 뜨는 돼지국밥과 막걸리 한 잔으로 하루를 보낸다.

어쩌다 한번 먹는 돼지국밥이 맛있기도 하지만, 언제 다시 먹을지 모르기에 사람들은 국물 한 방울이라도 더 먹으려는 욕심을 내기도 한다. 빈 그릇은 연신 국밥이 끓고 있는 큰 솥단지로 향하고 무럭무럭 김이 나는 국밥그릇은 마을 사람들 앞으로 부지런히 날아든다.

"어이구, 머이 좀 남았나! 국물이라도 한 그릇 더해야 하겠네!"

"야! 작작 먹어라. 오랜만에 먹는 돼지 지름에 아랫배가 경끼하고 나가자빠지겠네."

"아이, 그래도 있을 때 한 그릇이라도 더 퍼먹어 둬야지."

마을 사람들이 주로 주식이라야 감자, 옥수수밥에 김치가 전부인 것을 감안하면 명절 때나 돼지를 잡아 뼈째 한두 근씩 차례가 오는 돼지고기를 온 가족이 먹는 게 전부인 것을, 오늘 서낭당 돼지국밥은 돈 안 들이고 먹을 수 있는 귀한 음식이 아닐 수 없다.

사람들의 배 속은 기름기 없이 메말라 있고, 어쩌다 먹는 고단백의 지방은 탈이 나게 되어 있다.

돼지기름이 한꺼번에 많이 배 속에 들어가니 받아들이지 못하여 갈증을 유발하고, 사람들은 서낭당 옆 개울에서 목을 길게 개울물에 담가 목줄이 터져라 냇물을 마셨다.

덕거리의 개울물은 일급수로서 우물이 없는 사람들은 이 개울물을 식수로 사용했는데 아무 문제가 없었고, 자연수로서 더 맑고 깨끗하고 온갖 일급수 미생물이 개울에 공존하였다. 이 개울물은 사람도 마시지만 누런 황소도 마시고 개도 혓바닥을 적시며 산돼지도, 산토끼도, 고라니도, 너구리도 공동으로 이용하는 식수이다.

기름과 찬물의 조화는 엄청난 후폭풍을 일으키고 부글부글 끓는 배 때문에 사정없이 아랫배를 힘주게 하고 속절없이 빠져나오는 물 반 기름 반의 방금 먹은 국밥을 쏟아내게 하였다.

"아이구, 배야! 사람 죽겠네. 아이구……."

"거봐, 그냥 더 먹지 못해 눈을 희번덕거리더니 참 꼴좋다."

화장실이 따로 없는 서낭당 개울 주변의 버드나무 숲과 풀숲에는 희끗희끗한 옷차림의 동네 사람들이 사타구니에 얼굴을 처박고 쫙쫙 퍼지며 나오는 설사를 감당할 재간이 없다.

"어이구, 온 동네에 똥내가 진동해서 온 저녁에 서낭당 귀신이 이 쿤내 때문에 역정을 마이 내겠네야."

"하여간 공짜라면 양잿물도 들이킨다고 하더니, 저 도꾸 대가리는 세 그릇이나 퍼먹어 대더니 버쩍 마른 배때지가 아주 절단이 난 모양이야."

"그래도 도꾸는 엉덩이나 까고 설사질을 했지요! 저기 물 건너 소댕이골 최씨 작은집은 글쎄 똥 싸러 가는데 쌀 만한 데는 사람들이 죄다 차지하고 있으니 저 우에까지 가다가 참지 못하고 바지에다 그만 설사를 저질러 놨다고 하네."

"그래서 저기 지금 훌러덩 벗고 개울물에 속고댕이와 바지를 빠느라고 추운데 저러는 거야."

"야! 아주 오늘 물괴기도 똥물에 숨이 맥혀 마카 다 죽게 생겼네."

사람들은 제를 지내고 떠난 후 서낭당은 불길에 사로잡히고, 사로잡힌 불길의 서낭당을 어쩐 일이지 놀라워하는 사람들은 일부 나이 많은 어르신뿐이다.

새마을 운동이 광풍처럼 몰아치고 학교 앞에 우두커니 빈집을 지키고 있는, 제를 지내지 않을 때가 훨씬 더 많은 이 서낭당이 을씨년스럽기도 하고 때론 무서움의 장소이기도 할 것이다.

신작로를 넓힌다는 명분은 이 서낭당을 없애야 했고, 마을이장과 새마을 지도자는 어른들과 서낭당 권력이 무서워 이 서낭당을 어떻게 할 수가 없었다. 그런데 그날, 전격적으로 모의를 하고 마을에서 거의 망나니짓을 하는 도꾸를 사주하여 사람이 떠난 후 불을 지르게 하였다.

도꾸도 서낭당 귀신이 무서워 소주 됫병들이 한 병과 돼지고기 한 덩어리를 무너져 내린 오래된 나무 불길에 고기를 구워 먹으며 그날 저녁 집으로 돌아가지 않으며 불타는 서낭당을 애써 지켜 내고 있었다.

이튿날, 잿더미만 우두커니 남은 서낭당에는 마을의 원로들이 눈에 쌍심지를 켜고 몰려든다.

“아이고, 신령님! 이를 어째……. 조상 대대로 모시던 서낭당을 다 태워 먹었네, 아이고! 천지신명이시여, 토지신명이시여, 성황신이시여, 제발 노여움을 풀어 주시길 기원합니다.”

촌로들은 연신 머리를 조아리며 빌고 빌고 또 빈다.

“내 이런 사단이 날 줄 진즉에 알았다니까! 아이, 글쎄 저눔들이 글쎄 머이 먹을 게 생겼다 하면 똥인지 방구인지 모르고 게걸스럽게 입으로 처넣으니 생전 먹어 보지 않던 괴기 국물에 배아지가 성할 수 있나! 그러니 똥질을 서낭당 주위에 아무 데나 궁뎅이를 까대고 여자나 남자나 온 사방에 똥질을 해놨으니…….”

“그러게, 지금도 아주 쿤내가 요동을 치네. 그나저나 저눔의 똥은 비가 와야 씰래 갈 텐데 은제나 비가 올라나.”

그날 저녁 꿈에 고운 명주한복을 차려입고 까만 지팡이를 짚은 범상스럽지 않은 사람이 한 발 두 발 서낭당 자리를 둘러보고 서낭당이 서 있던 그 자리에서 홀연히 자취를 감추었다.

한동안 아주 한동안 오랫동안 서낭당을 모셨던 나이 많으신 어른들은 서낭당의 환영에서 깨어나지 못하는 두려움과 근심으로 마음 가눌 길

없게 되고, 재가 되어 버린 서낭당 근처를 얼씬도 하지 않는다.

그 후 서낭당 있던 자리에는 하늘을 향해 길게 뻗은 소나무 몇 그루만이 우두커니 자리를 지키고, 오랜 세월 바람과 눈비를 이겨 내 까만 이끼의 서낭당 담을 이루었던 바위돌만 나뒹굴고 흔적은 소리 없이 사라졌다. 몇 그루의 소나무도 누군가에 의해 잘려지고, 그 자리엔 가끔씩 다니는 화물차의 뿌연 연기만 하늘로 올라간다.

김매는 덕거리의 여름

덕거리 농사는 밭농사가 팔 할을 차지하는 산지 중의 산지로서 농사의 성패는 여름내 풀과의 싸움이고, 풀과의 싸움은 덕거리 사람들을 지치게 한다.

"저기 영기넨 낼 뭐하우? 아무래두 우리 옥시기 밭부터 돌아가민서 품앗이로 짐을 매야 할 것 같지 않우?"

"아이짐을 맬 때가 됐지, 뭐. 동네 아주머이들과 상그해서 짐매는 날을 받어 둬야 할 텐데……."

"말 나온 짐에 온 저녁에 맞추어 봅시다."

풀과의 전쟁은 여름내 덕거리 아주머니들을 뜨거운 태양 아래 얼굴을 고스란히 노출시키게 하며, 여름내 노출시킨 얼굴은 구리 장식이 되어 간다. 결국 이런 구릿빛의 얼굴이 덕거리 여인임을 보증하는 수표가 된다.

여름이 되면 언덕배기 늙은 버드나무에만 유독 그렇게 많은 매미가 작은 집을 짓고 김매는 아낙들에게 여름의 하모니를 합창으로 선사하고 마른땅에서 솟아오르는 반짝이는 열기를 식히려 애쓰는 모습이 가엾기까지 하다.

여름내 울어 젖히는 참매미 고운소리가 멎을 즈음이면 덕거리의 김도 물이 빠져 늙어 가지만, 그 늙어 가는 풀은 더 고약하기만 한 건 무수한 씨앗을 땅속에 셀 수 없는 알갱이로 퍼트려 이듬해 더 많은 김을 만들어 내기 때문이다.

새벽이슬은 연한 안개를 뚫고 제법 따가운 속도로 다가오는 아침햇살에도 잘 마르지 않고 옷섶을 적신다. 영기네 옥수수 밭엔 몸빼바지에 질근 동여맨 낡은 수건만 동동 보이는 아주머니들이 작은 보따리와 닳아빠진 호미를 손에 들고 모여든다.

"아침짐은 척척하겠네! 이슬이 머이 비 오듯 해서 아주 줄럭 젖었네."

"옥시기가 씨가 잘 붙었수야! 밭이 수기가 좀 있는 모양이지."

"야! 아무래도 산골밭은 수기가 좀 있어야 농새가 잘된다우."

제짝을 찾는 매미는 아침부터 온 동네를 향해 깊고 맑은 소리를 토해내고, 그 매미소리에 장단 맞추어 마을 아주머니들의 호미 소리는 돌에 부딪혀 불꽃을 내며 속도를 내기 시작한다.

돌이 많은 덕거리 밭의 특성 때문에 호미는 닳고 돌에 부딪히는 쇠 울음소리는 김을 매는 밭의 익숙한 소리가 되어 여름을 나고, 그 여름의 끝은 덕거리 아주머니들에겐 아주 긴 시간의 김매는 작업이 끝나는 시점이다.

"아이구, 저기 기영이댁은 아주 김매는 데는 선수라니까! 남은 반골도 나가지 못했는데, 벌써 나가서 갓머리를 다하고……. 참 야무진 일꾼이여!"

"아문요! 기영이가 늦은 나이에 삭시 하나는 아주 잘 읃었다니까! 야무지고 경우 바르고."

"그나저나 뭔 놈의 밭에 달그상다리가 이렇게 많수야."

"이놈의 밭은 아주 달그상다리가 원수 같아요! 다른 집에는 요새 나온

라쏜지 뭔지 제초제를 친다고 하는데, 우리 집 양반은 라쏘라문 아주 질색을 한다니까."

"라쏘를 치문 땅이 굳어져서 그 뭐야, 땅바닥이 거북이 등가죽처럼 되고 밭을 갈때는 보구레가 안 들어가 농새 짓기가 여간 심든 게 아니라니까요."

"그러게 짐 한 번 더 매더라도 제초제는 치지 않아야 하겠더라구."

멀리 진흙무기 다랑논에서는 동네 어른들 몇이 논김을 매느라 허리를 구부리고 잎새 큰 볏잎 사이로 맥고모자만 너울너울 춤을 춘다.

고랭지 지역이라 하는 덕거리도 한여름 한낮의 뜨거움은 피할 수가 없다. 극성맞게 울어 젖히는 매미도 뜨거운 한낮의 열기에는 지친 듯 울음소리는 가늘어지고 낮잠을 즐기는 듯하다.

주인집 아주머니는 오이를 썰어 냉국을 만들고 국수를 삶아 참을 가지고 시원한 버드나무 응달로 나왔다.

"마카 나와요. 먹을 게 벤벤치 못해도 젠놀이 들구 합시다."

"아이구, 머이 빠르기도 하네. 금세 가서 젠놀이를 했잖우."

"참이 머이 시원치 않아서 외냉국에 국시 좀 말아 먹으려고……. 한 그릇씩 자시고 합시다."

버드나무가 수호신처럼 여름의 태양을 가리고, 바람이 일렁이는 언덕엔 풀잎마저 잔득 누워 있고 마을엔 사람의 그림자라곤 보이지 않는다.

멀리 보이는 개울엔 보래동 영골에서 내려오는 차가운 냇물에 동네 아이들의 미역 감는 벌거숭이들만이 여름놀이에 시간 가는 줄 모르고 물장구를 치고, 서로 물싸움을 하는 모습들만이 시야에 들어온다.

"저기 앞집 병수 어머이가 있네."

"저댁 오늘 어디 일하러 가지 않았나 보네."

"헹님요! 젠놀이 자시러 와요!"

콩 한 쪽도 나누어 먹는 동네 인심은 사람의 그림자만 보여도 반드시 소리쳐 불러 함께 음식을 나눈다. 이러한 인정 넘치는 전통은 덕거리의 매력이고 문화이고 사람 사는 세상을 구현하는 인간미 넘치는 정이다.

참을 먹은 어머니들은 다시 호미를 들고 밭으로 향하고, 이내 밭엔 쇠 부딪히는 소리만이 태양과 공존하며 여름과 호흡을 한다.

작물에 따라 김매는 방법도 각각 다르지만, 김매는 횟수 역시 정해져 있다. 풀 하나 없는 깨끗한 밭을 보면 농사를 잘 짓는지, 주인이 성실한지를 판가름하고 수확도 많고 적음을 예측하는 잣대가 된다.

감자, 콩, 팥, 수수, 조, 옥수수, 메밀 등 다양한 잡곡을 심어 대부분을 양식으로 쓰기 때문에 밭작물은 가족의 생사에 지대한 영향을 미치고 가족의 목숨과도 같은 것이기에 덕거리의 밭은 보물이고 생존의 담보물이다.

점심이 되면 모두 모여 빙 둘러 앉아 각자 준비해 온 도시락을 펼쳐 놓고 먹는다.

"더덕 장아찌가 아주 제법 맛이 들어 보이우야."

"장이 짜서 그런지, 짠지도 소태 같아서 말이우. 여기 좀 들어 봐요. 이 짠지가 한 몇 해 묵었는 것 같아. 은제 박아 놨는지……."

"좀 짜야지, 뭐! 간간한 기 맛있네."

"여름엔 머이 해 먹을게 없어! 짠지도 다 떨어지구 옥시기 밭에 호박을 심궈 놨다 장날에 새우젓 사다가 호박에 쪄 먹으문 그게 젤이지, 뭐."

“그러게 우리 집 양반은 다마내기를 그렇게 좋아해서 장에 가기만 하문 그놈에 다마내기 안 사 온다고 보꼬친다니까.”

“요새 뭔 다마내기가 그렇게 마이 나오는지 모르겠어! 난 들크니 해서 영 좋지 않은데 말여!”

여름이면 밭일은 거의 여자들 몫이기에 덕거리의 여자들은 밭일과 가사일을 함께 소화해 내야 하기에 늘 지쳐 있고, 그 지친 가운데 틈틈이 가족을 위해 반찬 마련도 해야 하기에 여간 곤욕스러운 게 아니다.

“늙은 외를 어떻게 이렇게 맛있게 만들었수?”

“외도 미처 따지 않아서 늙억다리가 됐다니까!”

“외애기가 나왔으니 말이지, 글쎄 어제 저녁에 저 앞집 외밭에는 도둑눔들이 들어서 해다 자지만 한 외까지 싹 다 따가지고 가고, 글쎄 외밭을 헹펜없이 망구어 놨다고 하대.”

“동네 아새끼들이 돌아댕기믄서 저지랭이를 했지, 뭐!”

“늙억다리 외도 껍데기를 까서 소금에 지레 놨다가 노곤노곤해지문 고추갈기를 넣고 무쳐 먹으문 여름에 찬이 없을 때 그런대로 먹을 만합디다.”

진흙무기에서 논김을 매는 동네 어른들도 하나둘 일어나 점심을 먹으러 논둑을 걸어 나온다. 진흙무기의 논은 덕거리에서 상답 중에 상답에 속하고, 쌀의 미질이 좋아서 동네 서낭당 젯밥을 주로 이 진흙무기 논 주인이 맡아 밥을 짓는다.

진흙무기 다랑논은 사람 키보다 더 높은 둑을 만들어 논을 만들어 옛 어른들의 논에 대한 집념이 얼마나 강했는지를 보여 주는 상징적인 논이며, 그 엄청난 노동을 일력으로 견디어 낸 역사에 새삼 숙연해진다.

덕거리의 논 대부분은 천수답이고 개울을 막아 보를 만들고 그 개울물을 꼬불꼬불 도랑을 내어 놈에 물을 대는 형태이므로 가뭄이 들면 바로 흉작이 되는 하늘만 바라보는 농사이다. 그러나 이 진흙무기는 한번 물을 대면 물 빠짐이 없어 가뭄에 벼가 견디는 힘이 강하고 가뭄에도 질 좋은 미질을 만들어 내므로 덕거리 사람들은 진흙무기를 부러워한다.

그러나 진흙무기에도 치명적인 결함이 있다. 장마가 지면 높다란 둑은 두더지가 파 놓은 두더지굴 때문에 비가 스며들고 논둑을 허물어져 아랫논을 다 흙더미에 묻히게 하는 사태를 초래하기도 한다.

산골 다랑논에는 어디를 가나 파란 메뚜기 떼들이 극성을 부리고, 가을 초저녁이면 매미채로 메뚜기를 잡아 황덕불을 지펴 메뚜기를 볶아 먹는 풍경은 덕거리 사람들이라면 그렇게 낯선 풍경은 아니다.

산과 산 사이에 좁다랗게 마을을 이룬 덕거리는 낮은 곳에는 논을 일구고 높은 곳은 밭을 일궈 일터 삼아 좁은 하늘이 전부인 양 옹기종기 모여든 마을이다.

낮은 논은 남자들의 일터로, 높은 곳엔 여자들의 일터가 되는 기묘한 현실에 마주치면 어김없이 손해를 보는 듯한 게 덕거리 여자들인 것은 부인하기 어려울 것이다. 밭김은 여자들의 차지가 되었고, 몸빼바지에 낡은 수건 한 장이 전부인 차림으로 새벽이슬부터 어둑한 저녁에 이르기까지 여름을 보내야 하는 서글픈 농촌일이다.

이구동성으로 딸을 낳으면 산골로는 시집을 보내려 하지 않고 중학교만 졸업하면 더 이상의 진학은 사치인 채 아름아름 서울로 향하고 교문리에서, 구로동에서, 가리봉동에서, 부평에서, 주안에서, 만수동에서 까만 얼굴이 하얀 얼굴로 바뀌는 것을 느끼며 공장 생활을 한다. 그 공장 생활이 덕거리에서 김매는 것보다는 훨씬 더 출세를 한 것이었고, 그게 덕거리 아주머니들에겐 자랑스런 딸의 모습이었다.

오후엔 해가 훨씬 더 빨리 지나간다. 김매는 소리는 호미의 돌 부딪히는 소리에 더 가빠지고, 진흙무기에서 논매는 동네 어른들의 피 뽑는 힘이 더 강렬해질 즈음에 아리랑 소리가 더위를 피해 숨죽이고 있던 참매미 소리와 앳된 조화를 이룬다.

"앞산에 딱따구리는 참나무 구멍도 잘 뚫는데
우리 집에 멍텅구리는 뚫린 구멍도 못 뚫나!"

정선 아리랑의 진한 소리가 하늘을 날아 김매는 동네 아주머니들에게까지 닿자, 동네 아주머니들도 키득키득 웃는다.

"아이구, 요새 같으면 바깥양반이 옆으로 올까 봐 무서워 죽겠는데."

"그러게, 돼 죽겠는데 뭔 소리여."

"호호호! 젊은 새닥 들이야 내우를 하겠지만, 몸땡이가 천근만근인데 우리덜이야 남펜 살 닿는 것도 귀찮지."

"아이구, 그건 서방들도 매한가지여! 땡볕에 일하지, 저녁이문 심들다고 술 먹고 들어오지. 뭔 심이 있겠어?"

"그나 낼은 원씨네 짐 매우!"

"야! 낼에 보래동 밀꼴 콩밭 매야 하는데, 콩씨가 영 시원찮게 붙어서 콩씨 안 붙은 자리엔 들깨라도 심어야 할 텐데……. 아주 밭이 훙덩해서 빈 밭 같아요. 남세스러워서!"

"낼은 아무래도 더 더울 것 같지 않수?"

"지금도 보우. 아주 옥시기가 이렇게 말러 비틀어지니 더우도 아주 숭악하네! 남정네들은 시원하게 논물에 발 담가 가메 일하고 우리덜은 비알에 쪼굴러 앉아서 흙문데비가 콧구멍 속으로 다 들어가메 짐을 메구."

"집구석에 들어가 세수를 하면 글쎄 콧구멍에서 흙이 한 종재기씩 나온다니까."

여름날은 빠르게 지나가지만, 무더위의 기승은 저녁이 되면 기온이 빠르게 떨어져 오히려 한기가 느껴지기도 한다.

덕거리의 새벽은 첫닭우는 소리와 동시에 열리고 어슴프레 동창에 해가 비치면 때 이른 굴뚝에서 밥 짓는 연기가 북쪽으로 구름을 이루고 외양간의 암소는 밤새 쇠등애에 살점을 뜯긴듯 코뚜레를 일렁이며 그 큰 눈망울이 흠뻑 젖어있다.

밤새 어둠이 내린 개울에는 반딧불이 깜빡거리며 날아다니고, 버드나무숲속에 웅지를 튼 개구리 울음소리 뿐, 아침의 고요는 사방을 숨죽이게 하는 덕거리의 아침이다.

이른 새벽부터 논물을 보고 오는 동네 어른의 낡은 삽은 한쪽 끝이 부러져 녹이 슬었건만 아직은 돈 주고 다시 사기엔 여의치가 않다.가시지 않은 새벽의 어둠 속 어디에서 소쩍새 울음소리가 가락을 길게 슬픈 여운을 남기기도 하지만 김매는 아침은 어김없이 밝았다.

아침부터 깔따구가 기승을 부리고 깔따구 사이로 고추잠자리가 먹이를 찾아 낮게 비행하는 모습이 평화를 주지만 찌부등한 몸은 쉼터를 요구한다.

"아침부터 먼눔에 깔따구가 아주 저황을 못채리게 하네! 날이 좀 올래나."

"소나기라도 한번 퍼부었으면 좋겠네! 날이 와야 좀 쉴 텐데...."점점 더 뜨거워지는 여름과 점점 더 고단해 가는 농사일에 지치지만 농촌에서는 비가 내려야 공일이다. 아니 비가 내려도 들깨모를 하기에 쉴 수 없을지도 모른다.

그게 덕거리의 농사고 덕거리 사람들의 일상이다.멀리 물 건너 양씨집 에서 들리는 늦은 닭 울음소리에 호미와 점심을 챙겨 원씨네 밀꼴 콩밭을 향한다.

"벌써 가요? 아이 날래두 가네! 같이 갑시다!"

논가운데 아주머니가 작은 키를 동동 거리며 부산을 떨면서 도시락을 챙겨 나선다.이른 아침에 소쩍새 울음소리 대신 뻐꾸기 울음소리가 아침의 정적을 깬다. 배가 고파 우는지, 집나간 새끼를 찾는 소린지, 서방 찾는 울음인지 김매러 가는 아낙들은 들은 체도 없이 몸빼바지에 바람을 일렁거리며 뛰듯이 걷는다. 논가운데집 아저씨는 벌써 소 쟁기를 지게에 지고 덩치 작은 암소를 앞에 세우고 밤나무골 감자밭으로 향한다.

"뭘 하러 그래 부쟁이 가요?"

"밤나무골 감재밭에 북을 줄라고 그러는데 소가 들어갈지 모르겠네요."

"소가 골을 잘 탈까요? 돈성이 보고 앞에서 끌라고 하는게 더 나을낀데!"구름을 헤치고 붉은 아침 해가 산 위로 솟아오르면 풀잎에 맺힌 아침이슬이 햇살에 빛나고 거미줄에 매달린 이슬은 진주처럼 영롱하다.물가에 핀 이름 모를 들꽃은 이슬을 머금어 더욱 아름답고 진한향기를 풍긴다.그 누구도 보아주지 않고, 반겨주는 이 없어도 아무런 불평도 없이 앙증맞은 꽃을 피웠다. 피는 들꽃이나 지는 들꽃이나 늘 일상으로 보지만 욕심 없이 살아가는 덕거리 사람들에겐 그저 잡풀에 불과하다.아침을 여는 소리가 진한 소 울음소리와 암소 지나는 자리 곳곳에 큼지막한 소똥이 말라 있고 큼지막한 소똥을 있는 힘을 다해 옮기는 말똥구리의 억척스러움이 맑은 햇빛에 그대로 노출되어 있다.

말이 흔하지 않은 우리나라에서 말똥구리는 어울리지 않는것 아닌가?

오히려 소똥구리가 맞을것 같은데 희한하게도 말똥구리다.논밭으로 달려가는 소의 힘찬 소리와 사람들의 소모는 소리가 아침 정적을 너무도 빨리 깨치고 여름더위는 모시적삼을 송두리째 적신다.콩밭 위로 날아가는 벌들의 나래 소리. 콩밭 매는 아낙들의 왁자지껄한 소리. 이 모든 소리들이 덕거리의 여름소리이고 김매는 소리다.개울물위로 가득히 퍼지는 물안개가 피어오르는 개울을 건너는 지게와 암소 그리고 논가운데집 아저씨! 덕거리의 여름은 풀과의 전쟁이고 더위와의 전쟁이고 깔따꾸와 전쟁이고 고단함과의 전쟁이다.

한낮의 뜨거운 더위가 영 심상치 않다.

푹푹 찌는 산골의 더위는 콩밭의 흙먼지를 더 자욱하게 하고 호미로 긁어당기는 힘없는 풀은 이내 시들어 여름 햇볕에 쉽게 녹아내린다.

쉴새없이 울어 제끼는 참매미 소리가 그칠 무렵 산골의 소나기는 미쳐 몸을 피할 길 없이 흙먼지를 일으키고 가여린 콩잎은 세찬 빗줄기에 기지개를 켠다.

여름 소나기는 밭작물에게는 너무나 소중한 미네랄의 원소 이다.

빗물이 밭에 스며들면 메마름에 헐떡이는 마른땅은 기운을 내고 빗물을 힘 있게 흡입하고 농작물은 줄기와 잎새는 초록의 빛으로 응답을 한다.

김매는 아주머니들은 이내 젖어버린 수건과 몸빼바지를 걷어 올리고 너른 잎새 큰 나무 아래에서 잠시나마 소나기를 피한다.

"요란하게 퍼부어 대네! 쏘내기라도 와야 곡석이 힘을 내지!"

"그러게요! 농새꾼은 하늘만 바라보는 농새니 비가 원수가 되었다가 효자가 되었다가 하하하....“

순박한 덕거리 사람들의 농사짓는 방법 이래야 큰 욕심이 없으니 적당하게 비가 내리고 적당하게 눈이 내리면 그것으로 만족을 얻는 사람들이다.

저녁무렵 둔덕 박씨가 헐레벌떡 마을로 내려와 김매는 밭으로 온다.

"먼일인데 그래 숨도 안쉬구 오우!"

"야! 낼은 누구네 짐을 매요?"

"낼? 낼은 저 아래 남귀넨가 ! 봐야 알겠는데 왜 그러우?"

"우리집 당구 밭이 아조 산인지 밭인지 몰러서 날래 짐을 매줘야 할 텐데 아조 큰일인데 우리 밭부터 먼저 매문 안되 겠어요!“

"글씨 저녁때나 돼야 얘기를 해서 순서를 바꾸든가 하지요."

"내가 이따가 술 한 병 받아 가지구 반장네로 갈께요.‘

날이 어둑할 무렵 둔덕 박씨는 소주 댓병 한 개를 둘러메고 반장네로 오고 반장댁은 안주를 장만하니 피곤한 몸을 이끌고 사람들이 모인다.

" 박씨 그런데 오굼팽이는 왜 그래?"

"오굼팽이요! 말도 마요! 나 메칠전에 아조 죽다 살아났어요.!"

"왜? 먼일이 있었어?"

"아 글쎄 메칠전 저녁 일마치구 지우리 영시집에 놀러를 갔잖우! 이런 얘기 저런 얘기 하다보니 밤이 이슥해져서 지우리 재를 넘어 오는데 머이 시커먼게 앞에 딱 버티고 있잖아요!"

"그래서"

"그날 저녁 따라 잔뜩 구름이 끼고 비가 슬금슬금 오는데 앞에 시커먼게 있고 글쎄 씨뻘건 불이 번쩍 거리더라구요!"

"번개가 아니구"

"아이구 성님은 참! 번개랑 짐승불이랑 내가 분간도 못하는 사람이유!"

"그럼 호랭이불이란 말여!"

"아 내 말좀 들어봐요! 시커먼게 씨뻘건 불을 뿜고 있으니 아주 다리 고뱅이는 딱 들어 붙었지! 그리구 온몸은 땀범벅이지 그냥 뭐 사시나무 떨리듯 벌벌 거리는데 아주 죽게 생겼어요!"

"허이 먼 짐승인데 그래! 호랭이가 없어진지가 육이오 전쟁 나고는 다 없어 졌는데...."

"그러니까 이건 호랭이가 없는 줄 아는데 딱 호랭이야! 그래서 호랭이 굴에 들어가도 정신만 차리문 산다는 말이 그 와중에 생각이 나더라구.!"

"그래서..."

"먼 심이 있는지 옆에 굵은 몸푸레 나무가 보이더라구 그걸 뽑았지.!"

"뭐라구? 굵은 몸푸레 나무를 뽑아! 하여간 또 시작이군!"

"아이구 참 내말을 한번 끝까지 들어 보래니까!"

"해봐 어디 !"

"그래서 그 몸푸레로 그 숭악한 짐승 대가리를 냅다 내리쳤지!"

"........"

"그런데도 딱 버티구 눈까리에 불만 번쩍거리구 꿈쩍도 하지 않으니 내가 오금이 질리지 않겠수."

"그래서"

"그러긴 그 짐승을 이리치고 저리치고 뭐 죽어라 하구 패는데 내오굼팽이를 딱 물어 ! 그 순간 죽었다고 생각을 하고 젓 먹던 힘까지 다 빼서 심대로 내리 쳤는데 글쎄 그 큼직한 몸푸레 나무가 너덜너덜 해졌지 뭐야! "

"호랭이인지 뭔지는 몰라도 박씨 하나 물어가지 않을까! 말 같지 않은!"

"어쨌든지간에 그 짐승 하구 싸우는데 날이 훤하게 밝아 오더라구"

"그래서!'

"그래서 이래 보니 글쎄 짐승이 아니구 떡 버티구 있는게 바위덩어리 잖우 글쎄."

"그럼 밤새 바위덩어리 하구 싸웠단 말이여"

"야! 밤새 바위를 내치고 들이치구 했으니 참 ! 그리고 바위에 내 오굼팽이를 쳐 박은걸 모르구 글쎄 호랭이 한테 물렸다구 생각 했으니 참!"

"하하하 하여간에....."

2부 덕거리 사람들

배씨 할아버지

"야! 이눔들아! 야, 이 조선 천지에 순 쌍눔들아!"

온 마을에 고래고래 굵은 고래 심줄이 터질 것 같이 좁고 긴 계곡이 쩌렁쩌렁 울리게 소리치고 난리를 치는 어른이 두루마리를 펄럭이며 갈지자로 흔들거리며 올라오고 있다.

"야, 이 개 코댕가리 같응 그 내가 밥을 달래키나 했어, 아니문 나한테 술 한 잔 받아 줘 봤어? 내 이래 봬도 뼈다구 있는 집안이야!"

길가의 느릅나무 위에 날개를 접고 쫑긋거리던 박새도 화들짝 놀라 푸드득 도망을 가고, 웬일인가 마중을 나갔던 노랑이도 슬금슬금 피한다.

봉평 장날에서 거나하게 취한 배씨 할아버지는 동네 입구에 들어서면서부터 어김없이 술주정에 온갖 욕을 담고 마을을 향해 화풀이를 한다. 솔직히 딱히 화풀이를 할 대상도 없이 불특정한 마을 사람들의 모두가 그 대상이다.

"아이구, 어르신 심대로 한잔하셨자누! 날래 들어가 지무시세요."

인척인 최씨 어른이 휘청거리는 배씨 할아버지를 부축하며 말을 건넨다.

"어이 동상! 자식새키들 마카 아무 소용떼기가 없다니까! 마카 부모 가심에 못으 때레 박고……. 내가 워째 살어! 안 그런가, 동상!"

배 할아버지는 자식들에게 그 화살이 돌아가고 작심하고 최씨 어른한테 화풀이를 하고 주정의 화살을 태세이다.

“아이구, 형님! 예예……. 날래 들어가요! 바지저고리와 두루마리가 달부 어엽네요. 들어가시면 메눌이가 길길이 뛰겠네.”

“아니, 아직 해가 남었는데 뭘……. 내 말 좀 들으라구. 내가 아주 속이 시커매서 그런다니까. 아주 내속이 숯검뎅이가 됐다, 이거 아니야.”

“아이구, 얼른 가세요. 아주 형님이 주정 부릴 때마다 저황이 하나도 없다니까!”

“아니, 내가 동상한테 뭔 주정을 한다고 그래? 그리고 뭔 저황이 없다는 겨!”

“아니에요, 성님! 저 손지들 나오네.”

“에이, 내 드러워서 징말! 동상도 기래는 게 아녀! 내가 왔으면 짠지에 쇠주 한 잔 주면 어디 최가가 박가가 되나? 사람이 사람 알기를 개떡으로 알구! 섭하이, 섭해.”

어느덧 배 할아버지의 술주정은 최씨 어른한테 옮겨붙기 시작을 하고, 삿대질을 하고 거품을 물기 시작한다. 듣다 못한 최씨 어른 아내도 큰소리는 내지 못하고 웅얼거린다.

“이이구, 내 참! 첨자구라구 술만 들어가면 시상이 다 다 저첨자구 것인 양 난리야! 아주 그냥 장날만 되면 동네를 뽁아친다니까!”

배씨 할아버지는 술을 드시지 않으면 말도 없이 조용하며 노인회 일을 맡고 있기도 하여 점잖은 행세를 하는데, 술을 마시면 무슨 억하심정이 있는지 마을을 향해 화풀이를 하는 모습은 5일에 한 번씩은 온 동네가 겪어야 하는 예정된 행사이다.

배씨 할아버지의 한이 없는 것은 아니다.

밤나무골 어귀에 원래는 가족과 함께 거주하고 있었는데, 큰아들이 죽고 나서 이 마을로 이사를 내려오고 둘째 아들은 장가를 가지 않은 채 마을에서 이 일 저 일을 하면서 보내고 있으니 속이 터질 만도 하다.

덕거리로 오기 전에는 삼척 광산촌에 있다가 덕거리로 와서 장가를 들고 가족을 일구었으며 마을의 일원으로 살아가고 있지만, 술로 인하여 마을 사람들에게 좋은 인식을 심어 주지 못하고 있는 게 가족으로선 안타까울 것이다.

"할아버지, 남세스러우니까 얼른 가요."

"어이구, 우리 길숙이 왔어! 남세스럽긴 뭐가 남세스러워! 내가 똥이 묻었어, 아니면 오짐을 쌌어? 아주 이년들이 할애비를 우습게 아네!"

"그지 말구 어서 가요."

"이년들아, 썩비캐! 입때까지 할애비 혼자 올라왔어."

배씨 할아버지는 손녀딸들을 뿌리친 채 혼자 올라가다 이내 꼬꾸라진다. 멀쩡하게 올라오다가 가족을 보면서 더 취함을 드러내고, 더 몽니를 부리는 배씨 할아버지 앞에 손녀딸들은 안절부절못한다.

오늘따라 배씨 할아버지의 둘째 아들인 도꾸 형은 보이지도 않는다.

"그 봐! 아이구, 할아버이! 옷이 아주 졸락 젖었네! 클났네! 어머이 보면 또 난리 칠 텐데……."

결국은 논 가운데 총각이 없어서 배씨 할아버지 사랑방에 눕혀 주고 나간다. 배씨 할아버지는 이내 코를 드르렁드르렁 골고 아무 일 없었다는 듯 주무신다.

"이이구, 내가 전생에 뭔 죄를 져서 이 고생을 사서 하는지 모르겄네.

하여간 첨자구가 역부러 저런다니까. 진작에 여를 떠났어야 하는데 내가 뭔 영화를 본다구 입때까지 붙어 있는지 모르겠네. 앞대로 가면 여만 못할까!"

남편과 사별 이후 이 지역을 떠나야만 했으나 시아버지가 생존해 있기 때문에 결국은 남의 집 품팔이와 약초와 나물을 캐며 근근이 살아가는데, 시아버지는 가끔 술만 먹으면 술주정을 온 동네와 가족한테 해대는 괴로움은 이루 말할 수가 없다. 남편의 죽음은 충격이었다.

아니, 배씨 할아버지는 자식의 죽음 앞에 큰 충격을 받아 술에 의지하고 세상을 향해 피를 토하는 심정으로 괴로움을 토로하는지도 모른다.

배씨 할아버지의 큰아들의 죽음은 마을에서도 큰 충격이었지만, 의문을 가질 수 있는 중대사였음에도 웬일인지 별 조사도 이루어지지 않고 넘어간 사건이다.

덕거리에는 산삼을 캐는 심마니들이 많았는데, 배씨도 산삼을 캐러 심마니들과 깊은 산으로 갔고 며칠씩 산에서 잠을 자며 산삼이 나타나기를 학수고대하였지만 신령스런 산삼은 그 자체를 드러내지 않았다. 모든 심마니들은 그렇게 허탕을 치고 마을로 돌아오던 중 살모사 떼를 발견하여 살모사를 모두 사로잡아 봉평시장의 뱀탕 하는 집에 팔고, 그 돈으로 돼지고기를 사서 마을 사람들과 함께 개울에서 술과 함께 나누며 구워 먹었다.

이후 마을 사람들은 모두 집으로 들어갔으나 배씨는 취한 술에 집으로 향하지 않고 서낭당 안에서 잠을 잤다. 아침이 되어도 집에 들어오지 않아 마을 사람들과 배씨 가족들이 개울과 그 주변을 뒤지고 마지막으로 서낭당에 들러 보니, 배씨는 싸늘한 주검으로 발견되었다.

너무나도 안타까운 죽음이었고 의문의 여지가 있는데도 불구하고 그냥 묻혀 버리고 만 사건이다.

덕거리의 여름날의 아침은 봉숭아 꽃잎에 아슬아슬하게 붙어 있는 이슬방울에 연보라색이 비치기 시작하며 밝아 온다. 이른 아침에 소쿠리에 쟁기를 싣고 일소를 끌고 암소 뒤에 졸랑거리며 따라가는 누렁송아지의 평화가 눈부시다.

밤새 피어 이슬에 흠뻑 젖은 노랑달맞이가 부끄러운 자태를 아스라이 드러내고, 논배미로 흘러가는 도랑물의 지저귐이 어제 저녁에 도대체 무슨 일이 있었는지조차 모르게 눈감아 버린 낯설지 않은 아침이다.

집집마다 집 앞에 흐르는 도랑물이 맑아 세수를 하고 빨래를 하고 메마른 마당에 물을 뿌린다. 배씨 할아버지도 속 쓰림을 애써 감추며 사랑방 빗살문을 열고 송구스러움을 감추며 도랑으로 향한다.

"할아버이, 물 줄까?"

셋째 손녀딸인 이숙이의 말에

"에헴! 낯짝부터 씻구……. 저기 사랑방 문지방에 갖다주렴."

"응, 그리고 어머이는 벌써 일 나갔어! 버케 할아버이 조석 챙게 두었어! 내가 사랑방에 가지고 갈게."

"그래, 고맙다. 할아범 챙게 주는 건 이숙이 뿐이네."

배씨 할아버지는 배춧국에 마늘장아찌, 겉절이 김치뿐이지만 아침을 먹고 일어선다. 오늘은 밤나무골에 있는 옥수수 밭으로 가서 손두더기를 좀 하려고 한다.

"이숙아, 삼촌은 상그 안 왔나?"

"아니, 저기……."

"뭔 놈에 술은 이기지도 못할 걸 심대로 먹고 온 동네방네 소래기 지르고……. 내 아주 남세스러워서."

어디서 왔는지 둘째 아들의 말은 귓등으로 흘리고 지게를 지고 괭이를 가지고 일어선다.

"아버지, 이젠 좀 남한테 갈구치는 짓을 좀 하지 말고 술 엔간히 드시고 좀 으른답게 해요."

"아이고, 저눔에 창지머리 하고는……. 애비를 아주 언나 다루듯 한다니까."

"아버지가 술 먹고 그리구 댕기니까 조카들도 동네 사람들한테 기를 펴지 못하고 형수 보기도 밍구스럽잖아요."

"그만 짖어 대고 저기 밤나무골 옥씨기 밭에나 가자."

좁은 길가에 보라색 제비꽃이 앙증맞게 피어 있고 옥수수는 이제 개꼬리를 삐죽이 내밀고 개꼬리 끝에는 호랑나비 한 마리가 휘청휘청 날갯짓이 밝다. 옥수수의 파란 줄기는 더 반들반들하게 파랗고 넓적한 잎을 바람결에 맡기고 여름날의 햇볕에 한없이 하늘거린다.

예전에 밤나무골 어귀에 온 가족이 좁은 통나무집에 비집고 살 때는 먹을 게 부족하고 풍요롭지 못한 가족의 삶이었어도 작은 행복을 담고 있었다. 밤나무골 산꼭대기부터 흘러 내려온 맑은 물을 샘물 삼아 온 가족이 목을 추스르고 삶의 둥지를 적셨던 그때가 가물거린다.

건너편 보래동 개울물은 연적이와 용수골, 밀골, 이방골, 실바골의 자연 계곡에서 마를 날 없이 흐르는 천혜의 땅으로 이사를 와서 가족을 일구었는데, 무엇이 급했는지 큰아들은 애비를 앞세우고 저 하늘로 먼저 가 버리고 만 것을 생각하면 억장이 무너진다.

배 할아버지는 보래동 계곡 한가운데 실한 소나무그루가 낙엽을 떨구는 서낭당을 물끄러미 바라보며 눈시울을 붉힌다. 손녀딸은 줄줄이 다섯이나 있는데, 없는 살림에 시집와 시홀애비를 돌보며 아침저녁으로 뜨신 밥상을 차리는 착한 며느리를 홀로 두고 원수처럼 가 버린 자식이 얄밉다.

그리고 하늘도 무심함을 애써 원망해 보지만, 어찌하랴! 이제는 멀리 가 버리고 없는 자식을…….

화전을 일구어 가족의 먹거리를 만들어 붙인지 벌써 십수 년이 되지만 이 비탈진 밭에서 벗어나질 못하는 주변머리가 며느리 보기가 늘 부끄러운데, 술이 입에 들어가면 알 수 없는 울분이 가장 소중한 사람들한테 먼저 나오는 걸 어찌하랴.

비탈 밭에는 비가 온 뒤 흙은 아래로 떠내려가고 자갈 틈에 뿌리를 앙상하게 드러낸 거친 옥수수 뿌리가 안쓰럽다. 저것마저 뽑히면 여름에 삶은 옥수수도 먹을 수 없고, 올챙이국수도 먹을 수 없고, 한겨울에 눈이 내리면 손녀딸의 옥수수 뻥튀기도 먹일 수가 없다. 배씨 할아버지는 흙을 퍼다 옥수수 밭에 북을 돋우고 위에 흙을 살포시 긁어 옥수수 그루터기를 덮어 넘어가지 않게 한다.

온몸엔 땀으로 범벅이 되고 어제마신 술이 늦게 깨이니 갈증이 밀려든다. 좁디좁은 밤나무골 계곡에 엎드려 벌컥벌컥 계곡물을 마시니 살 것 같다. 이 계곡물은 사람도 마시고 멧돼지도 마시고 토끼도 마시고 고라니도 마시고 날아다니는 매도 마시고 버들가지 가는 줄기에 앉아 있는 참새도 마신다.

어제 마신 술 때문에 입이 깔깔한 탓에 아침을 제대로 먹지 못해 허기를 느낀다. '에미는 남에 집에 품 팔러 갔을 것이고 방학이라 손녀딸은 집에 있으려나, 아니면 아랫동네에 마실을 갔으려나?' 하며 지게를 걸머지고 개울을 건너 집으로 향한다.

"어이구, 성님! 속은 좀 편하우? 그래도 그렇게 술을 마이 마시구두 참 장사유, 야!"

"아이, 이 사람! 내가 뭘 어쨌다구 보꾸치고 난리여?"

"동네에 성님 소문이 순다지 쫙 퍼졌는데 뭘 그러수?"

같은 마을로 이사를 온 사촌동생이 할 말을 한다.

"동상 귀 따가워! 부애 나게 또 그러네."

"성님! 부에는! 질부 봐서 이젠 좀 작작 마시고 소래기 지르며 제발 그러지 마요! 어차피 아직도 덕거린 객지라니! 즘심 자시러 집에 내려 가봐야 소솔이 아무도 없을 텐데 여서 그냥 한술 뜨든가!"

"어, 그래. 갔다 오기 뭐하니 제수한테 즘심이나 축내고 밭으로 가야겠네."

배씨 집은 어차피 두 형제가 오순도순 살아가는 형국이고 덕거리에 와서 그래도 자손을 많이 낳아 이젠 객지라는 생각을 않고 사는데, 동생은 아직도 객지라는 시각에서 벗어나질 못하는 모양새다.

"찬은 채린 게 없지만 즘심 드세요."

"뭔 밥이 이래 고봉이래."

"옥시기 하고 차조하고 섞은 거친 밥이지만 그래도 든든하게 드세요."

"아이구, 지수! 요즘 때꺼리 안 떨어지문 부자지! 우리 옛날에 툭하면 때꺼리 떨어지고 고생을 얼마나 했수."

배씨 할아버지는 허출했던 배를 채우고 새마을 담배 한 가치를 물어 긴 한숨과 함께 독한 담배 연기를 뿜어낸다.

집에 가서 점심 먹기가 마뜩치 않았지만 동생네 집에서 한 끼를 때운 김에 장자골 어귀에 봐둔 싸리를 베어 집으로 가지고 가 싸리 빗자루를 여남은 개 만들어 경로당에도 가지고 가고 집에서도 요긴하게 쓸 작정이다.

산골의 짧은 해는 앞산 굴아우골에 걸리고, 아이들의 꼴짐이 집으로 향하는 모습을 보며 집으로 돌아와 싸리잎을 털어내고 싸리비를 만든다.

"성님! 나두 한 자루 주!"

"이 사람, 가마이 있다가 맨들어 노니 꽁짜로 가지고 가려하네야, 꽁짜 좋아하문 마빡까져!"

"아이고, 성님! 우리 아덜이 어제 송장된 성님을 업어다 모셔 놨으니 빗자루 하나가 대수요."

논 가운뎃집 최씨 어른이 놀리며 빗자루 하나를 얻으려 농을 친다.

"성님 해장 안 하우."

"온 삭신이 쑤셔서 오늘은 싫으네."

며칠 후 배씨 할아버지는 예의 그 하얀 두루마기를 날리며 시장의 노인 회관으로 향한다.

봉평면 노인회 덕거리 책임자인 배씨 할아버지는 노인의 복지 차원에서 준비하고 계획하는 회의에 참석 중이다. 노인회에선 상조회를 만들어 노인 1인당 월 천 원씩 적립하고, 이 적립기금을 통하여 노인이 돌아가시면 공제금을 지원하겠다는 내용의 회의를 하고 있는 중이다.

노인 회관에서 회의를 마치고 가까운 옥봉식당으로 옮겨 점심 겸 술을 한 잔씩 하고 헤어질 참이다. 배씨 할아버지는 오늘은 절제를 하겠다고 단단히 마음을 먹지만, 한 순배 두 순배 돌면서 소주는 한 병 두 병 쌓여 가고 이내 취기가 오른다.

“어이, 배씨 ! 덕거리 버스 타고 올라가야지?”

“벌써 시간이 그렇게 되었네.”

덕거리 버스는 통학하는 학생들로 가득하고 마을 아이들은 배씨 어른이 얼큰히 취해서 버스에 오르자, 단단히 경계를 하고 피한다.

“야, 이눔들아! 어른이 오르면 자리를 썩 내야지! 이눔들이 삼강오륜도 모르고.”

아이들은 벌써 일찌감치 자리를 피했는데도 불구하고 배씨 어른의 생트집에 어쩔 줄을 모른다.

“야이, 이눔들아 ! 에미 애비들이 새빠지게 벌어서 굉부시케 주면 부쟁이 공부하고 그래야지, 이눔들아! 이게 뭐야? 버스 안에서 연애질들이나 하구. 이눔에 버스는 남녀 칠세 부동석도 모르는 말세 버스라니까.”

이제부터 또 슬슬 발동이 걸린다. 기사도 좌불안석이고 학생들도 조용하고, 배씨 할아버지 음성만 버스 안에 가득하다.

“운전사 양반! 버스가 왜 이리 덜컹거리고 이 뭔 난리여! 궁뎅짝이 다 깨지고 부랄이 다 빠지겠네! 운전사, 좀 시나미 몰던가!”

버스가 초등학교 앞에서 정차할 때까지 배씨 할아버지는 끝없이 소리지르고 끊임없이 중얼거리고 주정을 마음대로 부린다.

버스에서 내린 배씨 할아버지는 어제의 배씨 할아버지가 아니다.

“야이, 씨팔눔들아! 왜 눈 흘기고 지랄이야? 우리 아새끼 장개를 보내야 할 낀데 어느 눔 하나 중신 하나 서 주는 놈이 없구……. 우리 배가 집안을 뭘로 보는 기야! 어디 과뱅이나 얽은뱅이라도 좋으니, 일단 아새끼 장개는 보내야 할끼 아닌가, 엉? 근데 지들 아새끼들은 다 장개 보내면서 내 아새끼는 낼모레 마흔이나 처묵는데 어느 눔 하나 쳐다도 안 보니! 똥줄이 바짝바짝 마르잖아! 동네 눔들 고씨들한테는 알랑방구 뀌면서 왜 배가들 알기는 고씨 집 가지만큼도 안 알아주는 기여! 이 씨발 눔들아!”

사흘이 멀다 하고 이어지는 술주정에 마을 사람들은 그려려니 하는 사람들도 있고 웃고 넘기는 사람도 있지만, 아이들은 무서움에 절절맨다. 그리고 동네 아녀자들도 이젠 그 지긋지긋한 술주정에 몸서리치며 피할 수밖에 없다.

술기운에 의존해야만 할 소리 못할 소리를 다 뱉어내는 배씨 할아버지의 한탄 그리고 주정 그리고 그 몸부림은 이제 마을의 트레이드마크가 될 판이다. 지나가는 반장이 어쩔 수 없이 배씨 할아버지를 모시려고 한다.

“아저씨, 가시죠! 집으로!”

“이 사람, 반장! 내가 반장이 가래면 가고 오라면 오고, 내가 그런 사람이여.”

“아니요! 술에 취했으니 날래 집에 가서 쉬시는 게 좋지 않겠냐 이 말씀 입니다!”

“자네가 내 술 취하는데 뭐 보태 준 거라도 있어? 반장이면 다여? 우리 집에 비료 한 포대기라도 그냥 한번 줘 봤어? 동네 부역이나 노인한테 시키구. 반장 자네, 나 괄시하는 기여 뭐여?”

반장 오늘 임자 만났다. 그리고 진퇴양난이다. 어김없이 걸렸고, 이제는 그냥 혼자 놔둘 수 없는 처지가 되었다. 경운기에 태우려니 위험하고, 어쩔 수 없이 업고 가야 하는데 순순히 업힐지도 모르겠고……. 아주 된통 걸린 반장의 얼굴이 사색이다.

이때 마침 기철이 형님이 지나가서 반장은 애써 도움을 청한다.

"있잖아! 업어! 내가 뒤에서 붙들고 갈 테니까."

업힌 채 집으로 가는 도중에도 고래고래 소리를 지르며 발버둥치고 난리다. 멀리서 이 광경을 보는 며느리는 그저 한숨뿐이고 동네에 한없이 미안할 뿐이다.

'무신 대책을 세워서라도 영감탱이 술을 마시지 못하게 해야지! 동네 체멘이 말이 아니고 징글징글하네.'

며느리는 마을에 미안해하면서 반장과 기철이 형한테 미안해서 어쩔 줄을 모른다.

"이이구! 반장하구 신용이 아부지, 고상 많았수야!"

그날 저녁, 무슨 일이 있었는지 아무도 모른다. 배씨 할아버지는 밤새 꽥꽥거리며 토하고 배를 움켜잡고 눈물콧물을 쏟으며 밤새 잠을 이루지 못한 채 사랑방에서 뒹굴었다.

이튿날도 그 이튿날도, 배씨 할아버지는 움푹 팬 눈으로 물 한 모금 넘기지 못하고 방에서 나오지도 못하고 끙끙 앓았다. 술 한 잔 먹었을 뿐인데, 이튿날이면 속이 조금은 거북스러워도 오늘처럼 왜 이렇게 몸이 늘어지고 한기가 생기지는 않았다. 한나절이 되도록 속이 계속 매스껍고 음식 냄새만 맡아도 올라오는지 통 모를 일이다.

"허이 참! 술에다 이 영감탱이들이 독을 탔나, 무신 술이 사람 잡겠네."

논 가운뎃집 최씨 어른이 꼼짝도 않는 배씨 할아버지를 찾는다.

"성님! 어디 마이 아푸?"

"벨일이네! 창말서 술만 마셨을 뿐인데 나달을 도통 냉기지를 못하겠네야!"

"그래요. 이젠 나이가 있어서 심대로 먹으면 배기지 못하는가 보우야!"

그 뒤로 배씨 할아버지는 밀밭에만 가도 헛구역질과 속이 메스꺼운 현상이 계속되었고, 동네에서 누가 술을 권해도 손사래를 친다. 술을 좋아하고 술 힘을 빌려 극단의 술주정을 하던 배씨 할아버지는 조용한 양반의 자리로 돌아갔으며, 마을엔 그 어디서도 배씨 할아버지의 음성은 들리지 않았다.

나중에 들리는 소문에 의하면, 며느리는 술을 마시지 못하게 하는 극단의 약을 처방하였고 약의 힘은 강력한 처방이 되었으므로 며느리는 소기의 성과를 단 하루 만에 해낸 것이다.

"성님이 술을 안 드시니 아주 마을이 적막강산이유, 야!"

"허허~~ 내가 뭘 그리 주정뱅이였다고~~~"

오늘도 어김없이 지게를 걸머지고 밤나무골 밭으로 향하는 배씨 할아버지의 뒷모습은 어느 시골의 평화로운 어른의 모습과 다를 길이 없다.

수입 소에 불타는 농심

"오늘은 조합에서 수입 쇠를 우리 동네에 들에 오는 날입니다. 소를 들에 놓는 주민은 말할 것도 없고 마을에 있는 분들도 일단 다 마을 창고 앞으로 마카 모이기 바랍니다. 접때 제비뽑아서 택한 수입 쇠를 요번에 집집마다 들에 놓을 예정이니 일찌가미 모여 주시고 면에서 소 실은 짐차가 들어오면 배정받은 대로 소를 몰구 가면 됩니다. 마카 다 아셨죠? 마을 창고 앞으로 모지리 나와 주세요."

새벽부터 동네 스피커에선 이장의 마을 방송이 산골마을에 쩌렁쩌렁 울린다.

"찌르럭~~찌르럭~~" 울리는 잡소리 하나 나지 않은 오늘은 사진으로만 구경하던 외국 생소를 농협에서 거금 90만 원씩 융자하여 배당받은 생김새가 다른 외국 소를 외양간에 입식하는 날이라 그런지 마이크 소리마저 깔끔하게 들린다.

임씨 아저씨는 아침밥을 먹는 둥 마는 둥 전날 새롭게 손을 본 외양간을 한 번 더 둘러보고 마을 창고로 향한다.

이미 마을 창고에는 외국 소를 배정받은 다섯 가구의 마을 사람들이 담배연기를 내뿜으며 둘러앉았고, 마을 이장은 멸치가 둥둥 뜬 배추된장국에 막걸리 주전자를 내놓고 막걸리를 권한다.

막걸리라면 하늘이 두 쪽 나도 달려드는 임씨 아저씨는 싱글벙글하며 입을 다시며 막걸리 잔을 받고 쭉 한 잔을 들이킨다.

"어 좋다~~ 이장이 고상이 많네야!"

"야. 어서 와요! 내가 막걸리를 내놓을 게 아니라 오늘 수입 쇠 들어가는 분들이 막걸리를 받아서 내놔야 하는데 머이 까꾸로 된 것 같네요."

임씨 어른은 반곱슬의 뒤통수를 긁으며 겸연쩍은 듯 술상에 앉으며 이야기를 한다.

"허허~~ 아이 이제 소 들에 놓고 나서 소주나 한 잔씩 하면 되지, 뭐."

"그나저나 사진만 보구서 쇠가 어떻게 생겼는지……. 슬슬 몰고 가면 얌즌히 소새끼가 잘 들어갈지 모르겠어!"

주씨 아저씨의 조심스런 이야기다.

"글쎄 쇠가 외국에서 왔으니 낯을 아조 마이 타는지도 모르지! 내가 쇠를 여러 마리 들여와도 한우도 첨에는 많이 낯설어 하더라구."

안씨의 말에 모두 끄덕끄덕이다.

마을 초등학교의 학생들 숫자가 많이 줄었지만, 예전엔 제법 200여 명의 학생들로 온 동네를 왁자지껄하게 하던 초등학교에 드문드문 학생들의 등교하는 모습이 산촌의 아침을 따스한 온기로 다가오게 한다. 아이들의 어깨동무와 여자아이들의 깨알 같은 웃음소리가 메아리쳐 덕거리의 아침을 훈훈하게 한다.

"행기 아부지요! 쇠 차가 좀 늦는다고 하네!"

이장 댁이 전화를 받곤 부리나케 와서 전해 준다.

"응, 왜? 면에서 전화 왔어?"

“야! 농협 송서기가 원길리에 두 마리 내려 주고 덕거리로 온다고 하니 여기서 엎어지면 코 닿을 동네니까 금방 오겠지요, 뭐.”

“그놈에 코, 길기도 하다! 여기서 10린데……. 하여간 우리 조금만 더 기둘러 보죠, 뭐.”

이때 주전자 뚜껑을 열어 보며 안씨가 한마디 한다.

“뭐하고 밍그적거리나! 막걸리도 다 떨어져 가고…….”

“아이고, 성님! 오늘 쇠 들어오는데 기분도 그렇구 성님이 두 됫박만 사구려.”

이장의 재촉에 임씨 어른은 짐짓 모른 체하며,

“이 사람아 ! 그 소 값이 동지리 빚낸 거여! 농협과 면에서 하두 권해서 들이긴 들이지만 찜찜하기두 하구.”

“형님! 90만 원 들여서 소 사료 값 조금 들여서 비육을 하면 수입 소는 날래 큰다고 하니 세 배는 이문이 될 텐데요, 뭐. 그리구 요즘 소 값이 좀 비싸요! 우리 같은 촌놈들은 쇠고기는 구경도 할 수 없지만 도시 사람들은 소갈비에다 소불고기가 불티나게 팔린다 안 하우! 그러니 정부 시책이 한우는 마들게 크고 비육양이 적으니까 정부에서 농민소득 진작과 소고기 가격 안정화 시책으로 들여와 축산 기반을 조성한다고 하니, 이게 우리한텐 도랑치고 가재 줍기죠!.”

안씨의 말에 모두 고개를 끄덕끄덕하며 막걸리 값을 내려는 임씨 아저씨를 멀뚱멀뚱 쳐다본다.

“하이 그 사람 교육은 아주 야무지게 받았네! 어찌 그리 면 산업계장 말을 그렇게 토씨 하나 그르지 않고 달달 외워 지그리네!

“그러니 오늘 막걸리 값이 아깝지 않다니까요!”

마지못해 임씨 어른은 주머니를 뒤적거리며 천 원짜리 지폐 두 장을 내놓는다.

“어이 이장 댁, 심부름 좀 해 주. 막걸리 두 됫박만 받아다 주.”

소가 늦게 도착하는 관계로 이내 마을 창고 앞마당에선 막걸리타령이 벌어지고 있다.

한나절이 되어서야 소차가 마을 창고 앞에 도착하고, 막걸리에 취한 불콰한 얼굴로 마을 사람들이 우르르 소차 옆으로 모여든다.

“어이, 소가 참 순하게도 생겼네.”

“그러게, 순하게 생겨 그런가? 콧구멍이 하나도 안 뚫려 있네! 코뚜레 하지 않은 소는 처음 보네.”

임씨 어른의 말에 안씨는

“쇠가 사람 말을 잘 듣고 순해 빠지니 코뚜레를 하지 않았지. 한우는 코를 뚫지 않으면 어디 사람이 소새끼를 통 이겨 낼 수가 없는 걸!”

“그나저나 코뚜레가 없어서 바로 묶어서 끌고 가야 할 텐데, 어디다 어떻게 묶어 놓나!”

“일단 목에다 묶어 천천히 끌고 가지요, 뭐! 소도 순하게 생겼는데.”

“그런데 왜 이렇게 늦었어!”

면사무소 직원과 농협 직원은 맥이 풀린 모습으로 나온다.

“하이고, 말도 마쇼! 쇠새끼들이 얼마나 억세 빠진지, 난리 브루스를 췄습니다. 얼마나 억세 빠진지 도통 감당할 길이 없어요! 세상에 이렇게 힘이 장사인 소새끼는 난상 첨 봅니다.”

“아니, 순하게도 생겼는데. 왜 그래!”

“순해요? 탱큽니다, 탱크!”

"일단 소부터 차에서 내려야지."

이장이 차에 올라가서 소목에 밧줄을 감고 밧줄에 줄을 달아 소를 내리게 하려는 준비를 한다.

이장이 소차에 올라서자 소는 움찔하며 차 앞으로 쏠리고, 소차는 순간 앞으로 쏠리며 일렁이고 위태롭기까지 하다. 다행히 이장과 동네 청년 둘이서 소를 끌어내릴 수 있는 준비를 하고 마을 사람들에게 지시를 한다.

"안씨 형님은 헤리포드고, 임씨 양반은 샤로레고, 김씨도 샤로레 그리고 주씨 형님은 애버딘앵거스 두 마리 각자 준비를 하세요! 저기 임씨 양반과 김씨는 샤로레니까 어떻게 가위 바위 보를 해서 저 손지 이 손지 결정을 하구요."

순서가 정해지자, 헤리포드를 선택한 안씨부터 먼저 소를 끌어내리려고 안씨는 건네준 밧줄로 소를 당긴다. 허나 소는 꿈쩍도 하지 않는다.

"아니, 이놈에 소새끼가 왜 꿈쩍도 하지 않고 뻐팅기는지 모르겠네! 이러~~이러~~"

"아이, 좀 쎄게 땡게 봐요. 소가 겁을 잔뜩 먹고 내려오지도 않잖아요! 아까 막걸리 마신 심은 다 어디로 갔대!"

소 한 마리를 장정 서넛이서 죽을힘을 다해 끌어내리려 해도 수입 소는 앞발에 힘을 잔뜩 주고 버티고 있고 마을 사람들은 이마에 땀을 뚝뚝 흘리며 실랑이를 하고 있다.

"아이, 당최 원! 소새끼 발바닥에 뽄드를 부쳐 놨나, 왜 이렇게 꿈쩍도 하지 않고 뻣댕기는지 모르겠네."

"그러지 말고 누가 소새끼 뒤에 가서 똥방뎅이를 좀 밀고 여기선 마카 쫄로리 서서 이빠이 땡게 보자구."

이윽고 동네 청년 한 명이 소차로 올라가서 소 엉덩이를 힘을 주어 밀려고 하는 순간, 소는 꼬리로 청년의 얼굴을 후려친다.

"아이고, 이 소새끼 사람 잡네. 못하겠어요! 내 시상에 살다 살다 소 꼬랑뎅이로 귀싸대기 얻어맞기는 어머이 배 속에서 나온 이후 처음이네."

실랑이와 실랑이를 반복하고 마을 이장이 동네 사람들을 더 불러 모으고 10여 명이 달라 부터서 겨우 소 한 마리를 소차에서 내렸다.

한 마리 한 마리 내려 소를 말뚝에 묶어 두고 거의 저녁 무렵이 되어서야 하차가 완료되었다.

"자! 이젠 각자 소 임자는 자기 집으로 몰고 가요! 소 다섯 마리 때문에 왼종일을 해를 다 까먹었네."

초등학생들이 지나가다 하나둘씩 모여서 이 광경을 보고 한마디씩 한다.

"야, 저 하얀 소는 참 이상하다. 첨 보는데 굉장히 이쁘네. 그치!"

"아니, 난 저 시커먼 소! 우리 집 흑염소하고 색깔이 똑같아! 미국엔 검둥이들이 많다고 하더니 소들도 꺼먼 게 많은가 봐!"

"야, 인마! 그럼 저 허연 소는 흰둥이들이 많은 데서 키워서 허연 소가 되었나? 모르면 가만히 있어."

"아니, 그럼 우리나라엔 없는 왜 꺼멓고 하얀 소가 있느냐고?"

"야, 그렇게 치면 젖소는 얼룩손데 얼룩소는 사람이 얼룩얼룩해서 얼룩소가 되었다는 거야, 뭐야?"

"아니? 얼룩소는 흰둥이와 검둥이가 섞여서 살고 있으니 따라갔겠지!"

소를 배정받은 사람들은 각자 자기소를 끌고 집으로 돌아갈 차례다.

먼저 안씨가 묶어 둔 소의 바를 풀고 앞장서서 소를 끌려고 하는 순간 헤리포드는 날쌔게 달라나려고 발버둥이고, 안씨는 질질 끌려가기 시작한다.

“아이고~ 아이고, 이런 소새끼가 참! 고약하네! 오굼팽이 껍데기가 다 뻿게졌네.”

이내 툭하고 안씨는 나동그라지고, 헤리포드는 성난 암캐모양 순식간에 달음박질하고 있다. 순식간에 벌어진 상황에 마을 사람들은 벌어진 입을 다물 수가 없고, 대체 어떻게 다루어야 할지 갈피를 잡을 수 없다.

“내 참, 그 소새끼 한 마리 때문에 손목젱이 뿔어질 뻔했네! 아이구, 참 밍구스러워 죽겠네. 괜히 소를 사 가지고 하지 않아도 될 고상을 하고 속이 아주 천불이 나네.”

“왜 아침에는 정부시책에 적극 부응하고 농가 소득이 어떻고 하면서 침이 마르게 열변을 토하더니?”

임씨 아저씨의 말에 안씨는 대꾸도 못하고 도망가는 소의 행방만 멀거니 보고 있다. 헤어포드의 돌발 상황에 소 임자들은 주눅이 들어 소를 집으로 데리고 갈 엄두도 내지 못하고 날은 점점 저물어 간다.

아무튼 도망간 헤리포드부터 먼저 찾아야 하기에 날 저무는 것하고는 상관할 모양새가 아니다. 만약 한 마리라도 잘못되면 다섯 가구가 연대보증을 섰기 때문에 낭패도 이만저만아니고, 나머지 소도 무슨 수로 소울타리 안에 가둘 수가 있단 말인가!

마을 사람들은 도망간 헤리포드를 찾기 위해 어두워진 밤길을 헤매기 시작하였고, 거의 밤 열 시가 넘어서야 원씨 집 돌담 밭 옆의 콩밭에서 찾아서 밀고 당기기를 거듭하여 한 마리의 헤리포드를 안씨 집 소 울타리에 집어넣었고, 안씨는 소 밧줄을 전봇대에 묶어 두었다.

"이눔의 쇠새끼, 전봇대는 뽑지 못하겠지?"

이튿날도 하루 종일 마을 사람들은 수입 소와 씨름을 하였고 소 울타리에 수입 소를 가두어 두는 데 진력을 뺐다.

동네 아이들과 동네 노인들은 처음 보는 소구경을 오게 되고, 희한하게 생긴 소 앞에서 한마디씩 한다.

"저 시커멓고 숭악하게 생긴 저건 쇠여, 뭐여?"

"예, 외국 손데 힘이 아주 장사입니다. 한우의 열 배는 됩니다."

"그래! 그러면 일소로 만들면 자갈밭은 거뜬하게 갈아 치우겠는데~~ 우리 집 화소는 쟁기에 뭐가 조금만 걸리면 희번덕거리며 나가지 않는다니까!"

"……."

"그나저나 저 시커먼 소 종자는 뭐여?"

"예, 애버딘앵거스라나 뭐라니 그럽니다!"

"뭐? 애비에 앵겨? 뭔 소 새끼가 애비한테 앵기고 그려."

"아니~~ 애비한테 앵기는 게 아니고 애버딘앵거스요!"

"그러게, 그 말이 그 말이지. 애비를 앵겨. 미국 놈들이 지 애비한테 앵기고 그러니 골치 아프니까 한국에 몽땅 팔려고 하는 것 아녀? 하여간 미국 놈한테 속지 말라는 옛날 사람들 말이 하나도 그르지 않다니까."

1982년 농수산부는 치솟는 소고기 가격의 안정화 정책을 세계 역사상 웃지 못할 해괴망측한 정책을 도입하고, 미국과 호주산 생소를 수입하여 농가에 분양하여 비육우로 육성하여 소고기 가격 안정화를 꾀한다는 거창한 프로젝트를 만들고 농협과 계약을 하여 미국과 호주산 육우에 비싼 값을 책정하여 농민들에게 분양한 것이다.

물론 여기엔 당시 전두환 대통령의 동생이 막강한 권력으로 사유화한 새마을운동중앙본부 전경환의 입김이 있었고, 막대한 시세차익을 노린 국가가 앞장서 저지른 거대한 사기극이었다. 순진한 농민들은 이 거대한 사기극에 말려들었고 전국적으로 소몰이 투쟁 등 거센 저항에 직면하기도 하였다.

어찌 되었든 수입 생소의 분양과 입식의 해프닝은 온 마을을 발칵 뒤집어 놓았고, 수입육우를 분양받은 농가는 그때부터 깊은 시름이 들기 시작했다.

안씨 집 헤리포드는 심한 스트레스로 인하여 볏짚엔 입을 대지도 않았고 통 먹지 않는 날이 하루 이틀이 아니었다.

"어이, 이장! 우리 집 헤리포드는 통 먹지를 않네. 우째 된 것이 우리 집 다른 소들이 없어서 못 먹는 짚은 쳐다보지도 않고……. 처음 들어올 때 그 발광하던 힘은 어디에 간지 축 늘어져서 눈만 끔뻑거리고 있네."

"그래요? 그럼 수의사한테 연락을 해 보든가 아니면 장거리 곽씨 수정사한테 물어보는 게 더 빠를 텐데……."

"그러게. 수정사한테 물어봐야겠네! 수의사는 진부에나 가야 있으니!"

안씨는 시장에 있는 인공수정사 곽씨에게 전화를 걸어 소의 상태를 이야기하고 도움을 요청을 하였다.

오토바이를 타고 온 수정사 곽씨는 소의 상태를 이리저리 살피더니 "성님! 이 외국 소는 볏짚으로 키운 소가 아니기 때문에 우리 한우처럼 볏짚을 주면 안 되고 먹지도 않아요."

"응? 그럼 소가 볏짚이나 옥수숫대 콩가리대를 안 먹으면 뭘 먹어?"

"예, 농협에 가서 비육우 전문 사료를 배달해서 먹여야 하고 그래야 식욕이 돌아오고 소가 빨리 커서 팔 수 있어요."

시골에서 으레 먹이던 볏짚이나 옥수숫대를 먹지 못하면 그 많은 사료 값을 무엇으로 감당한다는 말인가? 이루 난감하기 그지없다.

그래도 안씨는 주어진 환경에서 최선을 다해 보기로 하고 가마솥에서 펄펄 끓인 소죽을 잔뜩 쑤고 마른 등겨를 골고루 섞고 싸라기까지 묻혀 소에게 가서 먹이지만 소용이 없다.

어쩔 수 없이 시장의 농협에 가서 비육우용 사료를 열 포 구입하여 경운기에 실고 도착을 해 보니 아랫집 임씨 양반이 근심 가득한 얼굴로 마당에 서성인다.

"성님, 어쩐 일이요?"

"자네네 소는 여물을 잘 먹는가?"

"하도 처먹지 않아서 있는 돈 없는 돈 다 긁어모아 이렇게 사료를 사 왔어요. 나 참! 별놈에 소새끼 다 보겠다니까요?"

"그러게 말이여! 어떻게 외국 놈들은 한국에선 사람이 먹는 곡식으로 소를 처먹이는 못된 버르장머리를 가르쳐 놨는지……. 내 살다 살다 사람이 먹는 곡식을 처먹는 소새끼는 처음 본다니까."

"하여간 성님도 그리 알아요! 장거리 수정사 곽씨가 그래도 소를 아는 덴 젤 나니까 뭐 어쩔 수가 없지요."

그리고 안씨는 사료 포대를 열고 사료를 한바가지 퍼서 소에게 갖다가 준다.

소는 눈을 꿈벅꿈벅하면서 킁킁거리고 냄새를 맡더니 먹을 생각을 또 안 한다.

"에고, 모르겠다. 처먹든 처먹지 말든……. 뒈지고 싶지 않으면 처먹겠지."

"아이고, 이 사람아! 뒈지다니……. 얼마나 비싸게 주고 난리법석을 피우며 데려다 둔 손데."

아씨는 뒷 당귀 밭에 풀을 뽑으러 갔다가 저녁 무렵 외양간에 와 보니 낮에 둔 사료를 게 눈 감추듯 다 먹어치운 소를 보고 반색을 한다.

"이제사 입맛이 좀 돌아오는 모양이네."

안씨는 사료 포대에서 두 바가지나 더 퍼서 사료를 가져다준다. 그러나 이게 끝이 아니다. 먹어도 먹어도 끝이 없는 소를 보면서 사료 값 걱정이 태산이다.

그랬다. 당시 수입된 육우는 곡물사료 사육방식으로 한국에 도입되었고, 풀 위주의 농후 사료로 키우던 한우와 달리 조사료에 길들여지고 마블링으로 대표되는 육식 위주의 미국을 비롯한 외국의 소 사육 방식을 알 턱이 없는 한국 사람들에겐 생소한 소 사육 방식이다 보니 사료 값을 감당하기가 벅찰 수밖에 없다.

어느 날부터 수입 소는 다시 먹지 않기 시작하였고 입에는 거품 같은 게 묻어나고 눈동자가 풀리기 시작하였다.

덜컥 겁이 난 안씨는 전화기를 들고 쩌렁쩌렁 한 목소리로

"어이, 곽씨! 우리 집 소가 이상해."

"왜요?"

"잘 먹던 소가 통 먹지 않고 눈도 희밀떵하고 게거품을 무는 모양새가 어디 벵이 나도 단단히 벵이 난 모양이야!"

"그래요? 그럼 저 진부 나 가축병원에 전화를 하셔야 하겠어요. 저는 수정사이지, 수의사는 아니니 형님이 얼른 소의 증상을 말씀해 주셔요!"

"허, 그 참!"

진부의 수의사와 동네 사람들이 안씨 농장에 도착한 시간은 오후 4시 가까이 된 시간이다.

나수의사는 이리저리 소의 상태를 살펴보더니 사람 팔뚝만 한 주사두 대를 소 등에 꼽고 뾰족한 침으로 소 위 부분을 찌르니 큼큼한 냄새가 진동을 한다.

"소새끼가 도통 소화가 안 됐어! 사료만 먹었는데 요즘 수입 소가 이런 증상이 참 많은데, 이러다 뭔 사단이 나고야 말겠는데……."

"사단이라니요? 소새끼가 잘못되기라도 한단 말이요?"

"잘은 모르겠는데 산소가 태평양 바다 건너 여기까지 왔는데, 잘못되지 않으라는 법도 없는 것 같소이다."

수의사는 소 눈과 꼬리 형태를 더 살피고는 다른 증상이 있으면 전화하라는 이야기를 남기곤 떠나간다. 안씨는 치료를 했으니 괜찮을 거라는 자기 생각만 가지고 있을 뿐이다.

다음 날도 그리고 그다음 날도 헤리포드는 통 먹지를 못하고 병색이 완연할 뿐이다.

"수의사님, 아무래도 우리 헤리포드가 소 노릇 하지 못할 것 같습니다. 통 먹을 생각을 안 합니다."

"내가 다녀간 이후로 다른 사료를 주지는 않았죠?"

"예."

진부 나수의사는 이내 달려왔고, 소의 형태를 살피곤 이내 그 큼지막한 주사를 두 대를 놓았다. 고개만 흔들거리는 수의사의 모습에서 안타까움만 있을 뿐이다.

"안 선생! 아무래도 살지는 못할 것 같소이다. 일단 면 산업계장과 농협 서기를 불러 이야기를 하고 준비하는 게 좋을 것 같소!"

"이게 얼마짜리 손데……."

안타깝기는 수의사도 마찬가지다.

수의사 역사상 이렇게 먼 거리를 산소를 이동하는 것 자체가 말도 안 되지만, 제대로 검역도 하지 않고 분양을 하였으니 이런 무식한 행위는 세계 축산업계의 조롱과 나라의 축산 수준까지 하찮게 보일 수밖에 없는 것이기에 수의사로서는 굉장히 화가 나는 형상이다.

이 나라 농정당국이 협잡꾼이 되어 농민을 등쳐 먹는 행위를 스스럼이 저지르고 농민들에게 빚의 굴레로 올가미를 씌우는 농협이나 다 같은 악질적인 존재로 비치는 것은 이 순진무구한 농민들을 보면서 치미는 분노를 억제할 길이 없다.

결국 헤리포드는 시름시름 앓아누웠고, 며칠이 가지 못해 숨을 거두고 말았다. 안씨는 그 멀리 배 타고 온 헤리포드가 낯선 곳에서 겨우 석 달도 못살고 죽는 모습에 오히려 불쌍한 마음만 들고, 살려 주지 못한 것에 대한 죄책감이 든다.

"이럴 줄 알았으면 삼신 할매한테 밤새 빌어나 볼걸……. 그렇게 낯선 집으로 들어오기 싫다는 걸 억지로 붙잡아 두었더니 그 화를 못 견뎌 죽고 말았네. 사람도 물설고 낯 설은 곳에 가두어 두면 화병으로 죽을 텐데 살아서 시퍼렇게 뛰다니는 힘센 짐승이 오죽하겠어! 에구, 내가 미쳤지! 미쳤어! 괜히 빚내서 소를 받았더니……."

나수의사는 소의 사망경위서와 그간 수의치료증명서를 만들어 주고 면사무소 산업계에 우선 제출하여 보상을 받으라고 하였다. 그리고 소는 수의사 확인 아래 뒷산에 방역 처리와 함께 묻고 절대로 먹지 말라고 동네 사람들에게 신신당부하고 떠났다.

그러나 그날 저녁, 동네 사람들은 몰래 모여 뒷산으로 가고 뒷산에 묻힌 헤리포드는 수의사의 먹지 말라는 경고에도 불구하고 살점 하나 남기지 않고 다 먹어치우고 말았다.

이튿날엔 임씨 양반의 소가 죽고 또 며칠 후엔 주씨네 소가 죽었다. 동네에서 분양받은 다섯 마리 중 네 마리가 한 달 사이에 모두 죽고 말았으니, 마을 사람들은 앉아서 구십만 원씩 삼백육십만 원의 생돈을 날리고 말았고 서로가 연대보증을 섰으니 꼼짝도 할 수 없는 처지가 되고 말았다.

마을 사람 네 명은 죽은 수입 소 보상 문제를 가지고 서로 의논하게 되었고, 나수의사의 말대로 보상받을 수 있다고 생각하며 면사무소로 갔다.

"산업계장 좀 만나러 왔는데……."

"산업계장님이요? 지금 출장 중인데……. 덕거리서 오셨어요?"

"예! 그런데 그럼 언제쯤 오시나?"

“글쎄요, 저기 멀온까지 가셨으니 저녁 느지막해야 오실 것 같은데 어쩌죠?”

“음! 좀 기둘리지, 뭐! 덕거리 막차 통학버스를 타고 올라가야 하니까! 그때까지는 들어오지 않겠어!”

산업계장은 이튿날도 그 이튿날도 출장이고 근 일주일 가까이나 되어서 만나게 되었다.

그 와중에도 봉평에서 죽은 수입 소는 더 늘어났고, 전국적인 현상으로 이 땅의 농민들의 원성이 되었다. 자그마한 면 단위 행정의 산업계장이 모를 리 없으니 자리를 피할 수밖에 없다.

“계장님! 민상 보기가 참 대통령 보기보다 더 심드네요? 오늘은 우째 자리에 있네요?”

“아, 예. 오셨어요! 미안합니다. 자리를 자꾸 비우게 돼서.”

“그나저나 우리 동네 수입 소는 거전 다 죽고 달랑 한 마리 살아남았는데 한 마리도 아니구 달포 세에 몇 마리가 다 죽어 나가자빠지는데 이게 애초에 병든 소를 끌고 온 것 아니요.”

“아이, 병든 소를 들여왔겠어요! 설마…….”

“설마가 사람 잡는다니까요! 지금 이게 봉평 전체로 보아도 꽤 여러 마리가 죽었는데, 해필 왜 수입 소만 이렇게 죽을 리가 없잖아요! 한우는 멀쩡히 살아 있는데.”

“글쎄 그게 무슨 조화속인지…….”

“무슨 조화는? 애초에 병들고 쇠약한 쇠만 골라서 데리고 와서 우리한테 소 바가지를 씌운 거지!”

“아니, 무슨 말을 그렇게 해요! 시방! 정부가 그렇게 까막눈인가요?

그리고 이런 말 함부로 하면 유언비어로 조사받아요! 지금 시국이 어떤 시국인데 터진 입이라고 마음대로 이야기 하구 그래?"

"아니, 그러면 뭔 대책이라도 있어야 할 것 아니요! 면사무소서 하는 일이 뭡니까? 지금 소를 받은 사람들은 죄 생빚더미에 올라타 앉았는데."

"아이, 그래서 지금 대책을 세우고 있잖아요. 일단 수의사 자료하고 폐사 자료 그리고 폐사체 매몰 확인 자료 제출하고 집에들 가서 기둘려요!"

병든 소의 수입으로 인한 농민의 피해는 전국적인 현상이었으며 농촌의 행정기관은 이러한 사태를 감추기에 급급할 뿐 어디서든 해결하려고 하지 않았다.

"임씨 형님, 어디 가서 막걸리나 한잔하고 저녁 버스로 올라갑시다."

봉평에서 덕거리로 가는 버스는 1982년도엔 아침저녁 통학버스 한 대만 다니는 열악한 지역으로, 대다수의 주민들은 걷거나 경운기를 타고 시장으로 오가는 형편이었다.

"어디로 갈까?"

"대성집으로 가지요, 뭐."

대성집엔 대낮인데도 불구하고 두 테이블 정도에서 낮술을 한 잔씩 하고 있는 사람들이 보인다.

"아이고, 오랜만이네요! 어찌 대낮에 이렇게 술집엘 다 오시구!"

"면에 들렀다가……."

"옝미리 한 두름에 소주 한 병 주시구려."

"에이구, 이게 먼 지랄인지 오르겠네! 가만히 있으면 중간에라도 가지, 남들 다하지 않는 수입 소를 받아 가지구 빚만 덤터기 쓰고 하여간 잘난 체하다가 꼭 멍든다니까."

"그러지 말어. 정부에서 권하고 면에서 얼마나 사탕발림을 했어. 그리고 조합에선 대놓고 융자를 해 준다고 하니 혜택받는 줄 알고 남이 먼저 할까 봐 선수를 쳤더니만……."

곁에서 묵묵히 술을 마시고 있던 사람들이 참견을 한다.

"댁들도 병든 소 때문에 면에 댕겨 오는 중이지요?"

"야! 그렇다우."

"에구, 우리도 면에 가서 소래기 지르고 대판 대들고 보꼬 치고 하소연해도 그때뿐이야요. 하여간 농민이 정부 말 들어서 잘된 적이 한 번도 없다니까요."

술잔은 오가고 술잔을 비울 때마다 헛돈에 빚이 된 90만 원이 아른거린다. 농촌에서 여간해서 빚 없는 사람이 없지만, 생빚을 또 떠안게 된 안씨와 임씨 그리고 주씨는 한 잔 두 잔 만취가 되어 버스에 오를 수밖에 없다.

전경환은 결국 농협과 결탁하여 대농민 사기극으로 막대한 차익을 얻고 부정한 돈을 착복하였음은 한참 뒤에서나 알 수 있는 노릇이었다. 농협에서는 연말이 되자 소 빚 갚으라고 독촉장을 보내고 전화로 상환 압력을 놓는다.

"형님, 이러구 있을 때가 아니라 조합으로 갑시다."

"조합에 가면 뭐 뾰족한 수라도 있나? 우리가 거길 어떻게 이겨! 괜히 밉보였다가 내년도 영농자금 끊기면 또 어쩌구."

"그래도 가서 뭔 소리라도 해 봐야지요."

“아이, 나는 싫네. 가려면 자네 혼자서 가게.”

농협도 권력이라고 촌사람들은 으레 주눅이 들게 마련이고, 농협이 농민의 주인이라는 사실을 잊은 지는 벌써 오래되었다.

“공동 생상, 공동 판매”라는 문구는 아직도 농협 창고에 버젓이 붙어 있고 “근면, 자조, 협동”이라는 문구는 더 선명하게 자리하고 있는 게 농협 건물이다.

“저기 대부계 담당 좀.”

“네, 오셨어요! 자금 상환하러 오셨어요?”

“지금 무슨 돈이 있나! 저 수입 소 자금 받은 것 때문에 왔지.”

“네, 그거 올해는 일부라도 갚아야 연체가 안 됩니다.”

“야! 이 사람아! 소가 죽은 지가 넉 달이 다 돼 가는데 어떻게 갚어! 소 새끼는 땅속에서 갈기 다 됐겠구먼.”

“갈기 되든 돌이 되든 그건 우리하곤 상관 없구요, 올해 안에 일부 상환이 되어야 합니다,”

“야! 이 사람, 이거 말귀를 못 알아먹네! 병든 소 잔뜩 수입해서 사기를 치고 강제로 빚더미에 앉게 하고는 빚 갚으라니! 난 그 돈 만져 보지도 못했으니 못 갚네.”

“못 갚는다구요? 우리가 그 병든 소, 아니 농협이 외국 소를 수입했습니까? 우리는 아저씨한테 대출해 준 것밖에 없어요. 대출이 나갔으니 당연히 갚아야 하고, 농협에서는 그 결과에 따라서만 집행을 하면 되니 갚든지 말든지 알아서 하세요.”

“이 사람이 지금 보자보자 하니까 어디서 눈까리 치올려뜨고! 내가 가만히 있으니 가마니때긴 줄 알어!”

"하여간 연체되지 않도록 갚으세요, 연체는 삼부오리입니다."

농협이 농민이야 죽든 말든 이자놀이만 하면 되는 거고, 제때 갚지 않으면 고율의 연체에다 나중에 땅을 차압하여 경매에 넘기면 그만이고……. 그보다 연대보증 다 받아 놓았겠다, 뭐가 걱정이겠냐는 배짱이다.

안씨는 치미는 화를 감당할 수 없어 발걸음은 대성집으로 향한다.

"소주나 한 병 주시구려."

"오늘은 혼자유?"

"혼저구 뭐구 간에 속 터져 죽는다니까."

안씨는 물컵에 소주를 한가득 따라서 벌컥벌컥 마시고 김치 한 조각의 안주로 입을 털고 드르륵 문을 열고 나선다.

멀리 보이는 "양구데미"의 바람소리는 오늘도 세차게 불어대지만, 마음속의 불길을 잡을 수가 없다.

"어이 택시, 나 덕거리까지 데려다 주게."

"아이구, 아저씨 한 잔 거나하게 하셨네요."

"요즘 택시 장사 잘돼?"

"아이구, 요즘 농번기에 뭔 택시가 잘돼요! 그리구 버스 다니구부터는 손님이 반으로 줄었어요."

안씨는 덕거리 학교 앞 가게에서 소주 됫병들이 하나를 사서 어깨에 메고 임씨 집으로 향한다.

"형님, 계시우?"

"어, 어떻게 조합 일은 잘됐어?"

"하하, 잘되긴요! 농협 직원, 그것들은 이젠 우리한테 아조 거들먹거린다니까요! 돈 갚지 않으면 연체이자에 보증선 사람들한테 닦달을 한다는 소리에 정말 부에가 나서 환장할 뻔했수."

"그럴 줄 알았어! 조합 아덜이 이젠 우리 상전이라니까! 상전."

"조합에 빚져 있으니 어데 가서 하소연도 못하고, 농사는 괜히 지어 가지고……. 차라리 우리 집 아래 살던 권씨처럼 툭 털고 인천 목재공장에 가서 목도나 하며 돈 벌으면 뱃속이 더 편한데……."

"그러게 말여. 그 사람 농사 안 짓구 인천 가기 참 잘했지!"

"그럼요. 권씨도 남에 밭과 논 도지 얻어서 도지 내고 농사지어 봐야 남는 게 없제. 그리곤 겨울엔 사방 다니면서 산판일을 해서 식구들 입에 풀칠이나 게우 했는데……. 그래도 인천 가서 따박따박 월급 받고 사니 우리보다 백번 낫지요."

그해 겨울은 무척이나 길었고 생돈을 갚으려는 마을 사람들은 한 번도 해 보지 않았던 산판일에 나서기로 했다.

그해 겨울은 많은 눈이 내렸다. 생돈 90만 원 빚을 진 다섯 집은 연대보증 때문에 옴짝달싹을 못하고 농협 빚 갚을 근심에 눈이 내리는지 쌓이는지, 근심만 가득하다.

결국 안씨, 김씨를 비롯한 동네 사람들은 보래동 장자골에 산판을 나서기로 하였다. 산판일은 일당 기준이 없다. 소나무를 베고 껍데기를 벗기고 하산을 하여 나무 수량에 따라서 돈을 배분하는 구조라 나무가 많이 나와야 하고, 산이 험하면 그만큼 일을 더해야 하므로 일당은 들쑥날쑥할 수밖에 없다.

덕거리의 겨울산은 눈도 많지만 가파르고 산죽이 많아서 자칫하면 자빠지고 엎어지기 십상이며, 긴 톱으로 나무를 베어 쓰러트리고 자귀로 나무껍질을 벗기기 때문에 다치기 십상이다. 산은 벌거숭이가 되고 이 산판의 소나무는 전부 태백, 정선, 영월에 있는 탄광의 갱목으로 들어간다.

산판은 베는 조와 베어진 나무를 적당한 간격으로 자르는 조 그리고 이 자른 소나무를 껍질을 벗기는 조로 나뉘어 한군데 모아 주는 역할을 하는 조로 나뉘는데, 톱으로 나무를 베는 조가 제일 힘들고 위험하다. 나무를 잘못 한쪽으로만 자르게 되면 가운데가 갈라져 못쓰게 되므로 앞뒤를 반반씩 나누어 톱질을 해야 하고, 잘못하면 나무에 깔리는 수가 있으므로 용의주도하게 베고 피해야 한다.

소나무 껍질을 다 벗겨서 모아둔 산판나무를 하산하는 작업을 하는데, 가파른 산에 산판나무로 통로를 만들고 이 통로 위에 물을 부으면 꽁꽁 얼어서 산판나무를 여기에 올려놓으면 쏜살같이 아래로 미끄럼을 타고 내려간다. 자칫하면 나무가 튕겨져 방향을 잃고 통로를 벗어나는 경우도 생기는데, 사람이 곁에 있으면 심각한 부상을 당하기도 한다.

덕거리 사람들은 비싸게 구입한 병든 수입 소가 살지 못하고 죽음에 따라 그 생빚을 갚아야 하기에 겨우내 산판을 하였지만, 돌아오는 품값은 몇 푼 되지도 않는다. 특히 질이 좋지 않은 목상을 만나게 되면 이 형편없이 책정된 산판 값을 차일피일 미루기도 하고 가끔은 떼먹기도 하여 순박한 덕거리 사람들에게는 이래저래 마음고생이 많다.

"허이, 이래 갖고는 벵들어 뒈진 소새끼 빚 갚지도 못하고 겨우내 눈이 한질 빠진 산판에서 아조 생고생만 하겠군!"

"글게! 하여간 이놈에 한 많은 촌놈들은 여기서 뜯기고 저기서 뜯기고 아조 사는 게 드럽다 못해 똥등거리라니까.”

“뭐이 저 봄에 영농자금이 채래나 오겠나?”

“일단 조합 돈 연체가 없어야 하는데……. 멧 푼 채래도 안 오는 영농자금을 받아야 비료도 사구 종자대금도 줘야 하는데……. 큰일일세.”

“그놈에 수입 소 때문에 아주 속이 썩어문드러지고, 부에가 나서 밤에 도통 잠도 못 자구……. 드런 넘에 세상…….”

떠나는 사람들

내일이면 권씨네가 마을을 떠나 인천으로 이사를 간다. 권씨네처럼 인천으로 그리고 임씨 어른의 둘째 동생은 부산으로, 정든 고향을 등지고 가족들을 데리고 일자리를 찾아 떠나는 사람들이 하나둘 늘어나기 시작하고, 떠나는 사람들만큼 을씨년스러운 빈집은 늘어만 간다.

떠나는 사람을 위한 송별회는 울음바다가 되고 낯선 곳에서 새로운 둥지를 틀어야 할 떠나는 사람들의 마음은 착잡하기만 하다. 부모를 뒤로하고 형제들 그리고 정든 마을 사람들과 이별을 하는 마음속엔 미지에 대한 두려움뿐이다. 아주 익숙했던 산과 들, 늘 걸었던 오솔길이 눈에 밟히고 이제 떠나면 언제 다시 올 수나 있을지, 아니 다시 고향땅을 밟을 수나 있을지 알 수 없는 떠남은 그저 슬픔뿐이다.

배고파도 많이 배우지 않았어도 가난이 온 마을에 거미줄처럼 엉켰어도, 그래도 엎어지면 일으켜 주고 자빠지면 세워 주던 고향이었다. 아버지 돌아가실 때 온 마을이 슬퍼해 주고 앞산 양지바른 땅에 산소를 만들어 준 마을 사람들이다.

뒷집에서 떡을 하면 떡 한 그릇 나누어 주고 목이 메면 물바가지를 건네주던 사람들의 모습이 항상 서려 있는 땅을 두고 떠나야 한다.

떠날 수밖에 없는 건 살기 위함이다. 척박한 땅에서 화전 밭 일구고 남의 땅 몇 마지기로 가족이 지탱하기가 너무도 힘들기 때문이다.

좋은 일이 있으나 나쁜 일이 있으나 늘 마주치던 뒷집에서 송별회를 한다. 마을 아낙 몇 분이 시루떡을 하고 뒷집 아저씨는 장닭을 잡아 백숙을 만들고 뒷집 아주머니는 콩 한 말을 두부로 만들었다.

"이제 가면 고향엔 영 못 오겠네?"

"아이, 저 어머님이 큰 형님네에 있으니 명절이 되면 와야죠."

권씨댁의 힘없는 말에 뭉클하다.

"인천이면 여서 참 먼데, 인천 가서 살 집은 마련했수?"

"야, 저 송림동 꼭대기에 판잣집을 하나 월세로 얻어 놨어요."

"가솔들이 많으니 방도 몇 칸은 돼야 하겠네."

최씨 아주머니의 근심 어린 말은 아직 어린아이들이 다섯이나 있는 권씨네를 보고 하는 말이다.

"이이, 뭐 그런대로 방 두 칸에 가운데 마루처럼 생긴 것 하나 있는데 그런대로 그냥 비비고 살아야지요, 뭐."

"그럼 뭐 어디 일자리는?"

"야, 저기 그 송림동 일대는 목재공장이 많아서 바깥사람이 우선 거기서 일하기로 했어요. 일은 힘들지만 다달이 월급이 나오니까 아무래도 여기 덕거리보다는 좀 나을 것 같아서……."

인천에는 덕거리 사람들이 하나둘 이주해서 서로 일자리를 알아주고 또 서로 챙겨 주고 하여 제일 선호하는 도회지이기도 하다.

"어이, 소주 한잔하게."

"고맙네! 이렇게 송별식까지 챙겨 주고……. 고향서 살지 못하고 떠나니 너무 맴이 착잡하네."

"그렇지, 뭐. 왜 안 그러겠어? 죽도록 고상만 하고……. 솔직히 여기서 화전 비탈밭 부쳐 봐야 먼 이득이 있겠어! 그저 입에 풀칠하기 바쁘고 자식새끼들 까막눈 만들기만 하지."

최씨 어른은 떠나는 게 가족을 위해서도 훨씬 좋을 것이라는 이야기지만, 그래도 섭섭한 눈치를 지울 길 없다.

"그러니까요! 겨울엔 산판에서 일을 하지만 큰돈은 만질 수도 없고, 앞 비탈밭에서 옥수수나 콩 농사를 하지만 큰 소득도 안 되고, 내면 김씨네 문중 논을 도지로 부치지만 식구들 입에 풀칠이나 겨우 하니 뭐 여름에 큰일거리도 없고……. 고상만 죽도록 하지."

"남의 땅 부쳐 봐야 냉해가 한번 들면 싸래기 한 톨 건지지 못하는 게 산골농사고, 진진겨울이면 눈이 한질이나 빠지니 집구석에서 온 식구가 꿈쩍도 못하고 양식만 축내고……. 힘든 게 이 덕거리 산골짜기라구."

최씨 어른의 장탄식이 한참을 이어진다.

옆에 말없이 술잔을 기울이던 남중이 아버지도 한마디 거든다.

"성님, 잘 생각하셨소! 솔직히 나도 우리 아버지 아니면 열 뜨고 싶지만……. 저 건너 양경석이도 작년 그제 부산으로 떠나서 배 만드는 공장에 취직해서 이젠 자리를 잡았다고 합디다. 나도 가를 따라서 가야 했는데, 발목 잽혀서 그저 느는 건 빚이고 술뿐입니다. 성님 가서 자리 잘 잡아서 나두 거기로 취직자리나 한번 알어봐 주오."

"그래, 자네도 힘들지! 알겠네. 기술도 없지, 돈도 없지, 있는 건 몸땡이 하나뿐이니 힘쓰는 일이야 자신이 있으니 목재공장에서 나무나 날라주는 막일부터 시작을 할 거니까 자네 일거리도 한번 알아보겠네."

이튿날 권씨는 이부자리와 가족들의 옷 그리고 일부 이삿짐을 간단하게 꾸려 작은 트럭에 실어 보내고 버스를 타고 고향을 떠난다. 아내는 눈물을 애써 감춘 채 버스에 오르고, 올망졸망한 아이들은 두 눈만 벙긋거리며 낯선 곳으로 향한 두려움보다 기대하는 눈치가 더 많은 것 같다.

권씨는 착잡한 마음을 가누지 못한 채 다시 돌아올지 알 수 없는 고향 그리고 어머니의 손길을 뒤로하고 트럭에 올랐다. 떠나는 사람들은 이처럼 멀리 도회지로 일자리를 찾아가는 사람들도 있지만, 시간이 흐를수록 세상을 하직하는 사람들도 점점 많아진다.

이씨 어른은 명절이 돌아오는 게 너무 싫고 두렵다. 명절이면 도시에서 직장 생활을 하는 사람들이 고향을 찾는 밝은 발걸음들이 울리지만, 이씨에게는 하나도 달갑지 않다.

아내는 명절 음식을 만드느라 분주하지만 이씨의 마음 한구석에 몇 해 전 불의의 사고로 죽은 큰아들 생각이 떠오를 때면 모든 게 다 허탈하고 명절이 정말 꼴 보기 싫다. 몇 해 전 큰아들의 죽음의 소식은 마른하늘에 날벼락이고 청천벽력이었다. 한밤중에 들려온 아들의 죽음을 어떻게 받아들여야 할 것이며, 도대체 왜 나에게 이런 시련을 주는가?

경기도 이천의 공장에서 생산직으로 근무하던 큰아들 인석이는 타고난 성실성을 인정받아 회사에서 모범사원으로 촉망받던 생산직 사원이었다. 인석이는 3교대로 근무하는 회사에서 야간 교대조로 교대된 지 한 시간도 채 되지 않아 추락사하고 만다.

이씨는 늘 며느리와의 사이가 너무 안 좋은 아들이 늘 마음에 걸리고 불쌍하기까지 하였다. 출근하기 전까지 인석이는 부인과 심하게 다투고 직장에 출근한 지 한 시간여 만에 싸늘한 주검으로 돌아왔다. 늘 익숙하게 일하던 곳이고 눈을 감고도 옆에 무엇이 있는지를 충분하게 알고 있을 인석이는 왜 추락사를 하였을까?

한달음에 이천의료원을 찾은 이씨 어른과 부인은 이 엄청난 비극 앞에 눈물조차 보일 수 없다. 옆에는 고개를 숙이고 있는 며느리와 이제 너덧 살 된 손자뿐…….

인석이가 근무하던 회사 관계자와 노조 관계자들이 삼삼오오 있을 뿐 이 허망한 세계에 이씨 어른은 망연자실할 뿐이다.

한 줌의 재가 되어 버린 큰아들 인석이를, 인석이가 태어난 영골 잣나무 밭에 뿌리고 이씨 어른은 몸져눕고 말았다. 며칠을 그렇게 꿈속에서 아들과 꽃놀이를 하는 꿈을 꾸고, 아들은 아버지한테 무슨 말을 하려는 듯 그런 허영 앞에서 헛소리를 지른 이씨 어른은 모든 것에서 희망의 끈이 끊어지고 말았다.

“도대체 인석이는 무슨 연유로 죽어야 했나! 꿈속에서 인석이는 무슨 말을 하려고 했을까?”

아들을 지켜 주지 못한 아버지가 살아서 무슨 염치로 살고 더 무엇을 바라며 살 것인가를 끊임없이 자문하고 끊임없는 허영 속에서 뒤척인다.

아들의 죽음과 맞바꾼 보상금은 며느리와 새로운 갈등이 되고, 결국 며느리는 몇 달도 안 되어 돈을 벌어야 한다며 손자 둘을 시골집에 데려다 놓고 가 버렸다. 말똥말똥 눈망울의 손자는 아들과 어쩌면 그렇게 빼닮을 수 있는지 손자를 볼 때마다 불현듯 아들에 대한 그리움은 더 가중된다.

그러던 어느 날, 이씨 어른은 외양간을 수리하려고 망치로 못을 박는데

“할부지, 그 망치 나쁜 거다! 아빠가 맞았다.”

"아빠가? 그 무슨 소리야? 망치로 아빠가 맞다니?"

"응. 할부지, 아빠는 망치로 여길……."

이씨 어른은 이 엄청난 손자의 이야기에 그만 정신이 나가고 온몸이 부들부들 떨리고 말았다. 그러나 아들은 이미 한 줌의 재로 변해 저기 영골 잣나무 밭에 흙이 된 지 몇 달……. 그 충격은 어디 가서 하소연할 곳이 없다.

며느리와의 극심한 부부싸움을 하는 것을 알고는 있었지만, 설마 망치로 폭력을 휘두를 만큼 며느리가 아들을 학대하였다는 말인가?

그리고 한 달 후, 며느리는 어떤 남자와 함께 집으로 찾아왔다.

"어머니, 아버님. 자식은 제가 키우는 게 맞는 것 같습니다. 아이들을 두고 일을 하려니, 아이들이 눈에 밟혀서 도저히 시골에 놔둘 수가 없네요. 그러니 제가 다시 데리고 가겠습니다."

"아니, 왜 마음이 조석으로 달러?"

아내의 말에 며느리는 그저 했던 말을 반복할 뿐이다. 이씨 어른은 아들이 왜 죽어야 했는지를 물어보려는 말이 목에까지 차오르나 차마 물을 수가 없다.

"그럼 데리고 가렴, 에미가 델구 가겠다는데 어쩔거여!"

아내가 한참을 있다가 내린 결론을 쓴 독약을 내뱉듯이 던진다.

"예, 그럼 그렇게 하겠습니다."

"그런데 저 한데 있는 저 남자는 누구냐? 첨 보는 사람인데……."

"아! 예, 그냥 따라서 온 사람입니다."

"그냥 따라와? 왜 외간 남자가 그냥 따라와?"

이어 이씨 어른이 한마디 날카롭게 한다.

"애비 죽은 지 몇 달이나 되었다고 남자를 달구 여길 와? 하늘 무서운 지를 모르고!"

"가만있어 봐요, 이 양반아! 그래서 지금 데리구 간다구?"

"예, 그 대신 조건이 있어요."

"조건? 무슨 조건?"

"애 아빠 목숨 값 중 아이들 앞으로 된 보상금은 저를 주세요. 제가 가서 아이들을 키울 거니까 당연히 제가 가지고 가는 게 맞지요."

기가 막힐 노릇이다.

"아이들을 델구 가는 조건으로 아이들 몫을 달라구? 내가 니를 뭘 믿고 그 돈을 내놓아! 그리고 저 밖에 있는 저 사람을 어떻게 믿고! 이런 아주 숭악한 년을 봤나! 애비 죽은지 며칠이나 됐다구 벌써 서방질이여!"

이씨 어른은 당장 밖으로 나가 쇠스랑을 들고 들어오니, 손자들은 한쪽에서 울음을 터트리고 며느리와 남자는 혼비백산 도망을 간다. 그길로 며느리는 한 번도 집에 온 적이 없고 아이들을 찾지 않았다.

내일은 추석이다. 추석이면 큰아들은 양손에 잔뜩 선물을 들고 집으로 왔고 모처럼의 집은 아들형제들과 손자들의 떠들썩함이 추석의 밝고 둥그런 달보다 더 크고 밝은 집의 모습이었다.

그러나 너무도 허전하다. 물론 작은아들과 시집가지 않은 딸이 오지만 큰아들이 없는 건 대들보가 빠진 듯 허전하다. 이씨 어른은 허전한 마음을 채우기 위해 윗동네 최씨 친구 집을 향하고, 최씨와 둘이서 됫병들이 막소주 한 병을 나누어 마시고 집으로 향했다.

최씨 집엔 아들들과 며느리들의 깨알 같은 웃음소리와 시어머니와 함께 만드는 추석 음식에 화목함이 그대로 묻어나고, 이씨 어른은 그

부러운 눈길에서 벗어나지 못하는 울분이 서려 있다.

집으로 온 이씨는 말없이 헛간으로 가고 제초제 한 병을 마셨다.

"아들 만나러 간다. 아들 만나러……. 저 하늘에 외로이 혼자 있을 우리 큰아들 만나러……."

"아버지 오는 소리가 들렸는데 왜 들어오시지 않지?"

"그러게, 어두워졌는데 뭐하지?"

둘째 아들이 집밖으로 나오자 헛간에서 신음소리가 나서 부리나케 달려가 보니, 입에 거품을 물고 괴로워하는 아버지가 보이고 한 손에는 농약병이 쥐어져 있다.

"엄마, 큰일 났어요! 아버지가! 아버지가……."

놀라서 온 가족이 뛰쳐나오고 이씨 어른댁은 울며불며 명절 저녁에 온 집안이 발칵 뒤집어졌다.

마을 이장을 부르고 아랫집에 연락을 하고 택시를 불렀다. 택시에 이씨 어른을 태우고 강릉의 종합병원으로 갔으나, 제초제로 음독을 한 사람은 회생 가능성이 없다는 말뿐이다.

추석 전날, 이씨 어른은 그렇게 한스런 시간을 한 병의 제초제를 마시고 목메게 그리워하는 큰아들 곁으로 떠나갔다. 행여나 큰아들이 추석에 혼자 있을까! 송편 하나 갖고 가지 못한 채 약속한 약병만 들고서…….

관광 여행

"마이크 시험 중! 마이크 시험 중! 주민 여러분, 안녕하십니까? 주민 여러분, 잘 들리시죠? 딴 게 아니라 갈걷이도 이제 마무리가 됐으니, 올해는 그동안 마둔 돈으로 관광을 댕게오려고 합니다. 그래서 온 저녁 반상회에서 결정을 하려고 하니, 어디 좋은 데가 있는지를 머릿속에 구상해 뒀다가 이따 저녁에 의견을 제시해 주시면 좋은 데를 골라서 하루 댕게오도록 하겠습니다. 그럼 이따가 저녁에 물 건너 영길이네 집에서 마카 모이도록 하겠습니다. 네, 감사합니다."

"이태를 관광계를 모았는데 이제야 관광을 가게 되네."

"그러게! 다른 동네는 관광을 잘도 가던데, 우리 동네는 별러별러 이제 한번 가게 되니 참 심들게 가는 거여."

저녁이 되자, 한 사람 두 사람 영길 형네 집으로 반상회를 하러 모인다.

"자, 다들 모였죠?"

"일단 그 반상회보를 한번 보시구, 오늘의 중대사인 관광을 어데로 갈지를 한번 의제를 내 보시길 바랍니다."

"하루에 댕길나문 가참한 데를 정해서 가야지, 뭐."

기철이 형은 이때를 기다렸다는 듯 이야기를 한다.

"있잖아요, 있잖아요! 올해는 저기 남쪽으로 한번 댕게오는 게 어때요? 맨날 가는 데만 가는 건 재미 때가리도 없구요."

그러자 남중이 아버지가 핀잔을 준다.

"이 사람은 참! 우리가 뭐이 그래 자주 관광을 댕겠다고 그래? 아주 모처럼 벨러서 하루 놀러 가는 걸 가지구! 그리구 이 사람아! 남쪽은 하루 가지곤 택도 없어."

"있잖아요, 있잖아요! 남쪽이라고 해서 아주 뭐 저기 전라도나 경상도로 가자고 하는 게 아니구요! 그 뭐나, 저기 충청도 쪽에 가서 유람선도 타구요."

"아이, 그 사람 맨날 있다고는 하구! 있는 거 다 꺼내 놓으라고 해도 한 개도 내놓지 않으면서 맨날 입만 열면 있다고 난리여."

"하하하……."

"어쨌든 오늘 결정을 해야 내일 진부 오대산 관광에 버스를 맞춘다구요."

이장의 재촉에 용인자연농원으로 가자는 등 울진 석류굴로 해서 백암온천으로 가자는 등 다양한 의견 제시를 하나, 밤새도록 결정을 할 수가 없다.

"아이, 이래 가지고는 밤새워도 결말이 안 나요! 얼른 하나를 결정하자구요."

반장의 재촉에도 아랑곳하지 않는 마을 사람들 때문에 결국 이장이 결정을 한다.

"그럼 저 울진 석류굴 하고 백암온천으로 해서 강릉 경포대에 와서 회로 저녁을 먹는 것으로 결정합시다. 그리구 저 부녀회장님은 버스 안에서 먹을 간식거리를 준비하여야 하니 여기서 결정을 하고 창말장에 가서 간식거리를 사지요, 뭐."

간식거리는 메밀전병을 만들고 가오리무침과 귤과 사탕 그리고 돼지머리 누른 고기로 결정을 하였다.

이튿날 반장은 진부의 오대산관광에서 45인승 버스 한 대를 전세를 내고, 시장에서 가오리와 귤 사탕 과자 그리고 돼지머리 누른 고기를 준비하였다. 반장댁과 이장댁, 새마을지도자댁, 부녀회장과 일부 부녀회원은 메밀 부치기를 만들고 전병을 만들어 간식거리 준비를 완료하고 아침 일찍 출발을 하여야 하므로 김밥도 준비하였다.

"마이크 시험 중! 에~~ 오늘 아침 7시까지 주민 여러분은 핵교 운동장으로 모여 주시기 바랍니다. 관광버스가 6시 30분까지 도착을 하니 7시에는 출발을 하여야 오늘 일정을 다 채울 수 있습니다. 야튼간에 한 분도 빠짐없이 마카 시간 엄수 하셔서 핵교로 오시기 바랍니다."

이장의 마을 방송은 오늘 아침 따라 경쾌하고 신난 목소리가 마을 스피커를 타고 흐른다. 마을 주민들도 들뜬 마음으로 6시부터 학교로 모이기 시작하고, 학교엔 울긋불긋 마을 주민들로 차고 웃음이 만발한다.

출발하는 날, 소주와 맥주도 준비를 하여 버스에 싣고 마을 사람들은 저마다 특유의 복장으로 버스에 올랐다. 일 년이나 이 년에 한 번 겨우 시간을 내서 관광을 가는 마을 사람들의 얼굴은 가벼운 흥분과 함께 설렘으로 가득하다. 그런데 관광 가는 복장이 가관이다.

"아이고, 성님은 참! 뉘집 잔치가우! 양복에 넥타이는 참 내원! 그냥 가볍게 잠바떼기 하나 입으면 되지."

이장이 핀잔을 준다. 그러나 행남이 양반은 당당하다.

“머이 입을 게 마땅치 않고 잠바떼기 하나 올찮은 게 있어야지. 그래도 놀러 가면 딴 데서 온 사람들도 많을 건데 기죽지 말아야 하지 않어?”

그러고 보니 태반이 양복 차림이다. 이장은 속으로 복장을 어떻게 하라고 이야기했어야 했는데 그걸 그만 놓치고 만 것을 아뿔싸 한다.

“아주머이! 아니, 아주머이는 한복을 입고 어떻게 굴속에 댕길려구 한복을 입고 오셨수.”

“아이, 머 입을게 있어야지! 그냥 평소 어디 가던 대로 입었는데…….”

예정대로 버스는 7시에 출발을 하고, 반장이 마이크를 잡고 일장 연설을 한다.

“오늘 날씨도 딱 좋은 날을 잡았습니다. 하늘도 우리가 놀러 가는 걸 알았나 봅니다. 오늘 일정을 잠시 말씀 드리겠습니다. 아침을 안 드신 분이 있을 것 같아서 부녀회에서 김밥을 좀 싼 것 같은데 대굴령 휴게소에 들러 아침을 김밥과 우동으로 하겠습니다. 그리고 울진까지 쉬지 않고 바로 가는데, 석류굴에서 굴 안에 경치가 좋다고 하니 굴 구경을 하고 점심을 먹습니다. 점심 식사 후에는 백암온천장으로 가서 뜨신 물에 농사일에 지친 몸을 푹 담그셔서 피로를 푸시기 바랍니다. 그리고 여기 술이랑 안주랑 아주 푸짐하게 준비를 하였으니 술은 적당히 드시고 안주는 많이 드세요. 그리고 기사님이 오늘 하루는 널리 이해하실 테니 모처럼 관광버스 춤으로 발바닥에 마사지도 좀 하시기 바랍니다.”

“어이~ 반장, 해장해야지?”

“머이 식전부터 한잔하면 저녁때면 맛이 완전히 갈 텐데…….”

행남이 어르신의 말에 안씨가 대구를 한다.

"어이, 그래도 우리가 뭐 여름내 새빠지게 일하고 시내눔들은 예사로 노래방이다 머다 해서 노는데, 겨우 일 년에 한 번인데 아주 그냥 본전을 뽑고 가야지."

"그럽시다, 성님! 어이 돈설이, 거 안주 스텐바이 하라구."

"놀러 나오니 남중이 아범은 꼬부랑어가 자동으로 나오네."

논 가운데 총각하고 승재는 술과 가오리무침 안주로 버스 안을 돌아다니며 한 잔씩 권한다.

이때 이장이 불쑥 끼어든다.

"아이, 저 깜빡했어요! 오늘 우리 주민을 안전하게 모시게 될 오대산관광버스 기사님을 소개 합니다. 잠시 인사 말씀 좀 듣겠습니다."

"안녕하세요. 오늘 덕거리 주민을 첨부터 마지막 시간까지 안전하게 모시게 된 오대산관광 박기사입니다. 관광버스 안에 타면 모든 사람들이 으레 통로에서 춤을 추고 노시는 건 좋은데, 제 통제를 좀 따라 주셔야 합니다. 요즘 경찰 단속이 심하니까 제가 사이렌을 울리면 춤추다가 그대로 자리에 앉아야 합니다. 하여간 흥이 좀 끊어지더라도 이것만 지켜 주시면 버스에서 지르박을 추시든 브루스를 추시든 고고를 추시든 관계없습니다. 네, 오늘 아주 안전하게 모시겠습니다."

"그럼 이제부터 마이크는 제가 잡고 사회를 보겠습니다. 그래서 한 분씩 제가 지정하는 대로 멋진 노래를 한 곡조씩 하시기 바랍니다. 이때 노래 실력을 발휘하지, 은제 또 보여 주겠습니까. 자 그럼 불철주야 마을 발전을 위해 고생하시는 우리 이장님부터 한 곡조 하시죠."

"그럼 이장인 제가 시마이를 하겠습니다. 이렇게도~~ 사랑이 괴로울 줄 알았다면~~~"

"다음은 우리 동네 안살림을 맡고 계시는 부녀 회장님입니다."

"난 잘 맞추지 못하는데……. 가슴이 찡할까요, 정말로~~ 눈물이 핑 돌까요, 정말로~~ 나는 아직 사랑이란 모르지만~~~"

기철이 형이 드디어 버스 통로에 나오고, 도꾸 형도 나오고 개다리춤을 추자 슬금슬금 동네분들의 관광버스 춤판이 시작된다.

"앵~콜 앵~~콜!!!"

일 년에 한 번을 벼르고 별러 떠나는 여행은 산골 농민들에게는 유일한 오락이다. 도회지에 있는 사람들은 놀이문화가 널리고 널렸고 남자들은 유흥주점에서 도우미를 부러 온갖 퇴폐적인 놀이를 즐기지만, 순진한 농부들은 아침에 눈뜨면 마주치는 사람들과 하는 일은 고된 농사일 외에는 가족처럼 둘러앉아 소박한 음식을 나누는 게 전부다.

일 년에 한 번 관광버스를 타고 흙에서, 힘든 농사에서 자유로워지는 하루놀이를 눈살을 찌푸리고 보는 사람들이 있고, 교통당국에선 도로교통법 위반으로 단속을 하며 모처럼 별러서 관광버스를 탄 사람들에게 위압감을 주고 일 년의 단 한 번의 나들이에 찬물을 끼얹는다.

순수의 마음을 가지고 관광버스에서 잠시 해방을 갖는 게 퇴폐적 문화에 너그러운 도회지의 놀이보다 더 못하단 말인가?

한 달에 만 원 이만 원씩 곗돈을 부어야만 한 해 딱 한 번 관광을 갈까 말까 한데, 하룻저녁에 수백만 원을 아깝지 않게 날리는 사람들보다 더 나쁘다고 할 수는 없지 않은가!

관광버스 춤은 농촌 사람들에겐 유일한 스트레스 해소 공간이고 소통의 공간이고 마을 사람들 간의 화해의 공간이다. 앞집 아줌마, 뒷집 아저씨가 통로에서 의자에 기대어 머리를 흔들고 손가락으로 버스 천장을 찌르며 추는 춤은 지상 최대의 아름다운 쇼이다.

"자, 이제 다음 순서는 임씨 큰아저씨입니다."

"흠, 후후……. 술잔을 들다말~~고 우는 사람아~~~ 두고 온 님 생각에 눈물 뿌리며~~ 망향가~~ 불러 주던 고향 아줌마~~"

"역시 아주 옛날에 한 끗발 하신 모습의 우리 마을 명가수입니다. 다음은 빠질 수 없는 미모에 조미미보다 더 꾀꼬리 같은 목소리의 주인공 박씨 아줌마입니다."

"하이고 참! 왜 나부터 하라고 하는지, 참!" 하면서도 마이크를 잡고 노래를 불러 젖힌다.

"얼마나 멀고먼~~지 ~~ 그리운 서울은~~ 파도~~가 길을 막아 가고파도 못 갑니다. 바다가 육지라면 바다가 육지라면~~~"

어느덧 버스 안에는 앉아서 찌르는 사람, 통로에 서서 삿대질 하는 사람 그리고 기철이 형은 머리에 화장지를 두른 채 춤을 추고, 도꾸 형은 어디서 가지고 왔는지 등에 공을 넣고 곱사등을 만들고 이빨엔 김을 붙이고 춤을 추자 동네 사람들은 배꼽을 잡는다.

평소 허리가 아파 고생을 하는 진덕이 어른도 허리가 언제 아팠는지 잊어버리고 박자도 필요치 않은 춤을 흥겹게 춘다. 평소 동네에서 얌전하기로 소문난 새댁 승재 부인도 아주머니 틈에서 신나게 처녀 적 춤 솜씨를 자랑한다.

급기야 이장은

"야! 제수씨, 아주 그냥 죽여 줘요! 아주 많이 놀아 본 솜씨입니다. 허허……."

차창 가에는 큰 키의 해바라기가 하늘을 향해 복스런 웃음을 짓고, 빨강 · 보라 · 흰색의 코스모스가 깊어 가는 가을들판을 곱게 수놓는다. 아침 햇살이 제법 버스 유리창에 따갑게 비추기 시작하자, 버스는 대관령 휴게소에 멈춘다.

"에~~ 여기서 30분을 쉬려고 합니다. 화장실에 다녀오실 분 다녀오시고, 부녀회장님과 반장댁은 김밥과 소주 몇 병을 가지고 저기 휴게소 앞 탁자로 오시기 바랍니다. 그리고 우동 드실 분은 우동 코너로 오시구요."

대관령 휴게소엔 설악산에 관광 여행을 떠나는 관광버스가 줄지어 서 있고, 형형색색의 등산복 차림과 마을 사람들의 복장이 묘한 대조를 이룬다.

양복으로 한껏 폼을 잡은 덕거리 사람들의 검게 그을린 순수한 모습, 그리고 아줌마들의 뽀글뽀글한 머리 모양과 힘든 농사일에 약간 굽은 등이 어찌 보면 더 보배로운 모습으로 느껴지는 것은 착각이 아니다.

휴게소 우동을 자주 먹어 보지는 않지만 다 함께 김밥을 우동에 적셔 먹는 맛은 그 무엇과 비교하랴. 매일 집에서 된장국과 김치, 장날이면 간고등어를 구워 먹는 것으로 만족하는 산골 사람들의 MSG 국물의 우동은 여행 중에 별미이고, 왜 많은 여행객들이 휴게소에서 북적이며 먹는지 그 이유를 알 듯하다. 그러나 왠지 이 낯선 맛은 오래 먹을 것은 되지 않는다는 표정이다.

아침을 때운 덕거리 사람들은 다시 버스에 오르고 잠시 휴강 상태를 지낸 후, 이어 다시 관광버스 살롱은 가동을 한다.

집에서 계시는 농촌의 아주머니들, 그들은 흥을 풀 곳이 어디에도 없다. 그렇다고 해서 어두운 술집에 가서 춤을 출 수도 없고, 도시에 그 흔한 성인 디스코텍을 갔다가는 무슨 바람난 취급을 받을 것이고……. 클럽이라고 가려면 들어가기도 만만치 않지만, 그럴 수 있는 형편이 되는 것도 아니지 않은가!

누구나 다 신나게 노는 것을 볼 기회조차 흔치 않을뿐더러 그럴 여유마저 주어지지 않는다. 그래서 지금의 관광버스가 편하게 눈치 안 보고 춤추고 마음껏 노래를 부를 수 있는 공간이고 자유로운 것이다. 그동안 얼마나 억압적이고 눈치에 치인 농촌의 삶이었던가! 그래서 오늘 만큼은 용서가 되고 모든 걸 던져 버리는 시간이다.

동해시를 지났을까? 갑자기 윙~~~~ 하는 사이렌 소리가 울리고, 마을 사람들은 혼비백산 자리에 주저앉아 긴장을 한다.

기철이형은 너무 날뛰다 의자 모서리에 엉덩이를 심하게 받치고 사람들의 웃음을 자아낸다.

"어이쿠! 네 세상에 춤추다 똥구멍 찢어지기는 처음이네."

드디어 울진 석류굴에 도착하였다. 석류굴 앞에는 이미 많은 사람들이 관광을 하기 위해 모여 있었고, 사람들 틈에 덕거리 사람들은 약간의 붉은 얼굴에 취기가 완연하다.

"그런데 저 한복 입은 민삼이 어머니는 그 한복으로 어떻게 굴에 들어가우."

"그래서 몸빼 바지를 입었잖어."

"예, 하하! 아니, 위에는 저고리고 아래는 몸빼고 그 아주 희한한 패

션이네."

"하하하…… 호호호……."

석류귤을 구경하고 나오면서 사람들은 저마다 한마디씩 한다.

"뭐이 굴이라고 음침한 게 영 볼 것도 없고……."

"그러게, 컴컴한 게 머이 고드름만 잔뜩 있고 그중엔 다 따 가지고 가고 볼 것이 진짜 없네."

어찌 되었건 사람들은 석류굴 관광이 끝나고 점심 식사를 했다. 점심은 해물탕으로 소주를 한 잔씩 곁들이고 백암온천으로 향한다.

새벽부터 설레던 일 년에 단 하루뿐인 관광은 많은 것을 바랄 수는 없지만, 일 년 내내 땅을 일구고 마주치면 농사일밖에 모르는 심성 고운 산골 사람들에게 가장 요긴한 건 뜨거운 온통에서 농사에 지친 몸을 풀어 주는 것이다.

도시 사람들은 몸이 조금만 좋지 않아도 물리치료에 안마를 받고 찜질방에서 피로를 푸는 등 치료에 열중하지만, 농촌엔 그런 시설이 있는 병원도 많지 않을뿐더러 바쁜 농사일에 시간을 내야 하기에 농부들에겐 사치에 불과하다. 그러니 이렇게 일 년에 한 번 있는 관광에서 온천 목욕은 반드시 본전을 뽑아야 한다.

남자들은 온천으로 들어가면 한 시간 정도에 끝내고 목욕탕을 나오지만, 여자들은 그렇지가 않다.

"아이, 머이 그렇게 씻을 게 많다고 여태 목욕간에서 나오지 않는지, 내 원 참!"

"그러게 말이여, 남자들은 여자들보다 달린 게 더 많아도 빨리 나오는데…….”

우스갯소리를 잘하는 행남이 어른의 말이다.

“그게 아니네! 여자들은 깊은 데가 더 많잖어! 그리고 더 넓잖아! 조금 더 기다려 보세.”

남자들은 버스에 올라서 잠을 청하는 사람도 있고 그사이 벌써 소주를 나누어 마시는 사람들도 있다. 이윽고 거의 두 시간이 다되어서야 온천에서 나오는 여자분들을 향해,

“뭐이 그래 오래 있나? 우린 벌써 나와서 목이 빠져라 기다리고 있는데…….”

원씨댁은 뜨거운 온천 탓인지 발그레한 얼굴로,

“아이고, 또 은제나 올 줄 알고요! 아주 그냥 땃땃한 물속에서 푹 담가서 온몸을 좀 노곤하게 만들어 주고 본전을 빼야지요.”

“그래도 그렇지! 시간이 없는데…….”

모두 버스에 오르고 강릉 경포를 향했다.

경포대에 도착한 덕거리 사람들은 바닷가에서 푸른 동해바다를 보며 심호흡을 한다. 바다 갈매기는 하늘 짓을 하고 경포주변의 푸른 해송은 사람들의 마음을 가뿐하게 한다. 경포횟집으로 향한 일행은 생선회로 저녁 식사를 마감한다.

어두워 돌아오는 버스 안은 제대로 된 무도장이고 노래방이다. 강릉에서 한 시간 거리인 덕거리까지 마지막 혼신의 춤으로 마무리하는 동안 사람들의 마음은 행복으로 차오른다. 행복이란 다른 데 있는 게 아니다.

또 내일부터는 가을의 마지막 거두미를 하여야 한다. 덕거리의 가을 날씨는 언제 어떻게 변할지 아무도 예측할 수 없고, 추위가 오면 11월 초에도 많은 눈이 내려 미처 콩이나 팥을 다 탈곡하지 못하는 수도 있다.

아주머니들이 더 바쁜 게 가을의 수확철이다. 무말랭이도 만들어 두어야 하고 고추 부각도 하여야 하고 메주를 만들 메주콩도 준비하고 시래기도 매달아야 한다.

하루의 관광으로 행복을 담아 가는 사람들, 덕거리 사람들이다.

봄을 맞이하는 덕거리 사람들

덕거리의 봄은 5월이 되어야 기지개를 켠다.

아직은 땅이 얼어 있고 독사리만 파랗게 이른 봄을 먼저 알린다. 동네 아낙들은 드문드문 이른 봄에 입맛이 깔깔한 것을 냉이나 달래로 봄 반찬을 만들어 내고, 구수한 냉잇국과 고추장에 생으로 무친 달래는 묵은 김치와 장아찌에 찌든 입맛을 북돋아 주어 이른 봄이 되면 냉이와 달래를 캐는 일부터 하는 게 농촌의 아낙들이다.

"나생이가 좀 있수?"

멀리서 권씨 아줌마가 다리끼와 호미를 들고 오면서 묻는다.

"머이 재재한 거만 있고 실한 게 없네요."

"옛날엔 옥씨기 밭에 캐내고 캐내도 끝이 없었는데, 요새는 그놈에 제초제 땜에 나생이 하고 달루가 씨가 마른다니까!"

"그러게요! 옛날엔 저 건너 구라우 묵밭에 가면 달루가 지천으로 쌨었는데 오리나무를 심은 뒤에 오리나무 그 큰 잎사구 때문에 아조 달루가 젤랑 녹아 없어졌드라구요."

농촌에도 김매는 일이 없어진 뒤로 제초제를 뿌려 풀을 죽이거나 발아할 수 없게 만들지만, 문제는 밭에서 수월하게 캐서 반찬으로 해먹던 달래와 냉이마저 자라지도 못하고 싸기 트지도 않는 게 문제이고, 그만큼 토지가 황폐화된다는 징조이다.

김을 매지 않는 만큼 일손을 덜었지만 잡초는 제초제 면역성이 더 생겨 그만큼 제초제를 더 독하게 더 많이 쓰게 되므로 흙은 점점 더 산성화되어 가고, 딱딱하게 굳어 괭이로 밭을 부드럽게 만들 수 없어 경운기나 트랙터의 힘을 빌려야 한다.

"앞대 사람들은 쑥을 마이 먹던데 우린 쑥은 잘 먹지 않는데 이 냉이국은 환장하구 먹는다니까."

"글쎄 우리 집도 쑥은 거들떠보지도 않구……. 어제 즈녁엔 처마에 매달아 놓았던 건추를 막장에 끓여 건추국에다 깨보생이를 넣어 먹구 그랬지요! 도통 봄에는 우리 집 양반 입이 벨나서 큰일이라니까."

"그러게요! 우리 집 바깥양반도 콩갱이를 해달라, 달그를 잡어서 달그국을 해달라, 아조 귓구멍에 못이 백힌다니까요!"

"그래니 난 아조 미꽐스러워 죽겠다니까!"

두 아주머니들의 따스한 봄 날씨에 봄나물 캐면서 나누는 대화 속에 봄은 이미 반찬과 먹을거리 속으로 들어와 있다.

4월까지도 가끔은 눈이 내리고 음지쪽에는 겨우내 쌓여 있던 눈이 엷게 남아 있는 덕거리는 얼음조각이 녹아내리며 봄이라는 이름을 알린다.

봄이 오는 길이 느릿하고 남쪽에는 벚꽃축제가 끝이 나야 가까운 산에 산벗나무 봉오리가 붉게 물들고 진달래가 마른가지에 그 힘든 꽃을 피워 낸다. 봄이 오면 덕거리 사람들은 무리지어 산으로 향하고, 봄 산에는 갖가지 나물과 약초가 매섭게 추운 겨울을 이겨 내고 먹을거리와 용돈벌이를 제공한다.

"오늘 문드러니 나물하러 가지 않을라우?"

아랫집 원씨댁은 이른 아침부터 산에 함께 갈 사람들을 모으려 동분서주한다.

"너무 이르지 않우? 날이 아직 쌀쌀해서 나물이 났겠나?"

"나물이 큰 산부터 내핀다구 하는데 헛걸음 하는 셈 치구 한번 가 봅시다."

마을 아주머니들 4명은 몸빼바지에 수건을 동여매고 길을 나선다.

"저기 소댕이골에는 제법 퍼래지기 시작을 하는데……."

"여만 그렇지, 앞대는 만발을 했대요!"

"저기 대화만 가도 벌써 두릅이 제법 피어서 묵나물 해야 하겠던데, 여는 참 늦긴 늦어."

노란 외래종 민들레에 밀려 자취를 감추고 있는 하얀 민들레가 제법 논둑에 피어 있고 냉이는 이제 하얀 꽃을 피워 감자 심을 밭은 봄 냄새를 제법 풍기고 있다. 이렇게 봄바람은 덕거리를 감싸고, 마을 사람들은 겨우내 꽁꽁 얼어 아무것도 할 수 없었던 것에서 벗어나 생기가 돋아난다.

"저기 사태골에는 갬취가 꽤 많았는데 낭기 들어차 이젠 아주 질력 녹었더라구."

"옛날엔 낭구로 군불을 할 때는 갈비도 싹싹 긁어서 산에 저렇게 낭기 차지 않았는데 이젠 들어가기도 겁시 난다니까."

"이젠 혼자서 뒷산도 맘대로 못 들어가겠더라구."

덕거리 인흥동은 많은 골과 계곡으로 구성되어 있다. 절골, 고무골, 매지골, 사태골, 대장골 등 깊고 높은 골이 많아서 각종 약초와 산나물이 산재해 있다.

개울물 따라 걸어가는 좁은 길엔 버드나무에 살짝 물이 오르고 푸른 잎과 버들강아지가 봄 마중을 한다. 계곡의 계곡수의 물소리가 봄 농사를 예고하고, 산개구리가 올챙이를 풀고 겨우내 긴 잠에서 깨어난다. 종달새의 지저귐을 들으며 고무골을 지나 쿵쿵소에 벼락 치는 물소리를 뒤로하고 문드러니로 올라가는 길에는 아직도 겨울 한기가 밀려온다.

"여긴 아직 깜깜하네."

"그래도 저길 조금 더 올라가문 두릅낭기 있는데 핏나 안 핏나 모르겄네."

"어이구, 저기네! 두릅 낭구에 피긴 핏는데 해다 자지만 하네."

네 분의 마을 아주머니들은 보자기를 두른 앞치마에 두릅을 채취하기 시작한다. 제법 길게 뻗은 두릅나무는 낫으로 가지를 당겨 휘어서 채취를 해야 하기에 가끔은 가지가 찢어지기도 한다.

"아이구, 때구워 죽겠네. 머이 재잔한 까시가 아주 가젱이마다 꽉 베겠네."

"그러게 재잔한 까시가 옷을 파고 들어가니 냉중에 까꾸루워 지랄이 드라구."

살그머니 불어오는 봄 산에 떼 까치가 놀라 후다닥 날아가고 진달래 고운 능선을 따라 조심조심 산자락을 걷다 안씨댁은 미끄러워 넘어진다.

"이이구! 머이 아직꺼정 얼음이 안 풀렸네! 조심해서 찬찬이 내루와요."

"즘심 때가 됐잖우? 즘심 자시고 조금 더 올랐다가 내리가지, 뭐! 저 밑에 산 입새에 가서 다래순이나 따갖고 가든가."

네 분 아주머니는 봄 햇살 받는 계곡에서 저마다 점심 보따리를 내려놓고 점심을 먹기 시작한다.

"봄이면 당최 찬이 먹을 게 없어서 난 짠지 볶어 왔어."

"고치갈기를 털어 내고 메루치를 넣고 난 볶었더니 머이 마시나 있을지 모르겄네."

"초봄엔 짠지도 군내가 나기 시작해서 우리 바깥양반은 불기쌈만 그렇게 좋아한다니까!"

"봄에는 그래도 불기쌈이 고치장과 같이 먹으면 젤 낫지, 뭐."

비단개구리가 사람들 이야기 소리에 날름 계곡 속으로 들어가고, 토종꿀벌은 꽃잎을 찾아 날아드는 산자락의 봄은 점심을 먹은 뒤 나른하게 졸립기도 하다.

봄이 찾아오는 길이 아직은 낯설지만 개구리, 뱀 등 파충류와 나비, 벌 같은 곤충들이 더 빨리 봄 내음을 만끽하고 그 자유를 찾아 나부끼는 모습에 감사함을 느낀다.

"저 다램쥐 좀 봐요! 머이 먹을 끼나 있나? 아깨 밥 한등거리 남게서 줄 걸 그랬잖아."

"아까 남중이 어머이가 꼬시네 하구 한 숟가락 던제 놨으니 먹겠지, 뭐!"

산골의 봄은 해가 빨리 지기에 서둘러 산을 내려와야 한다. 네 분의 아주머니는 망태기를 지고 산을 내려오고, 오는 길에 길가에 있는 다래순을 채취하여 망태기에 넣고 좁은 길을 벗어나 큰길에 들어서니 벌써 저녁 준비를 하는 집의 굴뚝엔 연기가 피어오른다.

봄이 오는 길이지만 저녁엔 귓불이 아직은 시리고 춥다.

“머이 우리가 너무 늦었자누.”

“그러게, 먼 시간이 참 날래두 갔네! 우리 집 양반 또 투덜거리겠는데…….”

“그러게, 첨자구들은 쪼꿈만 늦어도 입이 한발은 나와서 보꾸친다니까.”

“날래 갑시다. 근데 이럴 줄 알았으면 바깥양반더러 게운기라도 가지고 오라고 할 걸 그랬자누.”

그 말이 끝나기가 무섭게 경운기 소리가 탈탈탈 하고 들린다. 원씨댁은 낯익은 경운기 소리에 입가에 함박웃음을 짓고, 나머지 세 분들도 한시름 놓는다.

“아이고, 양반은 못 되네! 우리 집 양반이 구신이네!”

원씨 양반은 사람들을 보자 경운기를 세우고 아주머니들을 태운다.

자동차가 없는 덕거리에선 경운기는 농사용으로도 적격이지만, 운반수단으로 경운기보다 더 좋은 게 없다. 시장에 장보러 갈 때도 마을 사람들을 태우고 가고, 멀리 농사일을 하러 갈 때도 사람들을 태우고 가는 농촌에서는 없어서는 안 될 농기계이다.

경운기는 울퉁불퉁 자갈길을 네 사람을 태우고 집으로 향하고 어둑해서야 집에 도착한다.

“날이 지는 것도 모르고 내참! 원씨가 찾아가지 않았으면 은제 올려구 했어?”

안씨는 늦게 오는 부인을 타박한다.

“날이 그래 날래 지는지……. 얼른 지녁 해서 지녁 먹읍시다.”

안씨는 부인의 망태기에 나물을 꺼내어 두릅과 곰취, 다래순을 골라

담는다.

“이 두릅은 해다꼬치만 한데 이런 걸 왜 따! 이건 비린내만 날 텐데……. 곰취는 좀 더 커도 될 건데…….”

“두룹을 클 때까지 놔두면 어느 눔이 가서 날래 따는지 귀경도 못한다니까요.”

늦은 저녁에 부엌에 불을 피우고 밥솥에는 부글부글 밥이 끓고, 외양간의 암소는 가마솥 소여물 냄새에 킁킁거린다. 내일부터는 암소도 봄바람을 쐬게 하여 야들야들한 봄꼴을 뜯어먹게 하여야 하겠다고 생각한다. 겨우내 거칠고 억센 옥수숫대와 잇집을 섞어 끓여 먹여 소는 털도 빠지고 입맛도 없어진 모양이다.

봄이 오면 일소도 좋아한다. 물론 논밭을 갈고 일을 해야 하지만, 푸른 풀이 메마른 입에 생기를 불어넣기 때문이다.

“즈녁밥이 다됐어?”

“야! 오늘 따온 두룹만 데치면 돼요.”

저녁상은 오랜만에 먹는 두릅과 냉이된장국과 달래무침과 묵은 들기름에 볶아 낸 묵은 김치로 한상을 차렸다.

“하여간 봄엔 두릅 하나만 있으면 밥 한 끼를 뚝딱 먹는다니까.”

“낼은 뭐하우?”

“낼? 도꾸가 영골 바람표고가 있는지 가 보자구 하던데!”

“바람표구하고 노루궁뎅이가 나기 시작할 텐데 댕게와요.”

회령봉과 보래봉의 양봉이 낙타 등처럼 쌍둥이를 이루고 있는 고개를 ‘보래령’이라고 하고, 이 보래령의 깊은 골을 ‘영골’이라고 부르며 영골을 넘어가면 홍천군 내면이 된다. 홍천군 내면과 덕거리가 높은 산과 능선으로 경계를 이루어 양쪽 마을 사람들이 화령봉과 보래봉에서 산나물과 약초 그리고 임산물을 채취하여 소득을 얻는다.

특히 회령봉은 태풍이나 강풍으로 인해 참나무가 많이 쓰러져 고목이 되어 자연적으로 자생하는 표고와 나무에 매달려 있는 노루궁둥이가 많다. 도꾸형과 안씨는 회령봉과 보래봉으로 버섯을 채취하러 망태기를 메고 길을 떠난다.

"성님! 농구화를 빡시게 종그고 가요."

"주루먹이 즉지나 않을라나 모르겄네! 노루궁뎅이 큰 거 하나만 따도 주루먹이 베기겠는데."

"성님! 소주 사홉들이 한 병 넣는데……."

둘은 한참을 걸어 연지기 어귀에서부터 날카로운 산등선을 타기 시작하니, 산짐승이 놀라서 푸다닥 도망을 가고 겨울을 지새운 고로쇠나무엔 누가 매달아 놓았는지 물병이 드문드문 보인다. 고로쇠 물은 이 지역에서도 보약으로 치고 있고, 고로쇠와 다래순에서 물을 받아 마시는 풍경이 이른 봄의 정경이다.

"성님, 고로쇠 물 한번 마시구 갑시다."

"에이, 이 사람! 남에 껄 먹어두 되나?"

"아이구, 참 어차피 고로쇠나무는 국유림에 있는 걸 즈들도 구영을 뚫어 받는데 조금 마신다고 머라 칼 수 있나요."

"사람들 참 바지런하네! 이 마가리까정 와서 물 받고 하니."

고로쇠 물 반병쯤 되는 걸 가져다 소주 한 잔씩 나누고 능선을 오르기 시작하는데, 길이 매우 가팔라 미끄러지기를 반복한다.

"성님, 저기 나무꼭대기 좀 봐요."

"상구 안 땄네! 노루궁둥이가 아주 실하네."

"성님 츰에 딴 건 갖구 내려가서 노루궁뎅이국을 만들어 동네사람들하고 술 한잔하믄 되겄네요."

"그래야지! 마순데."

도꾸형은 다람쥐처럼 냉큼 나무 위로 올라가서 큼지막한 노루궁둥이를 채취한다. 노루궁둥이는 해발 700m 이상 고산지의 참나무에 서식하는 버섯으로, 이 지역 사람들에겐 귀한 약재로도 이용을 하고 있어 봉평시장에서 판매를 할 경우 고가에 팔 수 있는 버섯이기도 하다.

"아즉 고라데이는 봄이 될라믄 멀었자나."

"기럼요, 회령봉은 유월이나 돼야 머이 좀 이피 필나나 그래요."

"내면 놈들도 마이 올라오겠는데."

회령봉은 해발 1,300미터가 넘는 고산으로, 사람들이 아직은 잘 찾지 않는 곳이라 태곳적 모습을 간직하고 훼손도 되지 않을뿐더러 등산로 자체가 없이 마을 사람들이 익히 알고 있는 산길만 있을 뿐이다.

산골 사람들은 용케도 회령봉의 구석구석과 산길을 알아서 높은 산임에도 불구하고 길을 잃거나 헤매지 않는다.

"성님! 여긴데 메칠 더 있으면 확 필 것 같은데 아즉은 덜 피었네요."

"그러게. 핀 것만 따서 내려가야 하겠네."

두 사람은 말없이 자연적으로 자란 표고버섯 채취에 여념이 없다.

"야! 사람 소리 안 났어?"

"어데서 나는데 버섯 따러 오는 내면 사람들이겠지요, 뭐."

몇 분 후 망태기를 짊어진 두 사람이 올라온다.

"벌세 사람이 왔네. 아이고, 어데서 오셨는지 일찍이도 왔네요."

안씨가 망태기를 벗어 표고버섯을 담으며 대꾸를 한다.

"야 덕거리서 올라왔는데……. 내면서 올라오시겄지요?"

"야! 우린 저 밑에 자운리서 왔어요! 표고는 여기가 젤 났는데 우리가 한 발 늦었네!"

"상구 마이 피지 않아서 메칠 더 있으면 좋겄어요."

"요새 좀 가물어서 아즉 이를 깁니다. 그럼 마이 따 갖구 가세요."

안씨와 도꾸 형은 보래령으로 올라가는 능선에서 노루궁둥이를 발견하고는 가득 딴 후 잠시 쉰다.

"노루궁뎅이를 아즉 손이 안 타서 그래도 품값은 했네."

"성님! 이 정도면 마이 딴 거래요! 이젠 부잿이 내려가야겠네요."

두 사람은 남은 소주를 도시락 뚜껑에 따르더니 표고를 안주 삼아 마셨다. 그리고는 망태기를 지고 일어나 산길을 부지런히 내려간다. 벌써 어둑해지고 두 사람은 발걸음을 재촉하지만 망태기가 무거워 점점 힘이 빠진다.

"날래 가야 하는데 성님 땜에 클났네."

"머이 날이 금세 지네! 맹금까정 해가 있었는데 저물었네야."

해가 지고 나서야 마을에 도착하고 도꾸 형은 집으로 들어간다.

"성님! 어둔데 잘 살페 내려가우야."

"그래, 오늘 동상 땜에 버섯을 아주 마이 땄네."

"야! 낼 내려갈게. 형수한테 노루궁뎅이 찌개 끼리라 해요! 술은 내가 받아 가지고 갈게요."

안씨가 집으로 돌아오니, 그때까지 저녁을 준비하고 기다리던 아내가 반긴다.

"머이 아주 전짐이잖아. 마이도 땄네! 이 무거운 걸 오부뎅이 다 지구 오느라 고상 많았겠수!"

"아즉은 일러서 버섯이 마이 안 폈는데 노루궁뎅이만 많어."

"아이구, 노루궁뎅이는 돈 주구도 못 사는 귀한 건데 저건 잘 보관해서 약제로 먹어야 하겠네."

"낼 아츰에 노루궁뎅이국을 좀 끼래 놔! 도꾸하고 임씨하고 남중이 아버지 오라고 해서 한턱 미게야지."

봄이 오는 길의 덕거리는 높은 산이 선사하는 자연 속의 풍요로움이 밀려들고, 마을 사람들은 산을 배경으로 먹거리를 얻고 그 자연의 먹거리 안에 진한 인정과 나눔이 있다.

진정한 행복은 돈 많음도 아니고 명예로움도 아닌 자연 속에 묻힌 굵게 팬 주름의 웃음 속에 담겨 있다. 행복이 돈 주고 거래되지 않는 이유는 소박하게 사는 흙과 산 그리고 이웃에서 찾는 여유가 바로 행복을 가져다주기 때문이다.

봄이 오는 덕거리! 사람의 여유로운 숨소리 속에는 어쩌면 가장 소중한 평화가 스며 있고 그 평화는 이웃 간의 질투나 부러움의 대상이 되지 않는 것이다.

봄이 오는 산골짜기엔 10년 전이나 20년 전이나 훨씬 그전이나 할아버지의 할아버지 때부터 터를 일구고 사는 사람들의 아름다운 소유물이다. 덕거리 사람들이 공동으로 소유하고 또 보낼 때 아낌없이 보내줄 때 봄은 잊지 않고 매년 그 시간에 한 치의 어김없이 덕거리를 찾는다.

"어이, 노루궁뎅이국 잡수러 와!"

"마이 땄수?"

"먹을 맨큼은 돼!"

노루궁둥이 찌개에 웃음을 피울 수 사람들……. 봄이 왔기에 웃음과 여유 그리고 소주 한 잔의 어우러짐이다.

임씨 아저씨

술을 유독 좋아하는 임씨는 술을 지고 가라고 하면 못 지고 가지만 아무리 많은 양이라도 마시고 가라고 하면 다 마시고 갈 정도로, 주량으로는 마을에서 그 누구도 당해 낼 수 없을 만큼의 주량을 자랑한다.

집에는 항상 술이 떨어지지 않았으며 아침 · 점심 · 저녁 항상 술과 밥을 함께 먹는 애주가이면서도 다주가로 술은 인생의 동반자라 늘 이야기를 한다.

술이 마시고 싶으면

"어이, 머해! 술 있어?"

"어제 몽지리 다 펴 마시구 난 아주 해골 아파 죽겠는데 또 술타령이야."

김씨는 어제 임씨에게 붙들려 낮술부터 시작을 하여 마셔 숙취가 남아 있는데, 술이 없냐는 임씨의 말에 고개를 절레절레 흔든다.

"머이 을매나 먹었다구 기래! 그래두 해장은 해야 창지가 풀리지!"

"해장이구 머이구, 난 물 핸 모금 넘어가지 않는다니까! 어제 심대루 마셨지 뭘 그래, 이 사람아!"

인정 많고 사람 좋은 임씨의 집은 동네 사람들의 사랑방이 되고, 임씨 또한 자신의 집이 마을 사람들의 술집이 되는 것을 싫어하지 않는다.

유달리 손재주가 좋은 임씨는 마을 사람들의 농사용 쟁기를 만들어 주기도 하고 톱 손질을 아주 잘해 동네 사람들이 항상 톱을 맡겨도 싫은 기색을 하지 않는다.

"톱 손질 값으로 술은 꼭 가지구 와!"

농사도 많이 짓는 편이고 농사를 잘 짓는 편이라 다방면으로 재주가 많은 사람으로, 마을에서는 없어서는 안 될 존재로 인정을 받고 있다.

또 국수를 좋아하는 임씨는 국수 중에서도 메밀국수라면 하루 세 끼를 다 먹을 정도로 좋아한다.

"어이, 오늘 지냑에 메물 국시나 누를까?"

"안들만 귀찮고 밍구스럽게 하지머! 장거리 가서 한 사발 사 먹던가."

"아이구, 은제 장거릴 내려가."

임씨 집에는 나무로 만든 국수틀이 있어 먹고 싶으면 부인을 설득하여 메밀국수를 꼭 만들어 먹으며, 메밀국수를 보관해 두었다가 아침엔 국수가 끈기가 사라져 부스러기가 되면 배추장국을 끓여서 국에 말아 먹는 습관도 있다.

너무도 술을 좋아하던 임씨는 몸이 점점 안 좋아지는 걸 느꼈고, 결국은 병원에서 진찰을 받은 결과 당뇨병을 진단받고 술에 의한 발병이라는 결과에 허탈하고 만다.

식이요법의 강력한 처방은 잡곡과 야채 위주의 식사는 물론, 술은 금주 처방이며 정기적으로 당뇨약을 먹어야 했다.

"술을 먹지 말라니, 내 참 더러워서 원."

아내는 혀를 끌끌 차며

"그렇게 자나 깨나 술을 찾어 대더니 아주 잘됐지, 뭐요! 이참에 아조 술 딱 끊어 버리면 되지, 뭐."

"이 에펜네가 얻다 낯반데기 들어다 대고 밸을 지르고 난리여?"

"어찌 됐건 이젠 술을 딱 끊고 보리밥에 심심한 짠지로 먹구 몸을 먼저 추실궈요."

가까운 데 있는 동갑네기 안씨가 찾아왔다.

"당뇨에는 해당화 뿌레기를 울궈 먹으면 젤 났다고 하던데 내가 우리 집 뒷산에 있는 걸 몇 뿌리 파내 왔으니 할루 한도 번씩 먹어 봐."

"고맙수, 야! 기래도 칭구가 젤 났네!"

"그나저나 이젠 술도 못 먹고 우째나! 그러니 술을 좀 놓고 먹어야지! 펭상 먹을 걸 한꺼베 다 먹어치우니 그렇지."

"하하, 그래도 머이 좀 굽굽하네."

그때부터 임씨는 일도 많이 할 수 없는 상황이라 마을 사람들이 일할 때 항상 집안 마루에 홀로 있게 되고 그동안 식이요법과 당뇨약을 정기적으로 투약하면서 건강을 돌보는 동안 당 수치가 많이 떨어지게 되었다.

그런데 임씨는 그때부터 술을 조금씩 먹어도 된다는 자기 논리로 술을 다시 입에 대기 시작을 했다. 그리고 아내 몰래 맥주를 사다가 조금씩 먹기 시작한다.

"아니, 술을 그렇게 먹으문 안 된다고 의사가 신신당부를 했는데 그새를 못 참고 가망데이 또 먹네."

"이젠 좀 좋아졌는데……. 뭘 그래 심하게 나무래고 그래?"

"어쨌든 당뇨는 펭상 떨어지지 않는다니, 의사가 시키는 대로 하고 술은 멀리 하는 게 젤 좋다니까."

"먹고 죽은 구신은 때깔도 좋다고 하던데……."

한번 술을 튼 임씨는 마을에 돌아다니며 맥주를 조금씩 마시기 시작하였고, 맥주가 저알코올이라는 이유로 정당화하고 이 정당화는 결국 자기 합리화이다.

임씨는 술안주에서 당뇨를 떨어트릴 수 있다고 생각을 하였고, 그 안주가 바로 양파라고 생각을 한다.

"여보, 장에 가문 다마내기를 한 푸대 사 와."

"다마내기는 왜?"

"당뇨에 다마내기가 아주 젤이래! 그러니까 장에 내레가면 한 푸대 사 가지고 오라구."

"당뇨에 좋다는 걸 다 먹어 보았자, 당신이 술을 끊지 않는 한 뭘 먹어도 소용이 없어요. 좋은 걸 먹으면 뭐해."

"저 여편네가 또 아침부터 부아를 돋구구 그러네야! 사 가지고 오러문 왔지, 대체 뭔 말이 그래 쨌는지 당최 모르겠네."

"내 말은 술을 일단 끊고 나서 몸에 좋은 걸 먹는 게 순서라 이 말씀이에요."

"일단 먹어 봐야 알지! 시키문 시키는 대로 하믄 되지, 에펜네 주둥이에서 뭔 말이 저래 따발총처럼 나오는지 모르겠네."

처음 다시 시작한 술은 조금씩 늘게 되고 그 늘어난 술의 양은 예전 전성기보다는 못해도 조금씩 좋아지던 몸은 돌이킬 수 없게 악화되기 시작했다.

그러던 겨울 어느 날, 임씨는 마을 사람들을 집으로 초청하여 술과 안주를 장만하여 마을 사람들과 술을 한 잔씩 한 후 마을 사람들한테 제안을 한다.

“저기 우리 개구리나 잡으러 가지?”

“개구리? 요새 개구리가 어데 있어?”

“아냐, 내가 예전에 마이 잡던 그 개울에 가면 마이 잡지는 못해도 좀 있어.”

그래서 마을 사람들과 함께 개구리 사냥에 나서고, 사람들은 족대와 지렛대, 비닐포대를 가지고 임씨가 알려 준 곳으로 우르르 몰려갔다.

임씨가 지정한 곳에 족대를 대고 지레로 바위를 흔드니, 겨울잠을 자고 있던 개구리가 마구 튀어나온다. 사람들은 함성을 지르고 족대 안에 개구리를 연신 붙들어 비닐포대에 넣기 바쁘다.

그렇게 단 한곳에 많은 양의 개구리와 미꾸라지를 잡은 사람들은 임씨 집에 모여 장작을 피워 황덕불을 만들고 개구리를 굽기 시작하는데, 임씨는 방에 들어가 조금 쉬겠다고 들어갔다.

개구리가 다 구워지자, 안씨는 임씨를 부르러 방 안으로 들어갔다.

“이봐, 임씨! 일어나 개구락지 다 꼬 놓았으니 나와 한 마리 해!”

그러나 임씨는 대답이 없었다.

“이 사람 왜 대답이 없어? 그새 노곤하게 자나!이봐! 이봐!”

흔들어 보니 이미…….

안씨는 밖에서 왁자지껄 개구리구이와 술잔 나누는데 여념이 없는 사람들을 향해 소리를 친다.

“어이! 임씨가 이상해. 날래 들어와 봐!”

"야! 머이 금방 들어간 사람이 이상하긴 뭐가 이상하다고 복고치고 난리여?"

사람들이 웅성웅성 들어와 흔들어 보았으나 임씨는 이미 싸늘히 이 세상 사람이 아니다. 인정이 많고 항상 마을 사람들과 좋은 모습으로 어울리던 임씨는 사람들을 다 모이게 한 후 그렇게 이 세상을 하직했다.

농사일의 우직함을 술로 달래고 타고난 일솜씨와 농촌에서 필요한 쟁기를 손수 만들어 동네 사람들에게 나누어 주던 인정 넘치던 임씨 아저씨는 동네분들을 모두 모이게 하곤 이 세상을 떠났다.

초겨울에 고인이 된 임씨 아저씨의 마당가엔 황덕불이 피어오르고, 마을 사람들은 3일간의 장례를 치르며 임씨 아저씨의 혼을 달래 주었다.

덕거리 장례식

"산댁! 아이구, 웃덕거리 서종이 양반이 겔국 운명하셨다네요."

"이이구, 그걸 어째! 그 양반 그 숫한 고상을 하고 이제 살 만하니 그만 몹쓸 벵이 들레 가지구 한참 나이에 돌아가셨네."

"머이 벵원에서도 고치지 못하는 벵인가 봐요! 내면 집 큰아덜이 서울에 유명 병원에 쫓아다니고 했는데 암이 너무 짚어서 뭐 손 쓸 새도 읎었다고 하네."

"아이, 어째! 불쌍해서……."

마을에 초상이 났다. 초상이 나면 마을은 농사일을 멈추고 동네 주민 남녀노소는 모두 장례의 시작부터 끝까지 초상집에서 장례를 치르고 유가족을 보살피고 손님을 맞는 것이 전통이다.

마을 반장은 분주하게 움직인다. 초상집의 친척은 가족이 연락을 취하지만, 나머지 장례 절차에 관한 것은 마을 최고 어른의 지시에 따라 이장과 반장이 진두지휘를 한다.

"에, 오늘 새북에 웃덕거리 서종이 양반이 운명하셨습니다. 마을의 큰일이니만큼 부녀회와 회원님들과 청년들은 날래 귀복이네 집으로 모여 주시기 바랍니다."

이장은 마이크로 초상을 알리고 마을 사람들이 원활하게 장례를 치를 수 있도록 조치를 취한다. 마을의 연장자이고 어른이신 김씨네 어른이 오시고 청년들과 동네 아주머니들이 한 분 두 분 초상집으로 모여들며 장례 절차에 들어간다.

덕거리는 유교적인 풍습이 강하게 남아 있는 지역이라 유교적 관습의 장례식은 피할 수가 없는 장례 지배 문화이다. 김씨 어른이 초상집으로 들어오자, 가까운 가족이 맞이하고 시신이 안치돼 있는 사랑방으로 모신다.

"에헴! 그 초종은 했는가? 새복에 운명해서 뭐 할 수도 없었겠지. 어쨌거나 대장골 어귀에 있는 지관도 부르고 말이야. 그럼 운명을 확인했으니 초종을 대신하고 복을 불러야지."

마을 청년들은 마을 창고에서 차양막 등 도구를 가지고 와서 마당에 차일을 치고 마을을 돌며 멍석을 수집하여 마당에 깔고, 아주머니들은 가까운 친척과 함께 봉평 시장에서 장례 음식을 만들 시장을 보러 가는 등 분주하게 움직인다.

"가마이 있어 봐. 어이, 승태는 전기를 연결해서 설치를 좀 해야 하잖어! 전깃줄은 예전에 쓰던 게 마을 창고에 있는데 말여."

"야! 일단 찾아보구 설치를 해야지요, 뭐. 마당에 한 세 개 하고 과방자리에만 설치하면 되겠지요?"

"그럼 뭐 충분하지."

마을의 할머니들이 모여서 삼베 상옷 바느질을 하기 위해 뒷방을 차이고 삼베를 자르고 기우며 손발이 척척 맞으며 몇 벌의 상옷을 만들어 낸다.

어른들은 개울에서 돼지를 잡고, 한쪽에서는 순대를 만들 재료 준비에 여념이 없다. 풋고추와 파, 마늘, 부추를 잘게 썰고 찹쌀을 넣은 후 돼지피를 섞어 만드는 전통 방법의 순대는 덕거리에서는 오래전부터 잔치 및 장례 음식에서 빠져서는 안 되는 음식 중의 하나이다.

마을 사람들의 십시일반의 장례는 망자의 가족에겐 슬픔의 위로가 되기도 하지만, 마을 사람들이 있으니 이제부터 함께 살아가고 공동체로서 끌어주고 밀어주는 배려가 상존함을 일깨워 주기 위함이기도 하다.

마을 연장자 어른은 큰아들로 하여금 입상주를 세우고 장자로서 예를 받들게 조처를 하며, 모든 장례 절차를 입상주하고 상의를 하고 역불복식의 의식으로 옷을 바꾸어 입고 음식을 먹지 않는다는 의미로 망자의 처를 비롯한 모든 복인이 관과 윗옷을 벗는 절차를 진행시킨다. 기존의 옷과 장식을 풀고 검소한 차림을 하게끔 철저하고 꼼꼼하게 챙겨 준다.

마을에서 치러지는 장례는 마을 사람들이 모든 것을 손수 한다. 특히 시신의 염습이 중요해서 잘 하려고 하지는 않지만, 전래되어 오는 관행으로 한두 명은 꼭 이 염습을 맡아 해야 하므로 거리낌 없이 염습을 진행하고 유가족을 위로한다.

염습은 수의를 입혀 주는 것으로 마무리되는데, 덕거리 사람들은 살아생전에 수의를 미리 만들어 보관해 둠으로써 죽음을 맞이하는 준비를 오래전부터 해두기 때문에 죽음에 대한 두려움이나 거부감이 없다.

이제 예찬을 갖추어 장만하여 상에 진설(陳設)하고 향로(香爐), 향합(香盒), 초(촉:燭)를 그 앞에 설치하는 것이다. 습전(襲奠)을 한다. 상주 이하 모두 위를 정하고 위에 나아가 부복하고 “아이고, 아이고, 아이고” 하며 곡을 하기 시작한다.

곡소리가 나기 시작하면 마을 사람들은 더 분주해지기 시작하는데,

지관은 산소 자리를 보러 가까운 친척들을 대동하고 산으로 향하며 마을 사람들은 본격적인 절차를 행하며 관을 짜고 준비한다. 새로 길을 물로 씻은 입쌀과 진주(眞珠)를 장만하며, 베개를 치우고 방건을 들치고서 입안 오른쪽에 숟가락으로 쌀을 떠서 채우고 구슬 한 개를 채우며, 왼쪽과 가운데에도 이와 같이 한다.

함이 끝나면 베개를 도로 괴고 방건을 걷고 수관을 씌우고 충이를 하고 명목을 덮어 싸매고 이를 신긴 뒤, 상복을 입히고 대대를 매고 악수를 싸매고서 이불을 덮어 준다.

초상날의 마지막으로 명정에 들어가는데, 죽은 사람의 직위와 이름을 쓴 기(杞)를 '명정'이라고 하며, 붉은 비단으로 폭(幅) 있는 데로, 길이는 왕은 9척, 8척(5품이 하는 7척)으로 하고, 왕은 "대행왕재궁(大行王梓宮)", 벼슬이 있는 사람은 "모관모공지구(某官某公之柩: 아무 벼슬 아무 공의 구)", 벼슬이 없으면 "수생시소칭(隋生時所稱: 생시의 이름을 따른다)"이라 쓴다. 대나무로 깃대를 만드는데, 명정의 길이와 같게 하며 부(趺: 명정을 바치는 대 · 臺)가 있고 영좌의 오른편에 세워 둔다.

마을 청년들은 장작을 준비하여 밤새도록 초상집에 불을 밝힐 준비를 완벽히 해두었고, 유가족들이 쓸쓸하지 않게 초상집에서 날을 새기도 하고 화투판을 벌이기도 한다.

이튿날이 되면 더 바빠지는데, 부엌에선 장례 음식을 하느라 전을 부치고 두부를 하고 찌개를 할 명태를 다듬는 등 손길이 아주 분주하고 신속하게 움직인다.

덕거리 마을은 예전부터 음식 부조를 많이 하였는데, 특히 떡을 함지에 고이 담아서 부조를 하는 풍습이 전통적으로 남아 있다. 떡 부조는 주로 절편, 기지떡, 송편 등을 볼 수 있는데, 떡함지가 많이 들어올 때는 10개 이상이 들어올 때도 있는 게 특징이다.

예전에는 오일장으로 소렴과 대렴을 하였으나 삼일장으로 장례를 치르는지라 웬만한 장례 절차는 모두 생략하며 이튿날 성복을 하며 오복제도에 따라 상복을 입고 문상 준비를 한다. 문상객이 몰리기 시작하는 저녁이 되면 마을 사람들의 분주함은 이루 말할 수 없으며, 한 치의 오차도 없이 일사분란하게 문상객을 맞이하고 자리를 안내하여 음식 대접을 한다.

문상객은 1차로 영정이 모셔져 있는 방에서 예의를 하고 마당에 차려진 유가족에게 인사를 한다. 상주는 삼베로 굴건제복을 입고 곡을 하며 문상객을 맞는다. 문상객이 넘쳐나기 때문에 상주는 맞절을 수백번을 해야 한다.

"아이고, 아이고, 아이고, 아이고……."

곡소리가 끊이지 않으며 목이 쉬기도 하여 망자를 떠나보내는 슬픔과 조문객들의 인사를 받으며 육신이 힘겨워한다. 한편 광에 마련된 과방에선 동네 아주머니들이 음식을 차려내고 마을 청년들은 부지런히 상을 옮기고 내기도 하며 술병을 문상객들에게 내어주며 늦은 시간까지 일을 본다.

특히 문상객은 음주가 지나쳐 가끔 큰소리를 내기도 하고 술에 취해 스러진 문상객을 안전하게 모시는 역할까지 마다하지 않는다.

마을 청년들은 어느 정도 일이 마무리될 즈음이면 황덕불 주위에서 음식을 준비하여 함께 먹는데 전과 잡채, 고사리, 돼지고기, 순대 등을 한데 넣고 볶아 안주를 장만하여 늦은 저녁을 먹는다.

늦은 저녁이 되면 상여꾼을 모집하는데, 마을에는 대동계가 구성되어 있으므로 자녀의 결혼을 앞두고 있거나 출산을 앞둔 사람 외에는 상여꾼과 산소꾼으로 나누어 구성한다.

상여꾼이 마을 사람으로 구성되고 나면 상여꾼을 위해 지극정성의 주안상이 차려지고, 상주들이 모두 나와 지극정성으로 상여꾼을 대접하는데 상여꾼에게는 장화나 농군화 1켤레, 목장갑, 담배 한 보루, 수건 한 장 등이 지급된다.

이때쯤 되면 상여꾼들은 담배를 걸고 내기를 시작하며, 왁자지껄 한바탕 웃음꽃을 피우며 핏대를 올리기 시작한다.

"가위 바위 보" "가위 바위 보" 이곳저곳에서 가위 바위 보를 외치며 담배를 따기 위해 난리를 피운다.

"어이, 두 갑 걸어."

"그래, 두 갑 걸자."

멍석 위에는 담배가 수북이 쌓이고 가위 바위 보를 하여 최종 1등이 싹쓸이를 한다.

"이런, 한 보루 다 날렸네."

"고새 다 잃었어!"

"이젠 어쩔 수 없네. 어이, 그쪽 팀 다 딴 사람 일루 와! 여기 1등하고 한 번 붙어서 아조 그냥 다 밀어주고 말자구."

"가위 바위 보!"

"하하……."

일등을 한 원씨는 담배를 한 보따리 짊어지고 떠나려고 한다.

"어이, 개평을 줘야 할 것 아니야?"

"개평이 어디 있어!"

"개평도 없단 말이여! 그노무 담배 일 년 내내 피워도 다 피지 못하겠네. 아주 원씨댁은 일 년 내내 담배 댓진내에 찌들겠네."

발인 날이 되면 장례식장의 분위기는 조금 무거워진다.

상여꾼들은 마을의 곳간에서 상여틀을 가지고 꽃상여를 꾸리고 부엌에서는 상여꾼의 아침상을 차리느라 여념이 없다. 동태국과 깍두기와 밥 한 그릇의 아침을 서둘러 먹으면 이내 상여틀이 마당 한가운데 놓이고, 상주들은 시신이 안치된 장소에서 곡을 하며 망자를 떠내 보내는 슬픔의 곡을 한다.

상여꾼이 시신을 꽃상여에 올려놓으니 딸들은 자지러질듯 울부짖고 마을 사람들도 눈시울을 붉힐 수밖에 없다. 상여 앞에서 제사를 지내고 상여들은 절을 하고 상주와 상여꾼들이 앉자, 마을의 연장자 어르신이 발원축문을 읽는다.

"영이기가 왕즉유택 재진견례 영결종천"

장손자의 가슴에 품은 영정 뒤로 상주들은 부엌으로부터 뒤뜰과 사랑방을 통과하여 마당으로 나오며 고인의 손때 묻은 집안 구석구석과 평생을 농사에서 벗어나지 못한 농기구와 작별을 한다.

이제 상여는 선소리꾼의 선소리에 맞추어 상여꾼의 소리가 마당에 울리는 가운데 마을 사람들은 숨죽여 장례를 지켜본다.

상여를 한번 들었다 다시 내려놓으면 청년들은 상여꾼에게 술 한 잔씩을 돌리고, 정든 집을 떠나는 고인의 영혼을 담은 꽃상여는 바람에 나부끼고 애달픈 상엿소리는 마을에 메아리 되어 흐른다.

어호넘차 어호 어호넘차 오호
명년삼월 봄이 오면 어호넘차 오호
너는 다시 피련마는 어호넘차 오호
우리 인생 한 번 가면 어호넘차 오호
다시 오지 못하리라 어호넘차 오호
북망산 어이 갈꼬 어호넘차 오호

상여는 노제를 지내기 위해 중간 기착지에서 상여를 내리고 노제를 준비한 음식을 놓고 다시 한 번 절을 하며 망자를 떠나보내기 위한 슬픈 장례식은 계속 이어진다.

통상적으로 노제는 사돈이 준비하는 것이 덕거리의 풍습이며 노제를 지내면서 상여꾼은 다시 술 한 잔으로 목을 축이고 상여를 맨다.

한정 없는 길이로다 어호넘차 오호
언제 다시 돌아올꼬 어호넘차 오호
시마 양유 길이로다 어호넘차 오호
오호넘차 오호 어호넘차 오호
약탕관을 벌려 놓고 어호넘차 오호
지성 구호 극진한들 어호넘차 오호

죽은 목숨 살을 손가 어호넘차 오호
저승길이 멀다 한들 어호넘차 오호
대문 밖이 저승일세 어호넘차 오호

"쉬어 갑시다!"

선소리꾼의 한마디에 상여를 내려놓으며 상여꾼은 담배를 물고는 고인의 이야기를 더듬는다.

"서종이 이 양반, 내면서 여기 이사 와서 참 억척스럽게 일구었지. 아침 이슥히 지게를 지고 나오고 해가 저물도록 집으로 들어가지 않고 일을 했다니까."

"그럼! 아이 그 쪼끄만 사람이 어데서 그런 심이 나오는지 아조 눈비가 내려도 쉬는 법이 없이 꼼지락거렸다니까."

"아주 야물딱졌어요. 뒌에 가 보니 글쎄 몇 년이나 묵었을 것 같은 장재기가 아주 베람빡 가득 쌓아 놨더러구."

"낭구 하는 거 보면 소발구가 휘어지도록 하구 그랬는데, 뭐."

"자, 다시 떠납시다."

오호넘차 오호 어호넘차 오호
오호넘차 오호 어호넘차 오호
한두 살에 철을 몰라 어호넘차 오호
부모 은공 갚을손가 어호넘차 오호
부모 은공 못 다 갚고 어호넘차 오호
원수백발 돌아오니 어호넘차 오호

애닯구두 슬프구나 어호넘차 오호
단 육십을 못 살 인생 어호넘차 오호
오호넘차 오호 어호넘차 오호
오호넘차 오호 어호넘차 오호

상여는 장지에 도착을 하고 토지신에게 제사를 지낸다.

그리고 하관을 하는데, 하관은 상주의 장자 순으로 삼베상옷에 흙을 담아 관에 뿌리면서 하관 절차가 마무리된다. 하관을 하면서 동네 사람들의 잔소리가 시작되고, 저마다 매장에 일가견이 있는 것처럼 목청을 돋운다.

"어이 큰 상주, 여게서 이렇게 서서 상옷에 흙을 받아야 하네. 그리구 이렇게 흙을 덮어야 한다우."

"에끼! 그게 먼 장삿법이여! 이 사람아, 여게서 이 흙을 받아 가지구 여게다 이렇게 뿌레야 고인이 북망산을 쉬지 않구 가지."

"어허이, 참 나! 이 사람아! 그렇게 하면 저 시신이 북망산을 가다가 빠꾸해서 돌아오겠네! 거참 알지두 못하면서 말이야."

"아니, 이 사람이 장사를 얼매나 지내 봤다구! 알지두 못한다니! 조센에서도 장사를 잘못 지내다 대감들끼리 기넨복을 입어야 하느니 펑넨복을 입에야 하느니 하메 당파 쌈박질을 하다가 목숨이 을매나 많이 날아갔는지 모르나."

"거참! 암두 모르면서 조센 이야기는 참!"

"이 사람아, 난 기래도 서당밥을 좀 먹은 사람이여!"

잔소리하는 동네 사람들의 갑론을박에도 장례는 진행되고 있었다.

“아이구, 그 양반들 참! 죽으멘 그만이지, 뭐 이렇게 하구 저렇게 하구 핏대 올리구 그러는지 모르겠네? 빨리 하문 되지.”

회다지가 시작되는데 회다지는 6명의 회다지꾼이 3~5회를 다지게 되며, 회다지 소리는 산등성을 넘어 멀리 메아리친다. 회다지 할 때 유가족들에게 여러 가지 장난을 많이 하고 웃게 되는데, 이런 장난은 이제 흙으로 돌아가는 고인을 가슴에 담고 유가족의 슬픔을 달래 주는 일환이기도 하다.

묘소에서 산소를 만들며 하는 장난은 직계가족에게 하는 게 아니라 방계가족에게 하는 게 일반적이어서 주로 사위나 사촌들에게 여러 가지 장난을 하는데, 분묘를 다지면서 가운데에 회다지 지팡이를 엮어 놓고 돈을 걸라는 요구가 다반사이지만 덕거리에서는 주로 담배를 많이 걸라고 한다. 그래서 미리 담배를 준비하여 회다지꾼들에게 담배를 분배하여 준다.

에이허라 달호 에이허라 달호
아버님 전 뻬를 빌고 에이허라 달호
어머님 전 살을 빌어 에이허라 달호
칠성님 전 명을 받아 에이허라 달호
에이허라 달호 에이허라 달호
이내 일신 탄생하니 에이허라 달호
한두 살에 철을 몰라 에이허라 달호
부모 은공 갚을손가 에이허라 달호
무정세월 여류하야 에이허라 달호

원수백발 돌아를 오니 에이허라 달호
애닯구두 슬프구나 에이허라 달호

"자, 이제 첫회 다지기가 끝났으니 다음 조 넘어가기 전에 술한 잔씩 목을 추슬러야 소리가 잘 나오고 서종이 양반이 좋은 대로 가지!"

첫번 회다지가 끝나면 심부름 하는 청년들은 소주와 안주를 대령하고 득달같이 회다지꾼들에게 술잔을 돌리고 유가족은 담배를 분배한다.

한편 맨처음 회다지 한 팀은 적당한 나무 그늘 아래에 자리를 잡고 회다지로 받은 담배로 가위 바위 보 내기를 하는데, 그 소리에 산새들도 놀라 푸드덕거린다.

에이허라 달호 에이허라 달호
에이허라 달호 에이허라 달호
단 육십을 못 살 인생 에이허라 달호
어제오늘 성튼 몸이 에이허라 달호
저녁나절 병이 드니 에이허라 달호
섬섬하고 약한 몸에 에이허라 달호
태산 같은 병이 드니 에이허라 달호
부르나니 어머니구 에이허라 달호
찾나니는 냉수로다 에이허라 달호

"자, 이제 흙을 더 올리고 잠깐 목 좀 축이고 다지자구!"
"아이구, 회다지도 이젠 되네야!"

회다지 중간에 회다지꾼들이 교체되고 술이 한 순배 돌아가며 회다지 하는 사람들에게 어김없이 담배가 건네진다.

언제 다시 돌아오랴 에이허라 달호
이 세상을 하직하니 에이허라 달호
불쌍하고 가련하오 에이허라 달호
처자가 손을 잡고 에이허라 달호
만단설화 다 못하고 에이허라 달호
지성 구호 극진한들 에이허라 달호
죽은 목숨 살을 손가 에이허라 달호
옛 늙은이 말 들으니 에이허라 달호
저승길이 멀다 한들 에이허라 달호
대문 밖이 저승일세 에이허라 달호
일가친척 많다 한들 에이허라 달호
어느 일가 동행하며 에이허라 달호
친구 벗님 많다 한들 에이허라 달호
어느 친구 동행할꼬
에이허라 달호
에이허라 달호

"에이하라 달호" 회다지 소리는 회다지 소리꾼의 한 잔 술의 목청으로 더 가늘어지고, 화려한 단장의 장끼의 제소리가 메아리 되어 회다지소리에 투영 되어 돌아온다.

죽은 자와 산 자의 갈림길은 차디찬 무덤 속과 그 죽음을 보내는, 어제까지 같은 동네에서 숨소리 나누며 살던 사람들에게 회다지 소리는 생과 사의 울림으로 가슴에 버무려진다.

다섯 차례의 회다지가 마무리되고 봉분이 높다랗게 형성되면서 주검의 단장은 하나의 산소로 태어났다. 상주들은 마지막 제례를 지낸 후 이제 산에서 내려갈 채비를 하고, 꽃상여를 메던 광목을 상여꾼들이 나누어 각자 집으로 가져가느라 아우성이다.

집으로 가는 상주들의 무거운 발걸음과 그리고 다음의 장례를 위하여 꽃상여를 해체하여 가지고 내려가는 동네 사람들의 발걸음이 교차되는 덕거리다.

보래동 사람들

덕거리의 제일 큰 산은 해발 1,300미터가 넘는 회령봉으로, 마을 사람들이 수호신으로 여기는 산이며 회령봉은 보래봉과 쌍벽을 이루는 덕거리 사람들의 정기가 내리는 명산으로 오래전부터 산신제를 지내며 마을의 평화와 안녕을 기원하는 산으로 자리매김을 하고 있다.

회령봉으로 오르는 사람들은 산중턱에 마련된 서낭당에 맑은 물의 제수를 올리고 정성을 다해 마련한 음식으로 제를 지내고 나서 반드시 오르는 산이다. 이 회령봉 보래봉 아래 사람들이 모여 터를 일구고 화전을 일구며 살기 위해 한 집 두 집 모여들기 시작했다.

처음엔 최씨 일가가 터를 일구고, 함씨가 그리고 원씨가 그리고 이씨 일가가 모여 밤나무골, 이방골, 밀골, 실바골, 영골, 용수골, 연지기골에 토막집을 지으며 억세고 질긴 삶의 보래동 생활이 시작된다. 산짐승 천국의 보래동의 척박한 환경을, 바위를 골라내고 버드나무를 베어 내고 낮은 곳은 논을 만들고 높은 곳엔 불을 놓아 밭을 만들어 냈다.

높은 회령봉의 노여움을 달래고 보래봉의 산신에게 깊은 신심의 제를 올리려 보래동 곳곳에는 서낭당이 유독 많이 세워져있다. 산신령과 천신에 의지하며 나약한 사람들의 마음을 지탱하고 발버둥친 흔적이 고스란히 서낭당과 돌무더기에 남아있다. 또 마을 사람들은 신의 노여움에서 벗어나려 힘을 쏟으며 자신을 낮추었다. 그건 어쩔 수 없는 보래동 사람들의 선택이었다.

산이란 보래동 사람들에게는 생계의 터전인 동시에 두려움의 대상이었다. 산삼을 캐는 심마니가 유독 많은 보래동이며 때로는 육구만다리리라고 하는 천종의 산삼을 발견하여 횡재를 하는 경우가 있기도 하여 산에 대한 경배는 더 깊어지고 깊어지는 경배만큼이나 믿음은 확고해진다.

영골엔 신령한 령들이 보래동 사람들을 신심으로 보살펴 준다고 믿고 의지하였고, 용수골엔 용소와 구룔소 등 두 개의 큰 소가 있는데 용소엔 하나의 용이 승천하였다고 믿으며 구룡소엔 명주실 한 타래가 다 들어갈 만큼 깊은 소로 아홉 마리의 용이 살고 있어 이 아홉 마리의 소가 보래동과 그 아랫마을인 덕거리를 지켜 준다고 믿고 의지하였다.

회령봉과 보래봉이 낙타 등처럼 두 개의 쌍봉이 마주 보고 있는데, 멀리서 이 쌍봉을 바라보는 경건함은 덕거리 사람들에게 늘 무언가 희망의 봉, 약속의 봉으로 다가선다.

보래동 사람들에게 이 병풍처럼 아늑한 높은 산은 봄부터 가을까지 산이 보내 주는 선물 같은 산약초, 산채, 산나물 등으로 연명할 수 있게 하여 주고 가족을 지켜 주는 데 부족함이 없다.

그래서 많은 사람들이 봄부터 가을까지 산에 올라 필요한 약초와 산나물을 채취하여 봉평장 에서 외지 장사치에 팔아 요긴한 먹거리와 필요한 도구를 구입하고, 아이들의 학비를 보탤 수 있었다. 이처럼 산림자원은 바로 목숨 줄 같은 보래동 사람 공동의 자원이다.

회령봉과 보래봉 연지기, 실바골, 밤나무골, 에는 약초의 보고이고 낮은 산, 높은 산 어디에서든 약초를 캘 수 있어 부지런한 사람에게는 아낌없이 그 약초를 캐도록 허락하였다. 특히 회령봉에는 어른 팔뚝만 한 더덕이 많았고, 사람이 지나간 곳에는 사포닌 가득한 더덕향이 어디서든 코를 자극한다.

삽주뿌리와 세신, 등 약초뿌리가 가득하게 망태기를 채울 수 있고 오미자는 넝쿨을 이루어 보래동 사람들을 흐뭇하게 하였다. 봄나물이 온 산에 가득하여 곰취, 곤드레만드레, 참두릅과 개두릅이, 고사리가 군락을 이루고, 봉평 장날 나물을 사는 나물장사꾼들에게 최고 인기 있는 나물로서 최고의 값을 받는다.

그런 만큼 보배로운 산은 보래동 사람들이 때를 맞추어 제를 올리고 향을 피워 산신령에게 극도의 예를 갖추었다.

그러나 때론 사람이기에 마을에 큰소리가 날 수 있고 이웃과 다투기도 하고 또한 가정 내에서도 찌든 삶을 거친 목소리와 거친 행동으로 표출하기도 한다.

보래동에는 원씨 성을 가진 일가들이 많이 살고 있고 최씨 다음으로 많아 세를 과시하고 있다. 원씨네 큰집 되는 집은 산에서 나는 임산물로 먹고살고 있어 늘 산신제와 서낭당신을 철썩같이 믿고 의지하였다.

특히 이 원씨 집 어른은 박달나무를 베어 각종 생활도구를 만들어 팔아 생계를 유지하는데 주걱, 빨래방망이, 떡살, 다듬이 방방이, 도마 등 다양한 도구를 만들어 팔면서 누구보다도 더 산을 소중하게 여기고 산을 위한 극도의 숭배심은 삶의 근원에 대한 애착이었다.

그즈음 덕거리에는 흰 눈이 가득 덮이는 겨울이면 노름이 온 마을을 집어삼키고 노름 때문에 어느 집이나 편할 날이 없으며 술집이 한두 집씩 생기면서 남자들의 습관이 변화하게 되는 시점이고, 이는 곧 가정에 바람 잘 날이 없게 되었다.

원씨 어른도 애써 만든 박달나무 가정용품을 팔아 생긴 몇푼 되지 않는 돈으로 이 노름판에 뛰어들고 결국은 집안의 생계마저 막막하게 되므로 부부싸움은 온 동네에 확성기를 달아 놓은 듯 온 동네가 화끈거리게 된다.

자존심을 구길 대로 구긴 원씨 어른은 술김에 아내를 폭행하게 되고, 이 폭행의 결과는 엄청난 후폭풍으로 다가온다. 아내는 산신령 아니 서낭당의 존재가 과연 가정을 온전하게 지켜 주는가에 회의를 품게 되고 부정하게 된 것이다.

"산신령에게 정성을 다해 제를 올리문 대체 뭣해! 집구석을 산신령 하는 것 반만큼만 해도 식구가 목구멍에 풀칠은 하겠네. 알량하게 벌어 가지고 반은 산신령에게 바치고 반은 노름판에 바치는 저눔의 첨자구 뒈져 버렸으면 좋겠네."

이 말을 들은 원씨 어른은 주걱이나 다듬이를 깎아야 할 박달나무로 아내를 폭행하고, 그날 아내는 한이 맺혀 집을 나갔다.

그 결과는 마을에는 경악 그 자체였다. 한밤중에 마을을 지켜 주고 마을에 많은 혜택을 준다고 굳게 믿는 서낭당이 불길에 휩싸이고 그 불길은 걷잡을 수 없이 서낭당과 붙어 있는 산으로까지 번진 것이다. 마을의 남녀노소 모두 양동이를 가지고 개울물을 퍼 날라 불길을 끄지만, 서낭당은 이미 재만 남기고 말았다.

산으로 번진 불길도 가까스로 잡았지만 서낭당을 몽땅 태운 보래동 사람들은 치미는 분노와 두려움에 저마다 고개를 떨구고 마을의 연장자 어른의 입만 바라보고 멀리 회령봉과 보래봉 쌍봉만 떨리는 마음으로 안쓰럽게 바라본다.

원씨 아주머니는 그날 저녁 극도의 원망으로 남편이 지극정성으로 모시는 서낭당에 불을 질러 남편에 대한 원망을 엉뚱한 서낭당에 분풀이를 하고 만 것이다.

이튿날 원씨댁은 집으로 들어오지 않아 큰아들이 찾으러 나갔으나 얼이 나간 어머니는 디딜방앗간에서 오들오들 떨고 있는 게 아닌가?

“어머이! 아니, 어쩌자고 지당에다 불을 놨어?”

“누가 지당에다 불을 놨다고 그래? 지당에 불귀신이 붙었어, 불귀신이 붙었다구! 느네 아버지하고 지당 불귀신이 붙었단 말이여! 이눔아!”

“뭔 말인지! 뭔 지당 불귀신!”

“영골에 지당귀신이 불귀신이 돼서 저기 지당귀신을 잡어 먹었다구!”

“…… 어머이, 대체 왜 그래?”

“이제 지당귀신이 느 애비를 잡아먹을 거다! 헤헤헤…….” 심한 정신착란증을 일으킨 원씨 아주머니는 마리를 풀어헤치고 이 마을 저 마을을 헤집고 다닌다.

“아이고, 그 에펜네가 그만 미치고 말았네. 아주 그냥 돌아 버리고 말았어.”

“아이고, 어떡해. 지당 다 태워 먹었으니 이제 천벌을 받을 거여! 양반들이 뭔 대책을 세워야 할 낀데 여태 꿈쩍도 않고 있는지 모르겄네, 참 나!”

그날 마을의 최고 연장자인 최씨 어른이 마을의 중요한 사람들을 불러 모아 회의를 진행했다.

“에! 일단 지당을 새로 지어야 하니 우선 내일 돼지를 한 마리 잡고 팥죽을 끓이고 젊은이들은 봉평장에 가서 좋은 제물을 사야 하네! 그리고 중늙은이들은 목욕재계하고 회령봉 어귀에 가서 신령스런 나무 밑에 뫼밥을 올리고 나무를 베어 새롭게 지당을 지어 바친다고 신고를 해야 하네. 그래야 회령봉과 보래봉 신이 노여움을 풀고 지당 세울 나무 베는 걸 허락할 걸세.”

“뫼밥은 누구보고 지으라고 할까요, 어르신?”

“누구긴? 제일 신명하고 신심이 좋은 종택이 안사람이 지어야지.”

일사천리로 진행된 서낭당 새로 세우기는 순식간에 새 서낭당을 짓고, 마을 사람 모두 모여 경건하게 제를 올리고 산신령의 노여움을 푸는 데 최선을 다했다.

산을 지키고 산에서 영물을 얻는다고 생각하는 보래동 사람들에겐 높은 산과 산신령, 서낭당과 서낭당신은 절대 신이나 다름이 없다. 이 절대 신의 노여움은 마을에 재난이 되고, 그 노여움의 결과는 끔찍한 결과를 초래한다고 굳게 믿으며 노여움을 일으키지 않으려는 각고의 정성이 보래동 사람들에게 깊이 자리 잡고 있다.

예전엔 회령봉을 ‘호랑봉’이라고 불렀다. 호랑이가 많아서 호랑봉이라 불렀다. 이 호랑이들은 마을에 내려와 사람까지 해치는 전설 아닌 전설이 있기에 호랑이가 없는 지금에도 호환의 두려움에서 벗어나지 못하고 산신에 대한 믿음은 절대적으로 복종의 결과를 낳고 있다..

산신은 결국 불교가 우리나라에 들어오면서도 공존을 하게 되었는데, 어느 사찰이든 이 산신각은 온전하게 보전하고 반드시 제를 올려 부처님과 함께 공존을 하게 된다.

초상이 나고 묘를 쓰게 되면 시신을 하관하기 전에 먼저 신신에게 제사를 지내는 풍습은 철두철미한 산신령과 산에 대한 경외심과 경배가 숙명처럼 전승되어 오고 있다. 특히나 보래동 사람들의 산사랑은 다른 마을 사람들보다 훨씬 더 깊고 산에 대한 책임의식이 강하다.

남북이 극명하게 대립하며 냉전이 극에 치달던 때에 회령봉과 실바골, 연지기 영골에는 엄청난 분량의 삐라가 뿌려져 있었고 보래동 사람들은 이 삐라를 정성스럽게 모아 관계 당국에 신고를 하여 행정기관으로부터 모범 마을(?) 이라고 칭찬을 받지만 보래동 사람들에게는 산이 오염된다고 생각을 하며 붉은 삐라는 산신령이 노여워하기 전에 빨리 주워 없애야 한다고 생각을 하나, 허구한 날 뿌려지는 그 많은 삐라를 없애기는 쉽지 않았다.

덕거리 학교에서는 삐라를 주워 제출하는 학생들에게 공책이나 연필 등을 나누어 주므로 어른들은 이 또한 산신령의 선물이라 생각하여 너도나도 산으로 향해 삐라를 주워 아동들에게 주면, 학생들은 자기가 주운 삐라도 아님에도 담임 선생님한테 칭찬도 받고 또 반공상도 받고 하여 우쭐했다. 이처럼 보래동에겐 산이란 주민들의 그만큼 모든 것을 해결해 주는 유일의 보배로움이 함께한다.

보래동 산에는 뱀이 참 많았다. 이 뱀 또한 보래동 사람들에겐 중요한 소득원이 되어 뱀 사냥에 나서는 소위 땅꾼들이 생겨나고 살모사나 독사 등 맹독류 뱀을 잡아 팔아 생계를 유지하는 사람들도 생겨나기 시작했다.

이처럼 보래동에는 이렇다 할 땅 한 조각 없는 사람들이 정착을 하며,

산에 의지하고 산을 벗 삼아 살아가는 사람들에겐 최소한의 삶의 공간이 주어지는 목숨과도 같은 땅이다.

토종벌만 하여 일 년에 한 번 꿀을 따는 사람들이 보래동 사람들이었는데, 보래동에 양봉을 하는 사람이 들어왔다. 보래동엔 싸리꽃, 달맞이꽃, 나리꽃, 패랭이꽃, 산벗꽃, 돌배나무꽃, 개복숭아꽃, 개망초, 개불알꽃, 산작약꽃, 물봉선화 등 야생들꽃이 지천에 깔려 있고 옥수수 개꼬리 콩, 팥, 수수, 감자꽃 등 작물에서 나는 자연의 달콤함이 펼쳐져 있어 벌들의 천국이 되었다.

어디서든 벌들은 빠르고 날랜 모습으로 달콤함에 취하고 그 달콤함을 벌통에 쏟아붓기를 참 바쁘게 움직인다. 토종벌만의 천국에서 탐욕적인 양봉이 들어오며 마을 사람들과 갈등이 내재하고 있으나, 천성적으로 산과 하늘에 의지하고 점지하여 주는 대로 살아가는 착하고 인정 있는 습성 때문에 이내 빠르게 공존한다.

그 공존은 아마도 힘들게 보래동으로 들어와 개울가에 얼기설기 토막집 두 칸을 짓고 약간 부족한 느낌의 키 큰 아들과 함께 먹거리가 부족한 가운데 힙겹게 살아가는 모습이 안타깝기 때문이기도 하다.

그렇다. 영준이 세 식구가 보래동 으로 그 지친 몸을 이끌고 둥지를 틀었고, 그 둥지 속에 보래동과 함께 살아가야 할 마지막이 될지도 모른다는 삶의 절박함이 있었는지도 모른다. 영준이는 걸어서 한 시간이나 족히 걸릴 덕거리 초등학교로 통학을 하고, 영준이 부모님은 개울가에 양봉벌통을 놓고 생활을 하기 시작을 했다.

보래동에 들어오는 사람들 누구라도 다 그러했지만 왜 들어왔는지,

또 어디서 왔는지를 그렇게 궁금해하지도 않는다. 모두들 보래동을 선택한 이유는 비슷한 환경과 유래를 가지고 있기 때문이다.

그러나 영준네는 보래동 사람들과 이내 갈등이 발생할 수밖에 없는 환경을 가지고 있었고, 그것은 곧 폭발할 수밖에 없는 시한폭탄처럼 째깍거린다.

영준네는 독실한 크리스천으로 북한에서 월남을 한 가정이었다. 대개가 그렇듯이 북한에서 월남한 사람들은 지주이거나 크리스천이거나 일제시대 부역으로부터 자유로운 사람들이 아니기에 북한 치하에서는 삼등 사등 국민일 수밖에 없고, 어쩔 수 없는 선택으로 목숨 걸고 월남을 하게 된 역사가 있다.

영준이 아버지는 북한에서 남부럽지 않은 생활을 하는 상류층 이었고 영준이 어머니는 북한에서 교사 생활을 하였으니, 남한에서의 어렵고 힘든 상황을 이겨 내기가 여간 쉽지는 않았을 것이다.

영준이네와 보래동 사람들의 갈등은 잘살았고 못살았고 북한에서 어떤 위치에 있고의 문제가 아닌, 기독교와 서낭당으로 대표되는 산신령을 모시는 토테미즘의 갈등이 내재되어 있었다.

당연히 참석해야 할 서낭당 제사에 대해 영준네는 우상숭배로 보았고, 이들 가족이 절대로 참석할 수 없는 것에 대한 마을과의 갈등은 영준네를 지치게 했고 급기야 영준이 어머니는 정신적 스트레스를 받게 된다.

십시일반으로 도와주고 굴뚝에 연기가 나지 않으면 굶는 집으로 간주하고 감자 몇 개와 호박죽 한 그릇을 나누며 이웃의 배고픔을 내 일처럼 여기는 보래동 사람들은 영준네만큼은 예외가 되었고, 영준네는 그렇게 마을에서 점점 고립되어 갔다.

몇 해를 그렇게 고립과 우울감 속에서 살던 영준네 어머니는 화병과 정신적인 스트레스를 이기지 못하고 사망하고 말았다.

영준네는 어머니 사망 이후 보래동을 떠나게 된다. 영준이보다 훨씬 나이 많은 누나가 영준이와 영준이 아버지를 데리고 다시 어디론가 떠나고 말았다.

영준네가 떠난 뒤, 주인 잃은 양봉 벌은 영준네 집 주위를 무리지어 하늘을 날고 미처 토해 내지 못한 꿀을 무겁게 담은 채 멀리 회령봉을 넘어가 버리고 만다.

보래동 사람들은 처음으로 보래동으로 살러 들어온 가족이 떠나는 것을 보면서 한동안 죄책감으로 무거운 마음이 되었다. 그만큼 높은 산 아래 하늘과 산을 삶의 근원으로 토대를 일구며 사는 사람에게는 목숨과도 같은 산신의 존재이기에 그 누구도 이유를 달 수 없는 보래동의 질서이다.

보래동은 참 맑은 물을 자랑하고 그 맑은 물은 좁고 긴 개울을 만들었으며, 영골 계곡과 용수골 계곡, 이방골 계곡, 밀골 계곡, 연지기골 계곡에서 산삼 썩어 흐르는 계곡수를 사시사철 뿜어낸다.

계곡수에는 까만 눈의 가재가 뒷걸음을 하고 수수미꾸라지와 뚝저구와 버들치가 어슬렁 노닐고, 일에 지친 사람들이 족대를 들고 잠시 잠깐 민물고기를 잡아 매운탕과 어죽을 끓이는 보래동 사람들의 천렵을 허용한다. 유난히도 돌이 많은 보래동 계곡은 일급수에만 서식하는 작은 고기들이 몸을 숨기기엔 천혜의 조건을 갖추었다.

그렇게 작은 것 하나라도 공동의 여유가 공존하는 보래동은 일찍이 함께해야 하는 것을 알았고, 나눔의 원칙을 알았고 이웃의 아픔을 알기에 설령 부족함이 있어도 그 부족함을 '함께'라는 공동의 가치로 오늘을 살아간다.

개울가에 시원한 버드나무 가지에서 들려오는 버들 부딪혀 우는 피리 소리에 밤잠을 재촉하는 자연의 자장가 소리를 벗 삼는 마을, 보래동이다.

부처님 오신 날에

“밤나무 댁 할머이요! 낼이 벌써 사월 초파일인데 비끼리 절에 안 갈라우?”

“왜 안 가! 벨루고 벨러서 게우 사월 초파일이나 부처님께 묵은쌀이이나마 공양 바치고 하는데…….”

“그럼 낼에 동네 할무이들하고 절에 가지요, 뭐.”

“누가 갈래나?”

“글쎄 논 가운뎃집하고 저기 비안댁, 내면집 할머이, 그리고 도사리댁이 갈라나.”

“그러게, 아무래도 자지봉을 넘어야 하나? 어째…….”

“아이구, 자지봉은 흠해서……. 저 아래 덕거리 가산느메로 가면 좋겠는데 빙 돌아가니 좀 멀어서 말이여.”

절에 자주 가지는 못하는 덕거리 사람들이지만 사월 초파일 하루는 그 바쁜 농사일에도 일손을 멈추고 할머니들은 하얀 모시저고리나 옥양복 저고리를 곱게 차려입고 쪽진 머리에 동백기름을 바르고 산 너머 북길리의 절에 간다.

안씨댁도 초파일 아침부터 분주하게 움직이고 작년에 가꾸고 보관해두었던 쌀과 콩, 팥을 소중하게 보자기에 담아 산 넘어 절에 갈 준비를 여념이 없다.

산 넘어 가는 절엔 덕거리에서 예사 고갯길이 아니고 뾰족한 산봉우리를 돌고 잣나무와 소나무 그리고 참나무가 우거지고 고운 철쭉과 하얀 찔레꽃이 5월의 태양을 고스란히 받아 양지 뜰 산자락에 앙증스런 자태를 드러낸 산길을 올라가고 내려가는 산길이다.

봄 산의 계곡물이 바위와 돌 틈을 비집고 아래로 아래로 흐르는 소리는 풍금 치는 소리와도 같고, 박새와 종달새 그리고 곤줄박이와 직박구리의 지저귐이 온 산에 나래를 만들고 색깔 고운 비단개구리가 산길에서 까만 눈동자로 사람들을 두려워하며 길을 비켜 준다. 마을 할머니들은 저마다 공양 보퉁이를 이고 산길을 재촉하고 때로는 손자들을 대동한다.

부처님 만나러 가는 마음은 늘 설레고, 스님의 말씀은 일 년 내내 마음속에 담아 두고 가족의 안녕과 손자들의 건강을 기원하게 된다.

덕거리 할머니들은 사월초파일에 절에 가는 길엔 마을 사람들의 길동무가 있어야 했고, 길동무들인 할머니들은 덕거리에서 오랜 신심을 가지고 있는 할머니들이다. 안씨 할머니는 맏손자를 동행하게 했다. 어린 나이에 앞산 봉우리는 높고 험해 보였고 무섭고 지루한 길이 될 줄을 알면서도 손자를 데리고 절에 가는 것을 포기하지 않는다.

할머니들은 웬만하면 손자들을 데리고 가고 싶어 하지만, 아이들은 산 넘어 절에 가는 길이 멀고 두려워 꽁지가 빠져라 하고 도망을 가고 온 마을을 헤집고 다닌다 한들 아이를 찾기란 쉽지가 않다.

그러나 안씨 할머니는 끝내 손자를 데리고 절에 가야 했고, 그 고집은 그 누구도 말릴 수 없으며 며느리는 말없이 아들만 바라볼 뿐 가지 말라고 이야기는 하지 못한 채 아들이 억지로 절에 끌려가는 모습을 바라만 볼 뿐이다.

덕거리 할머니들이 산 넘어 다니던 그 절 길은 화전밭이 비탈을 이루고, 나무 그루터기를 파내 옥수수 알을 심고 코에 닿을 듯한 급경사의 밭엔 행여 쓸려 내려갈듯 하지만, 감자 심는 것을 포기할 수 없는 가족의 생계 터전이다.

높은 산에 위험한 불을 놓아 우거진 잡목을 며칠씩 태우고 깊게 박힌 나무뿌리를 뽑고 갈잎 무성한 화전에 곡식을 심어 가족의 먹거리를 만들어야 했던 그 시절을 되짚으며 길을 걷고 걷는, 절에 가는 고개이다. 지금도 여전히 높아 보이고 과거의 그 길보다 숲은 헤어져 아슬아슬한 지게길이 되었지만, 여전히 가파른 산길은 숨이 턱턱 막힌다.

“혁기 할머이요! 고뱅이 땡기는데 숨 한번 붙이고 갑시다.”

“그러자구요! 머이 이젠 어제 다르고 오늘 다르니 이놈에 절에 가는 길이 명년에 또 갈지나 모르겠네.”

“아이구, 한 해 한 해 다르니 부쟁이 절에 댕게야 극락에 가지.”

산길에 “뿌지직” 하고 토끼 한 마리가 달아난다. 낮잠을 즐기던 토끼가 사람 소리에 놀라 꽁지가 빠져라 하고 쏜살같이 도망을 간다.

어기적어기적 네 발로 낙엽 위에서 따스한 기온에 햇볕을 즐기던 도마뱀도 네 다리에 쥐가 나도록 도망가는 꼴을 할머니들은 무심코 바라본다.

절에 넘어가는 이 산길엔 나무꾼의 쉼터가 있고, 도랑에 길게 엎드려 가뿐 목을 축이고 긴 곰방대를 붙이고 지게로 나르던 동네 사람들의 발길로 가파른 고갯길은 반들반들하게 닦여져 있다. 이 산길은 사람의 발길을 허용하지 않을 만큼 고목은 쓰러져 길을 막았고 숲 속은 늑대와 멧돼지, 너구리, 고라니들의 공간이었으나 덕거리에 사람이 살기 시작하면서 발길을 다듬게 되고, 산 너머에 절이 생기면서 부처님께 기도를 하는 사람들의 길이 닦여져 산짐승들은 사람들에게 자리를 내어주었다.

봄 산에 올라 나물을 캐던 동네 새댁들이 이젠 산에 오를 기운조차 없는 할머니가 되었고, 산림간수들의 서슬 퍼런 감시가 매섭지만 절에 다니는 이 길을 막을 수는 없고 오히려 길은 부처님이 지켜 주는 길이 된다고 믿고 있다.

할머니들과 손자들은 직선 코스로 가파르게 올라야 하는 산길을 '구라우골'이라고 하였으며 구라우골은 작은 구라우와 큰구라우로 나뉘고 할머니와 손자는 작은 구라우로 가는 그 길을 숨을 헐떡이고 오르고 오른다.

구라우골이라는 지명은 산 중간에 동굴이 하나 있어 이름 지어진 것으로, 굴 안은 음침하여 사람들이 제대로 들어가 보지는 않는다.

할머니들은 부처님께 공양할 곡식을 한 보따리 가득 이고 있으면서도 펄펄 날아가시는 듯 하얀 모시저고리와 치마는 바람을 일으키고, 손자들은 따라가기를 여간 힘들어하는 게 아니다. 어디서 저런 기운이 나는지 맨몸인 손자들은 헐떡이며 쫓아가기만 바쁘고 이마에 맺히는 송글송글한 땀방울만이 얼굴을 타고 흘러내린다.

산중턱에 할머니는 공양보따리를 바위에 곱게 내려놓으시며 "아이고, 한 번 더 조금만 쉬다가 갑시다."

고 이른다.

"할머니, 무겁지 않으세요?"

"하나도 무겁지 않단다. 우리 손자와 같이 부처님 보러 가는데 무겁긴 뭐가 무거워! 그리고 부처님께 우리 손자 선뵈게 하는 날인데……."

"그럼요, 우리가 뭐 우리 잘될라고 부처님께 공양을 하나! 다 자석새끼들 잘되라고 하지! 이런 공을 자석들이 알기나 할까?"

"알아주면 다행이고, 안 알아줘도 우리 할 도리만 하면 되지요, 뭐. 나무관세음보살!!!"

그랬다. 할머니의 공양보따리는 잡곡과 쌀이지만 정성들여 준비를 하였고, 이 보시물은 할머니들이 손자들과 집안의 안녕을 위해 부처님께 정성을 바치는 귀중한 공양물인 것이다.

"그나저나 오늘은 사월초파일이라고 동네 사람들이 농사일을 놓고 하루를 쉰다고 하던데 뭘 하고 쉴라나 모르겄네."

"아이, 뭐 청년들은 멋도 모르고 초파일 이러 하니 괜히 돼지고기를 먹네, 닭을 잡어 먹네, 그리고 글쎄 개장국을 한다고 난리더러구."

"부처님 말씀에 살생을 하지 말라고 늘 그러는데 왜 하필이면 초파일에 개를 잡으려고 난리를 피우는지 모르겠다니까."

"글쎄요! 동네가 잘될라문 짐승 잡는 것도 좀 멀리 해야 하는데 그놈에 개장국이라면 환장을 한다니까."

"그러게. 부처님이 훤하게 내려다볼 텐데 동네 사람들이 얌탱머리가 없다니까."

할머니들은 다시 가파른 산길을 오르고 고개 정상까지 오르면 짙푸른 잣나무 숲이 우거져 있고 잣나무가 많아서 이름이 지어졌는지 모르지만, 이 봉우리를 '자자봉'이라고 했는데 사람들은 주로 '자지봉'이라

하여 듣기가 민망한 고개 이름을 부른다.

자자봉을 한참을 내려가면 북길리가 나오며, 이 북길리에 '천왕사'가 있다. 천왕사는 조계종 제4교구 월정사 말사로서 아담하고 소담스런 절이지만 덕거리 할머니들이 산을 넘고 험한 길을 다닐 만큼 많은 신도들이 제적을 하고 있는 절이다.

천왕사 절에는 이미 많은 신도들이 마당에 자리를 깔고 앉았으며 절 주위에도 인산인해를 이루고 있었다. 천왕사는 봉평에서는 제일 큰 사찰로서 주위의 경관도 아름답고 스님의 법력도 이름나 월정사 본사에서도 다니러 올 만큼 이름이 있는 절이다.

천왕사에 들어가는 일주문은 새파란 전나무 가지로 단장을 하고 둥그렇게 아치 모양으로 신도들의 발길을 가볍게 하며, 색색 예쁜 종이를 만든 커다란 팔모 등 연등 꼬리가 바람에 팔랑거리고 앙증맞은 꽃밭에는 갓 피어나는 작약봉우리가 터질 듯 붉은 빛을 토하기 직전이고, 뿌리 두둑이 흙으로 분을 해 준 탐스런 꽃이 넉넉하게 반긴다.

천왕사 절에는 대웅전 앞마당과 높은 전나무 길 사이로 온갖 연등이 신도들의 저마다의 기도 소원으로 얼룩이고, 깊은 산사에는 부처님의 가피가 묻어나는 듯하다.

천와사 대웅전에는 스님과 보살님들이 부처님전에 등, 향, 차, 꽃, 과일, 쌀 등 여섯 가지의 공양물인 육법공양을 올리면서 석가탄신일의 의식을 진행한다. 그러면 덕거리 할머니들도 먼발치에서 두 손 모아 합장을 하며 "나무관세음보살", "석가모니불"을 나지막이 부르며 사월 초파일의 경건한 마음으로 기도를 한다.

역시 보살님들이 관불의식을 하는 모습을 본다. 애기 부처님의 정수

라에 물을 뿌리며 목욕을 시키는 이 의식은 많은 신도들이 동참을 하지만, 덕거리 할머니들에겐 순서가 돌아오지 않을 듯하여 이 관불의식은 어쩔 수 없이 구경으로 만족해야 했다.

이윽고 주지 스님의 법어가 청정한 목소리로 산울림을 한다.

"일찍이 부처님의 깨달음은 고집멸도입니다. 우리는 살면서 많은 괴로움 속에 빠져서 일생을 고생만 한다고 생각을 하는데도 그 원인을 모르고 허우적거립니다. 부처님은 왕이 되는 편한 길에서 벗어나 중생이 평생 동안 짊어지고 가는 생로병사의 괴로움을 깨닫고 이를 설파하고 진리를 전하는 데 정진하셨습니다.

부처님은 그렇게 탐 진 치의 삼독을 인간 본래 가지고 있는 업을 내릴 수 있는 틀을 마련하고 덕성을 갖추고 그 악업을 내려놓으라고 하였습니다. 부처님은 또 모든 중생은 고요하고 평화로운 법신이 있고 고운 불성을 가진 미완성의 여래라고 하시었습니다.

이제 옆에 있는 모든 분들, 도반들에게 자비를 베풀고 나눔을 하며 적은 보시라도 하여 마음의 공덕의 업을 쌓아야 합니다. 부처님의 탄생한 날에 이렇게 날씨도 좋고 많은 불자님들이 봉축해 주셔서 너무 감사합니다. 아무쪼록 부처님의 뜻을 새기고 늘 가정의 건강과 값진 복덕이 깃드시길 바랍니다."

"나무아미타불."

"나무관세음보살."

덕거리 할머니들도 상기되어 합장을 하며 탑 아래 설치되어 있는 향대에 향을 피우고 가족의 소망을 가슴에 담으며 탑돌이를 한다.

이 많은 신도들을 위해 천왕사의 보살들과 거사들은 공양밥을 지으며, 한쪽에서는 떡을 준비해 두고 커다란 가마솥엔 김이 솟아오르는 등 동분서주하고 있는 풍경이 눈에 쏙 들어온다. 신도들과 사람들은 사월 초파일의 절밥과 팥 시루떡과 백설기를 꼭 먹고, 집에 있는 가족들에게 떡 한쪽이라도 갖다 주기 위해 갖은 애를 쓰기도 한다.

신도들은 쌀과 콩, 팥 등 공물을 올리고 초와 향을 사서 탑 주위에 몰려들고 108배를 하는 신도들과 삼배를 하는 사람들, 조용히 앉아서 기도를 하는 신도들로 천왕사는 부처님의 온기와 활기를 띤다.

봄이 늦게 오는 이 지역의 특성이 고스란히 절 주위에도 묻어난다. 참꽃은 이제 피어나기 시작하고 대웅전 뒤편의 개나리가 노랗게 피어나 대웅전 내의 석가모니 부처님과 약사여래 부처님과 노사나 부처님 등 삼부처님과 묘한 대조를 이룬다.

천왕사 주위의 자연석으로 쌓아 만든 연못 주위의 버드나무는 작은 연녹색 잎이 앙증맞게 피어나는 모습이 이채로우며, 한복을 곱게 다려 입고 절에 온 사람들과 은밀한 조화를 이룬다.

평소에는 절에 잘 다녀지지 않지만 사월초파일 부처님 오신 날은 반드시 절에 와 부처님의 말씀을 듣고 스님의 청아한 불경 소리와 마음에 울림이 가득한 목탁 소리가 깊고 높은 산에 메아리쳐 평화의 아늑함이 있어 좋은 사찰의 만남이 된다.

중생에게 깨달음과 복덕을 주시는 부처님 오신 모두의 축제날인 부처님 오신 날 하루는 절에서 마음에 업을 내려놓고 가족의 무병장수를 부처님께 간절히 기도하고, 부처님의 말씀 하나라도 더 새기고 담으려는 간절한 눈망울이 초로의 얼굴에 스며든다.

"산댁요! 천왕사 이 스님이 용해서 저 진부 오대산 월정사의 큰스님께

서 여길 자주 온신다고 그러대요."

"오대산 월정사야 큰절이구 말구. 예전에 거기 주지스님이 국회의원도 한번 해서 우리가 마카 찍어 주고 그랬지 않어요."

"그랬지요! 그런대 나중에는 친일파다 뭐다 해서 그만 어떻게 됐는지, 다신 나오지 않았지요."

"월정사야 뭐, 영서에서는 제일 큰절이고 용한 스님들이 많지요."

스님의 기도와 법회가 끝나자 신도들과 방문객은 점심공양을 하기 위해 공양간 주변에 길게 늘어서고, 보살들과 거사들이 제공하는 비빔밥 한 그릇과 시루떡 하나씩 들고 절 주변에 차려진 간이식당에서 점심 공양을 한다.

"학아! 이라 오너라! 절밥 중에 사월초파일 절밥이 제일 맛있고 부처님의 맘이 서려 있어 일 년 내내 복을 짓는단다. 어서 먹어."

마침 시장하던 터라 아이들은 절밥과 백설기를 게 눈 감추듯 먹고 아쉬운 눈길을 건네 보지만, 많은 사람들이 함께 먹어야 하기에 수저를 내려놓을 수밖에 없다.

부처님이 주시는 공양이라는 특징 때문에 천왕사에서 먹는 절밥은 특별한 맛을 주는 것은 아니지만, 사람들에 마음은 부처님이 공양에서 평등을 찾고 걸식을 통해 복을 짓고 자비를 베푼 법문의 내용을 알고 있는지라 절에서 먹는 공양을 부처님이 일곱 집만 탁발을 하여 공동으로 먹었던 한 끼의 공양의 뜻으로 받아들이고 몸소 새긴다.

스님을 한번 뵙고 인사를 나누고 돌아가고 싶지만 덕거리 할머니들은 또 재 너머 한참을 가야 하기에 절에서 떠나기를 재촉한다.

"봉평 일대에서 마카 다 온 모양이지요."

"이이구, 그럼요. 저 아래 원길리 오랍돌 사람들만이 아니고 창말, 평촌, 썩은새, 이풍개 쇠판이 뭐 다 왔지, 뭐."

"이풍개는 꽤 먼 거린데 천왕사가 꽤 이름이 나긴 났구먼요."

"여기 스님이 복덕이 참 많고 사람들한테 보시를 참 많이 했지요."

"그러게요. 빈손으로 와서 부처님께 기도를 해도 따뜻한 밥을 공양을 하게끔 항상 하구 그래서 덕이 많아 신도들도 참 많아요."

"아이구, 저기 개목이 산댁도 보이네! 아깬 사람들이 버글거래서 보이지 않더니."

"산댁 왔잖우."

"야! 아이구, 심들게 자지봉 넘었지요? 산댁요?"

"야! 그질이 질러 오는 길이니……. 절에서 뵙겠네! 올해 부치미는 다 끝냈지요?"

"야, 바깥양반이 몸이 안 좋아서 다 내가 찍어 부치느라 심들지요, 뭐."

"바깥사둔 어른이 아직도 맥을 잘 못 추슬리는 모양이지요?"

"야. 작년 저울에 그만 풍이 들더니 영 맥이 없어요! 메누리가 고상이고 아주 그만 내가 민구스러워서……."

"산댁도 고상이지, 뭐! 날래 나아야 할 텐데……. 부처님께 마이 빌고 기도를 부쟁이 하셔야지, 뭐."

"야! 그나 자지봉 넘어갈래문 날이 머이 저물겠네요. 손지들 데리고 와서 얼른 가셔야겠네."

"야, 그럼 바깥사둔 몸저리 잘하시라구 전해 주시고 잘 가우야."

"야! 잘 댕게가요! 자지봉이 야물어서……. 저기, 이거 가시며 자시구

가요."

그러면서 백설기 몇 개를 건네준다.

덕거리 할머니들은 따라온 손자들을 앞세우고 산길을 재촉한다.

산골의 여름은 해가 빨리 져서 산길을 넘기 위험하기 때문에 재촉을 할 수밖에 없다. 손자들이 힘들어하면 업어 주기도 해야 하기 때문에 마음이 바쁘기만 하다.

깊은 산에 일렁이는 연등을 바라보며 저녁이면 환하게 연등에 불이 밝혀져 사찰과 산이 어우러진 해 저문 초파일을 밝은 달 속에 흐르는 계곡물과 장단을 맞추는 모습은 볼 수가 없어 무척 아쉽지만, 어쩔 수 없이 체념하고 돌아선다.

돌아오는 산길엔 이제 막 피어나는 여린 줄기의 칡넝쿨이 소나무를 탈 준비를 하고, 사람의 발길에도 하얀 민들레가 가늘게 떨리는 봄 벌에 그 자리를 내준 모습을 뒤로하고 부지런히 산길을 탄다.

북길리에서 덕거리로 오르는 언덕 쪽을 사람들은 '백북길리'라고 한다. 백북길리에는 사람이 그다지 많이 살고 있지는 않지만 비탈진 너른 땅에 불을 놓아 화전을 일군 비탈밭은 감자순이 뾰족이 두꺼운 흙을 밀어내고 거친 숨을 쉬는 듯 앙증맞게 싹을 틔웠다.

산등성이 올라서니 저 멀리 보이는 양구데미 넘어가는 큰 산인 태기산에 태양이 걸리고, 전나무 삐죽한 잎 사이로 저녁 햇살이 붉게 물들기 시작을 한다.

"이이고, 잔댕이야! 재말랑에서 좀 쉬었다가 내려갑시다."

멀리 보이는 덕거리 마을이 듬성듬성 보이고, 마을 앞의 개울엔 새댁들이 늦은 빨래에 빨래망치 두드리는 모습이 눈에 선다.

"아이고, 고뱅이가 아주 송곳으로 쑤시는 것 같이 아프네."

"이이고! 이젠 몸댕이가 뭐이 나이롱이 다 됐지, 뭐."

"그러믄요! 아덜딸 다섯씩이나 낳아서 미처 몸조리도 못하고 밭에 엎어져 짐 매고 서슬 퍼런 시어머이 등쌀에 삼시 세 때 뜨신 밥 지어서 냈지. 그리고 뭔 눔의 빨래는 하두 많아 밤이 이슥하도록 빨래 방망이를 두들겼지."

"어디 그뿐이요? 시아버지 마실을 자주 가니 저고리 빳빳하게 풀을 멕여서 다듬질을 해서 내놔야지."

"그러니 부처님 게 맨날 '관세음보살', '나무아미타불' 하며 버티고 버틴 세월이여."

"아이구, 신세타령하다가 해까먹겠네. 날래 갑시다."

덕거리 할머니들은 어둑해질 무렵이 돼서야 집에 도착하였다.

집에 돌아오니 며느리는 부엌에서 이른 저녁을 짓고 사랑방에는 남편이 코가 석자가 빠져 코를 골며 대자로 누워 있다.

"야들 아버지는 은제 집에 왔나?"

"야! 이제 오신지 을마 안 돼요!"

"어데서 저렇게 오늘 같은 사월 초파일에도 술이 곤드레 만드레가 됐는지! 내가 아무리 부처님께 공양을 하고 '나무아미타불'을 부르고 기도를 하문 뭘 해, 글쎄."

"……."

"애비는 아직 안 왔어?"

"야! 동네 청년들과 개추름 하느라고 저기 학교 옆에 장광에 있어요."

"에이구, 원수들 그저 오늘이 뭔 날인지도 모르고 초파일 하면 그저 하루 노는 날로만 여기고 개를 잡어 해쳐 먹지를 않나! 사월초파일 하루만이라도 좀 살생하지 않고 술 안 먹으문 어데 덧나기라두 하는지! 아이고, 내 원 참 망할 것들……. 동네 아덜들 하고 쌈박질이나 안 하는가 모르겠어."

"깍지 준비도 하지 않았겠네."

"야! 시아버님도 저렇게 계시지, 아덜 아버지도 없지……."

안씨댁은 몸빼로 갈아입고 볏짚과 마른 옥수숫대를 한 아름 가지고 여물 칸에 와서 며느리랑 작두질을 하여 소여물을 썰어 가마에 앉혀 끓인다. 이때 술에 취한 아들이 콧노래를 흥얼거리며 들어온다.

"아이고, 잘한다. 이눔아! 애비도 술에 취해 사랑방에 늘어지고 아덜 놈은 깍지도 썰어 놓지 않고 사월초파일에 개나 잡아 처먹고! 도대체 사월초파일이 어떤 날인지도 모르고 함부로 살생을 하고, 아주 그냥 부처님 상을 찡그리게 한다니까."

"어머니! 우리같이 힘들게 농사를 짓는 농사꾼들에게 사월 초파일에 귀가 빠지셔서 하루를 쉬게 하는 부처님이 을마나 좋아요! 그러니 동네가 하루를 푹 쉬구요."

"아이, 이눔이 터진 입이라구 함부로……. 부처님 귀가 빠진 날이라니!"

"아이구, 참 부처님 생신이지!"

하나밖에 없는 아들은 부처님 오신 날이 무슨 하루를 먹고 마시는 축제로 여기고 이 부처님 오신 날을 손꼽아 기다리면서도 그 여법한 뜻을 하루쯤 쉬어 일하는 단순한 공일 취급하는 게 안씨댁으로서는 오늘

북길리 천왕사에 보시를 하고 공덕을 삼아 기도를 하고 온 자신이 못내 아쉬움으로 그득하다.

그날 저녁, 안씨댁은 뒤뜰 장독대에 맑은 정한수와 촛대에 불을 밝혀 부처님께 거친 손을 합장하며 빌고 빈다.

“자비로운 부처님! 사월초파일 저들의 무지를 부처님의 높으신 공덕으로 너그러이 용서를 하여 주시기 바랍니다. 오늘 부처님께서 준 큰 가르침을 저버리고 저들은 생명을 하나 없애고 마을 사람들과 먹고 마시며 부처님을 욕되게 하였습니다. 부디 부처님의 큰 공덕으로 자비를 내리시기 바라며, 저들의 무지가 업이 되지 않도록 하여 주시길 비나이다.”

“나무관세음보살.”

“나무관세음보살.”

“나무석가모니불.”

시어머니가 지극정성으로 부처님께 기도하는 모습을 물끄러미 바라보는 며느리는 시어머니의 신심에 나름 감복하며 아직 부처님께 귀의하지는 않았지만 두 손을 모아 합장을 한다.

오늘 저녁엔 하늘 한가운데 있는 북두칠성이 더 빛나게 반짝이고, 하얀 달은 구름을 살짝 머금고 마을은 점점 시커멓게 어두워 간다.

덕거리 학교와 아이 울음소리

"산댁요! 산댁요?"

"아이구, 식전 댓바람부터 뭔 난리래요?"

"아이, 글쎄 새벽에 승단이 댁이 순산을 했다고 하네요!"

"그래요? 아이구, 반가워라! 을마 만에 동네에 아 울음소리를 듣는지 모르겠네. 예전엔 원 여기저기서 아 낳는 소리가 천지베락을 치고 그랬는데……."

"그래 말이여! 요샌 뭐 동네에 아덜이 없으니 아주 적막강산인데. 오랜만에 금줄을 보겠네!"

"그런데 뭘 낳았다고 합디까?"

"뒷집 논 가운데 총각이 그러는데, 머스마를 낳았다고 합디다. 고추랑 숯뎅이가 있는지 우리 집 양반 보고 금줄을 꽈 달라고 해야겠네요."

"오랜만에 금줄을 꼬는데 왼줄을 꼬야 하니, 양반한테 단데이 일러줘요! 또 꺼먹고 바른 새끼줄 꼬지 말구."

꽤 많은 사람들이 마을을 이루고 살던 덕거리는 처녀 총각들이 도회지로 떠나고 중년 이상만 살고 있던 탓에 오랜만에 아이의 울음소리가 들리고, 그 탄생의 기쁨에 마을 사람들은 누구나 할 것 없이 기뻐한다.

마을 사람들은 작년 겨울을 잊지 못한다.

학교 교실에서 1950년대 초에 초등학교가 생겨 마을 아이들이 책보자기를 싸 학교에 다녀 학교가 있는 마을이 된 지 40여 년 만에 학교를 폐교하여야 한다는 문제를 가지고 마을 총회가 열렸다.

덕거초등학교 교장 선생님과 교사들 그리고 학부모 회장과 마을 이장을 비롯한 마을 사람들과 학부모들이 학교 교실을 메웠다. 초등학교의 전체 학생들의 숫자라고 해 봐야 열두 명 남짓하고 그나마 1학년 학생은 1명에 불과하다.

먼저 교장 선생님이 서두를 꺼낸다.

"에, 주민 여러분 그리고 학부모 여러분 안녕하십니까? 공지해 드린 대로 교육당국의 지침과 일부 학부모들의 요청에 의거하여 근 40여 년간 유지하던 덕거국민학교의 폐교 문제를 회의에 부치려고 합니다.

다들 아시겠지만, 우리 학교도 이젠 아동이 열두 명밖에 없고 그나마 올해 1학년은 한 명밖에 들어오지 않았습니다. 정부 시책은 이제 소규모 학교를 통폐합하는 걸 목표로 하고 있고, 이는 민주적인 절차에 의하여 주민총회를 통해 결정을 하도록 조치하고 있습니다. 그러니 주민들과 학부모님들의 기탄없는 의견을 개진하여 주시기 바랍니다."

학교 교실 안은 순식간에 정적이 돌고 이렇다 할 말이 없었다.

대분의 마을 사람들은 덕거리 학교가 어떻게 세워지고 어떤 역사를 가지고 있으며 마을의 자랑거리였음을 잘 알고 있는데 200명이 넘게 다니던 학교가 열두 명으로 쪼그라들고 이제 그마저 폐교의 길을 걷게 된다는 말에 당혹스럽고 허망하기만 하다.

긴 침묵을 깨고 마을의 연장자 한 분이 일어나서 말씀을 한다.

"에, 외람되게 내가 먼저 말을 하겠습니다. 원래 덕거리는 해방 이

후 핵교가 없어서 창말에 있는 봉평국민학교로 걸어서 다니게 되는 학상들이 도서넛 되었는데, 당시는 모두들 가난해서 핵교를 다닐 행펜이 안 돼서 몇 명은 서당이나 가고 행팬이 괜찮은 집에서 창말 학교로 보내고, 그 나머진 다 집에서 농사일 거들고 꼴이나 베어 소먹이고 그랬습니다.

여기 저 조합장도 나와 있지만, 그 당시는 그래도 덕거리가 심이 있어서 창말에 내려가도 장거리 패들과 싸워도 지지 않고 그랬어요. 그리고 오죽하면 지방자치제가 실시되어 면의원을 뽑는데 덕거리 사람들이 총궐기 하여 면의원을 세 명이나 뽑어 제쳐 봉평바닥을 깜짝 놀라게도 했습니다.

그래서 그 심으로 이젠 덕거리에 핵교가 있어야 하지 않느냐고 전부 일어나서 사발통문을 하여 일체 주민 서명을 받아 관계기관에 제출하고, 현재 있는 이 부지가 원래는 공동묘지고 군 땅이었는데 여기다 핵교를 지을 수 있도록 만들어서 전 주민이 동원되어 돌을 파내고 흙을 다듬고 부역봉사를 해서 학교를 지었는데, 전부 덕거리 사람들의 피와 땀으로 만든 핵교입니다."

마을 사람들은 그래도 아쉬운 마음에 고개를 떨구고 있고, 학교의 역사에 내심 놀라기도 하는 눈치다.

이렇게 마을 사람들의 힘으로 학교가 세워진 덕거국민학교는 봉평국민학교와 분리되어 개교를 하였고, 입학생은 당시 나이 많이 먹은 그동안 학교를 갈래야 갈 수 없었던 미취학 학생들이 다니기 시작하면서 학생 수는 많이 늘어나 지금까지 유지되고 있었던 것이다.

"에, 조합장입니다. 나는 덕거리에 학교가 없어서 변또를 싸 가지고

십 리를 걸어서 장거리 봉평국민학교를 다녔는데, 그 당시 덕거리 아들은 거의 없어 아주 내가 촌놈 취급을 당하며 창말 아들 틈바구니에서 고생을 무지 했지요. 그리고 내가 졸업할 때까정 덕거리에는 학교가 없었습니다.

나중에 덕거리 주민이 총동원되어 학교 터를 닦고 교사를 짓고 학교 행사라면 아주 만사를 제쳐 놓고 뛰어드는 열정이 있었습니다. 그래서 운동회다 뭐 소풍이다 하면 일손을 백 프로 놓고 동참을 하는 등 이 학교는 덕거리의 운명 공동체였습니다.

나는 학교 바로 앞에서 살고 있어서 이 학교를 댕긴 저기 아랫덕거리, 지우리, 보래동, 인흥동, 웃덕거리, 절골, 매지골, 이바골 등 아이들을 거의 다 알고 있어요. 그리고 또 우리 안사람이 송방을 해서 공책, 연필 그리고 과자를 사러 오는 아들도 다 기억이 나니 참 감개무량합니다. 아무튼 내가 말이 좀 길은데, 학교는 어떡하든 간에 존속해 있었으면 하는 바람입니다."

장황한 조합장의 말에 모든 주민들과 학부모들은 기억을 끄덕였다. 이들 가운데 학교를 폐교하지 않았으면 하는 사람들은 주로 학생들이 없는 나이가 있는 주민이고, 학교를 내심 폐지하였으면 하는 주민은 학부모들이 주를 이루고 있다.

"그럼 저기 학부모들도 한 말씀씩 하시죠."

"네, 제가 한 말씀하겠습니다."

동네 이장을 맡았던 형기 아버지가 나선다.

"지금 보면 우리 아덜들도 덕거리 학교에 다니고 있고, 나도 이 학교에서 나온 사람으로서 모교가 없어진다는 거에 좀 섭하지만 열두 명이서 친구도 없고 또 어디 가면 아들이 기도 펴지 못하고……. 그럴 바엔 우린 장거리 학교 하고 통합이 되는 게 맞다고 봅니다. 여기 우리 형기도 지금 야들 반에 3명이 있는데 그 세 명이서 일등 · 이등 · 삼등을 하면 뭐합니까? 그리구 제일 나쁜 건 친구가 적으니까 나중을 생각해도 이건 아니라고 봅니다."

이때 보래동의 강성원이 아내가 한마디 하고 나선다.

"저는 솔직히 우리 아를 창말로 보내려고 했어요. 여기 학교에 나둔들 뭐 지 혼자서 뭘 할 수 있어요? 그래서 창말 우리 동상집에 옮겨 놓고 장거리 학교로 보내고 싶은 생각이 굴뚝같고, 폐교를 하지 않는다면 뭐 어떻게 해 볼 도리가 없지요."

그런데 여기서 예기치 못한 일이 발생하고 말았다.

"학교는 폐교하면 안 됩니다. 왜냐하면 이 동네가 그래도 큰 동네고 봉평면에서는 알아주는 동네인데, 학교를 대책 없이 폐교시켜 버리면 이 학교 졸업생은 모교가 없어지는데 어떻게 생각을 하겠어요. 폐교만은 막아야 합니다."

이 말에 기름을 붓는 꼴이 되고 말았다.

"형님! 형님 아덜은 둘씩이나 지금 아침마다 버스를 타고 창말 봉평초등학교로 댕기고 있잖아요! 그런 말을 하려면 형님 아덜들부터 덕거리 학교로 전학을 시킨 후에 말을 해야 말발이 서지요."

"아니, 동생! 그건 이 사람아, 내가 창말에서 장사를 하다가 거기서 아덜을 전부 다 취학을 시키고 장사가 되지 않아서 집에 다시 올라왔는데 여기 친구도 없구 하니 그양 댕기라고 한 거지, 그걸 어떻게 그런 식으로 이야기를 하나?"

"아니, 형님 ! 그런 식이라니요? 우리는 내 딸도 내년이면 여기 학교로 들어와야 해요. 그런데 가만 보니 내년에도 우리 딸 하나 달랑이에요! 그런데 형님은 둘씩이나 전학을 시키지 않고 학교를 폐교시키면 안 된다고 하문 그건 적반하장이잖아요!"

"뭐가 작반하장이야, 이 사람아! 우리 아덜들은 애초에 창말 학교에 들어갔고, 그러니 그냥 내비둔 거지. 그게 어떻게 잘못이라고 그러나?"

"아이, 형님. 형님은 여기서 말할 자격이 없어요. 그리고 폐교를 형님이 나서서 반대를 하면 솔선수범으로 형님 아덜들을 여기로 전학을 시키고 난 담에 떳떳하게 달씀을 하셔야지요."

"아이, 참네……. 내 말발이 안 서서 난 가네."

영일이 형님은 거센 동네 학부모들과 예비 학부모로부터 일격을 받고 그만 회의장을 박차고 나가고 말았다.

다시 교장 선생님이 마이크를 잡는다.

"에, 뭐 여러 가지 장점이 있습니다. 아이들이 숫자가 적어서 친구 뭐 그리고 사회성 뭐 이런 거에 대하여 학부모님들의 고민이 있고 또 근심을 하는 것 같은데, 사실 큰 학교로 통폐합을 해 버리면 또 경쟁도 해야 하고 괜히 촌에서 왔다고 놀리고……. 뭐 이런 것도 또 감안해야 합니다."

의견이 엇갈리고 결단이 나지 않는 가운데 마을 어른들의 강력한 주장으로 학교를 존치하는 쪽으로 회의가 마무리되어 가고 있었고, 또 학교 선생님들도 그렇게 유도를 하고 있었다.

그러나 그다음 주에 급박한 사단이 생기고 만다.

보래동의 아이들 네 명이 전격적으로 봉평초등학교로 전학을 하고 말았다. 물론 주민등록을 시장으로 옮기는 편법으로 아이들은 부모의 의중대로 새로운 학교에서 적응을 해야 하는 사태가 발생된 것이다.

결국 학생 수는 일곱 명밖에 남지 않았고 학교는 전격적으로 폐교되고 말았으며, 폐교를 말리던 마을 어른들은 닭 쫒던 개 지붕 쳐다보는 꼴이 되고 말았다.

이듬해는 봉평면내는 세 개의 학교가 더 폐교되어 결국은 관내에 세 개의 학교만 남게 되었고, 덕거리는 학교 없는 마을로 남을 수밖에 없는 지경이 되었다. 어른들의 눈에는 자신들이 학교를 만들고 자식들을 자신들이 일군 학교로 보내는 뿌듯함이 늘 있었고, 또한 어디를 다녀도 덕거리 학교 자랑에 푹 빠지곤 했으나 이젠 학교 이야기는 추억과 기억으로만 존치해야 한다.

학교에는 언제나 아이들의 웃음소리가 있었고 아이들이 부르는 노랫소리가 있었고 아이들이 운동장에서 공차며 즐기는 재잘거림이 먹먹하게 남아 있음을 지우기가 쉽지 않다.

덕거리 마을 사람들은 이 학교를 위해 많은 일을 하였다. 겨울이 긴 이 지역의 특성 때문에 그 추운 겨울을 따뜻하게 보낼 수 있도록 아이 하나에 한 짐씩 장작을 해서 학교에 난로용으로 제공했으며, 학교의 환경 사업에도 적극적으로 도움을 주고 울력 봉사를 마다하지 않았다.

학교가 마을 사람들에게는 생활이었고 학교가 주는 든든함은 사람들에겐 넉넉함이었다. 이제 아이들 노는 모습이 사라지고 휑한 학교를 보는 마음은 편하지 않을 거다. 덕거리 마을은 예기치 않은 침묵 속으로 빠져들었고, 그 침묵은 상당히 오래갈 수밖에 없는 환경을 만들어 두었다.

이제 어쩌다 태어난 승단이네 아이도 이 학교가 아닌 장거리의 학교를 다녀야 하고, 젊은이들이 행여 이 동네에 터를 잡아도 장거리 학교로 아이들을 보내야 하는 것을 생각하면 이 마을에 젊은이 그 누가 들어올 것인가?

"산댁요! 학교는 이제 뭐 없애기로 했다믄서요?"
"그러게요. 내가 이 동네로 시집을 와서 아를 다섯을 나서 여기로 다 보내고 졸업을 시켰는데, 참,……."
"나도 여섯씩이나 나서 마카 여기 나왔지. 내가 어제 즌화로 큰아덜한테 전화로 학교가 없어진다고 했더니 아조 깜짝 놀라더구먼."
"놀라요? 우리 큰아덜은 뭐 촌에 열 명밖에 없는 학교는 다 없애야 한다믄서 뭐라드라! 그 뭐 열 명 있는데도 선생들 다 있고 교장 있고 교감 있고 학교 뭐 유지하는데 돈이 마이 든다며 다 없애야 한다구 그러더라구."
"그렇긴 해두 어째 좀 허전하구 그러네."
그해 겨울은 더 을씨년스러웠다. 사람 없는 학교엔 서까래 무너지는 소리가 들리고, 학교는 적막강산이 되고 귀신이라도 나올 듯 마을 사람들에겐 소름이 돋는 장소가 되어 가고 있다.
겨울이면 방학하기까지 일곱 개의 교실에선 나무 난로의 함석연통에서 뿜어내는 하얀 연기가 하늘로 올라가는 풍경이 그렇게 아름답게 느껴졌는데, 연통은 보이지 않고 마당엔 치우지 않은 눈이 을씨년스럽다. 사람의 발자국이란 통 보이지 않은 채 썰렁함만 가득이 학교를 휑하니 버려두고 있다.

예전엔 눈이 많이 내리면 어른들이 아이들 학교 다니게 쉽도록 마을 길을 치우고 너른 학교 운동장의 눈도 말끔히 치우며 아이들이 잘 놀 수 있게 해 주었는데…….

또 어른들은 생각한다. 학교에서는 아이들이 학교의 마당을 비롯한 주변을 청소를 용이하게 하기 위해 질 좋은 싸리나무를 베어 칡 줄기를 말린 후, 손수 싸리 빗자루를 만들었다. 아이들은 아버지가 만들어 준 싸리 빗자루로 너른 학교 운동장을 청소하였다.

마을 어머니들은 동네별로 아이들과 함께 코스모스 꽃길을 손수 만들며, 아이들이 바른 심성으로 커 가길 바랐다. 봄에 심어 여름에 꽃길을 가꾸어 주면 가을엔 누런 벼와 함께 하얀색, 분홍색, 보라색이 온통 신작로를 아름답게 하고 꿀을 따는 일벌은 행복에 겨워하고 토종꿀의 향기는 더 깊어지는 꽃길이 되었다.

온 마을이, 온 동네 사람들이 아동들과 함께 울고 웃던 학교는 이제 덩그러니 을씨년스럽게 마을 한가운데를 흉측한 몰골로 차지하고 있고, 아이들은 하나도 보이지 않으며 마당엔 개미집만이 살판을 벌였다.

겨울이 되면 학교의 숙직실은 마을의 사랑방이 되었다. 겨울이 길고 추위가 강한 마을엔 갈 곳 없는 마을 사람들의 이야기꽃이 피어나는 곳이 학교 숙직실이었다.

일찍 저녁을 먹고 숙직실에 모이면 장기판이 있었고 바둑판이 있었다. 장기와 바둑을 두는 사람은 넷뿐이지만 훈수꾼이 더 많고 훈수 때문에 큰소리가 나지만, 이내 웃음소리가 겨울 공기를 타고 눈 속에 묻히는 그런 학교였다.

한 해 건너 승단이는 아들을 낳았다. 사내아이의 울음소리는 마을을 향해 긴 울음을 토해 냈지만, 마을 아주머니들은 예전처럼 밝은 얼굴이 아니다.

마을에 학교를 보낼 수 없는 아이는 커서 장거리 학교로 갈 것이고 동네 아이들이 동네에서 놀고 있는 모습을 볼 수 없기 때문이다. 또한 학교에 다니는 아이들이 집에 없어도 학교 행사가 있으면 내 아이, 내 손자가 다니는 것처럼 옷매무새를 다듬고 학교를 갔었으나 이젠 그럴 이유가 없기 때문이다. 학교가 동네에 있고 없고의 차이는 이렇게 커다랗게 다가오는 것이다.

학교엔 잣나무가 유독 많다. 그래서 교목도 잣나무였고 교화는 철쭉이었다. 선배의 선배들부터 철쭉을 심어 봄에는 철쭉 향이 마을에 가득하고, 가을엔 잣나무에 잣이 그득하여 마을 사람들과 함께 잣을 수확하며 학교 아저씨와 막걸리를 나누던 추억도 다 옛날이야기에 속한다.

덕거리 초등학교의 학교 아저씨는 꼭 덕거리 사람으로 채용하여 학교를 관리하게 하여 동네 사람들은 내 일 같이 그 너른 학교를 도와주고 가꾸어 주었다.

올해도 학교의 가을 잣이 풍성하게 열렸건만 관리하는 사람이 사라진 지금엔 청설모와 다람쥐의 풍성한 먹거리의 보고가 되었다. 눈치 볼 사람 없이 마음대로 잣나무와 잣나무 사이를 건너뛰는 청설모의 재롱이 오히려 낯설기만 하다.

아이들이 재잘거릴 땐 청설모 한 마리 보이지 않았건만 어디서 저 많은 청설모가 아이들을 대신하여 학교에 몰려왔는지…….

떨어진 잣을 주워 보는 학교 앞 아저씨도 청설모가 잣알만 고스란히 빼먹은 가볍고 텅 빈 잣송이를 힘없이 땅에 팽개친다. 이제 학교는 우두커니 건물만 남은 채 덕거리 사람들의 추억에만 머물고 마음에서 사라지고 잊히는 존재가 되었다.

마을 사람들은 언제부터 환청에 시달리기 시작하였다. 학교에 설치된 스피커에서는 학생들이 등교할 때면 동요가 울리고, 아이들뿐 아니라 마을 어른들도 한두 곡 정도의 동요는 다 하곤 하였는데, 이젠 스피커는 녹슬고 비바람에 달랑이는 소리만이 을씨년스럽다.

특히 아침체조 시간이 되면 재건체조가 시작되었는데, 덕거리 사람들은 논둑에서 밭둑에서 마당에서 화전밭에서 개울에서 이 재건체조의 곡조에 맞추어 어설픈 체조를 따라 하곤 하였다.

"재건체조 시작!
숨쉬기 운동 하나 둘 셋 넷, 둘둘 셋 넷.
다리운동 하나 둘 셋 넷, 둘둘 셋 넷.
팔운동 하나 둘 셋 넷, 둘둘 셋 넷.
목운동 하나 둘 셋 넷, 둘둘 셋 넷.
가슴운동 하나 둘 셋 넷, 둘둘 셋 넷.
옆구리운동 하나 둘 셋 넷, 둘둘 셋 넷.
등배운동 하나 둘 셋 넷, 둘둘 셋 넷.
몸통운동 하나 둘 셋 넷, 둘둘 셋 넷.
온몸운동 하나 둘 셋 넷, 둘둘 셋 넷.
다라운동 하나 둘 셋 넷, 둘둘 셋 넷.
팔다리운동 하나 둘 셋 넷, 둘둘 셋 넷.

숨고르기운동 하나 둘 셋 넷, 둘둘 셋 넷."

이제는 재건체조의 경쾌한 소리에 맞출 일도 없는 허전함에 그저 학교의 허공을 바라볼 뿐이다. 부모들은 어쩌다 학교 근처로 오게 되면 자식들의 시소게임과 철봉놀이, 그네뛰기, 미끄럼타기를 보며 행여 다치지나 않을까 했던 그 마음만 그저 온전히 가슴에 담고 있을 뿐이다.

덕거리 초등학교는 그렇게 마을과 떼려야 뗄 수 없는 사이고, 덕거리 학교의 대소사 행사는 마을의 축제였고 마을의 자랑이었기에 봄 소풍부터 가을 운동회까지 마을 사람들과 동고동락하던 그 모습을 잊을 수 없다.

봄 소풍은 보래동 이방골 어귀 개똥밭으로 소풍을 주로 가곤 하였는데, 언제부터 누가 왜 개똥밭이라 불렀는지 모르지만 울창한 수림 속에 서낭당이 있는 자리이고 이방골에서 맑은 물이 샘처럼 솟아나는 소풍자리였다.

아이들이 앞서서 걸어가면 뒤에는 어김없이 동네 어른들이 먹을 것을 이고 지고 따르며 개똥밭에 도착을 하면, 어김없이 먼저 장사꾼들이 목 좋은 곳을 차지하고 있다.

학생들이 열을 맞추어 선생님의 호각 소리에 맞추어 발맞추어 걸으며 동요를 목청껏 부르며 지나가는 그 좁은 길은 축복을 가득 담고, 아이들 소풍에 어른들이 더 즐거워했다.

어른들은 아이들이 숨은 보물찾기가 끝나면 이미 거나하게 취해 있었고, 그 취한 모습은 선생님이라고 예외가 아니다. 아이들보다 어른이 더 좋아하는 덕거리 학교의 소풍은 그래서 온 마을이, 아니 학생이 있는 집이건 없는 집이건 축제이고 하루를 쉬는 날이 될 수밖에 없다.

가을 운동회는 봄 소풍보다 더 화려한 마을 축제로 이어지고, 덕거리 주민 전체가 경사스런 날이다. 특히 가을 운동회에는 동네 청년들이 만국기와 아치를 달고 학교 운동장에 회를 뿌려 선을 그으며 각종 운동기구를 설치하고 청백군의 점수를 매겨 주기도 하는 공동의 축제를 연출하였다.

학교 앞에 옥수수 밭의 옥수숫대를 베어 내고 그 자리엔 몇 개의 차일이 쳐지며 차일 안엔 소머리국밥, 돼지국밥, 올챙이국수 등 각종 식당이 꾸려지고 덕거리 주민은 학교에서 흘러나오는 음악 소리에 맞추어 아침부터 거나하게 취해 가며 운동장에서 벌어지는 자식들의 재롱에도 취한다.

학교에서 일어나는 모든 행사와 함께했던 추억을 이제 먼 기억 속에 아련하게 접어 두어야 하는 덕거리 사람들의 마음은 착잡하기 이를 데가 없고, 무언가 형언할 수 없는 아쉬움에 목마를 뿐이다.

빈집이 늘어 가는 덕거리

덕거리는 한때 300호가 넘고 600여 명의 주민이 살던 제법 큰 마을에 속하였다. 그러나 사람이 떠나고 빈집은 늘어나고, 그 빈집은 결국 쓰러져 마을은 보낼 사람을 다 보내고 이제 남아 있는 사람들만이 덕거리라는 작아진 마을에 남아 땅을 지키고 인정을 베개 삼아 살아간다.

덕거리는 많은 골과 골 사이에 사람들이 터를 만들고 화전을 일구고 토막집을 짓고 감자와 옥수수, 조, 팥, 콩, 수수로 끼니를 때우고 높은 산에서 자라는 나물과 버섯, 약초를 거두어 시장에 팔아 소박하게 살아가는 사람들의 땅이었다.

회령봉과 호랑봉의 높은 봉우리와 계방산 줄기가 내리쳐진 덕거리의 뒤로 가로막혀 있는 산은 험한 준령으로, 차령산맥의 산줄기가 서쪽으로 흥정산과 태기산의 해발 1,300미터 이상 되는 봉우리를 잉태하고 그 산속에서 때로는 허기진 배를 거두기도 하였다.

배냇저고리 입을 때부터 앞대라고는 나가 보지 않은 사람들은 5일마다 열리는 봉평의 장날은 사람들을 만나고 신기한 물건을 구경하고 필요한 최소한의 생필품과 강릉에서 공수되는 소금에 잔뜩 버무린 고등어나 꽁치, 새치, 명태, 도루묵, 양미리를 구입하여 어쩌다 가족과 함께 호박이나 무와 나물을 잔뜩 넣고 먹어 보는 마을이었다.

저녁이면 메케한 연기가 마을을 뒤덮으면 그것은 어김없이 화전을 일구는 오래된 나무가 화마에 못 이겨 이글거리는 몸부림의 냄새였다.

한밤중에 그 훤한 불길이 공포로 다가오고 그 공포에 잠들지 못하는 밤이면 어김없이 불 꿈을 꾸었는데, 꿈속에서 불은 거대한 귀신이 되고 그 불귀신이 우리 집을 덮으면서 나도 모르게 온몸이 불에 덴 듯 땀으로 얼룩지고 가위를 잔뜩 눌려 경기를 하고 만다. 그런 마을이 내 가슴에 온전하게 살아 있는 화전을 일구는 불꽃이고, 그 화전의 불꽃은 공포 그 자체였다.

새벽부터 마을 사람들은 미처 꺼지지 않은 불 숲을 괭이로 헤치고 오래 묵어 땅속 깊이 박힌 뿌리와 사투를 하고, 잔뜩 탄 푸석한 잿더미 같은 땅과 그 땅에서 솟구치는 열기에 삼베적삼은 땀으로 얼룩져도 가족을 먹여 살려야 한다는 일념에 몸뚱아리마저 불사르는 그러한 비탈이 전부인 땅이었다.

화전밭에서는 긴 노동과 중노동의 대가로 알량한 곡식을 얻지만, 그 절반은 고스란히 산짐승에게 임대료를 지불하여야 했다.

화전은 먼저 보는 사람과 먼저 불 지르는 사람이 임자였다. 너무 가파른 비탈밭은 소가 끄는 쟁기로는 엄두를 낼 수 없어 일일이 낫으로 풀을 베고 괭이와 호미를 나무 그루터기 사이를 파서 씨앗을 질러 넣어야 했다.

그 씨앗이 잉태하길 한참을 기다리고 자연적인 농법은 수확을 점지하여 주는 하늘에 온전히 맡겨 둘 수밖에 없었다. 알맞게 내리는 비는 그래도 양식을 조금 더 점지해 주었지만 많이 내리는 폭우는 씨앗이 계곡으로 떠내려가 계곡 사이사이에 씨앗이 그 질긴 생명력으로 잉태를 하고 결과물이 나오기도 했다. 그럴 때면 화전밭은 먹을 것 부족한 가운데에도 어떤 씨앗이든 다시 굳어진 흙을 열고 파종해야만 했다.

비탈밭에서 감자를 캐는 아낙의 모습을 살펴보면, 질끈 손수건을 동여맨 상태에서 양다리를 간신히 비탈에 의지하고 한 손은 땅을 짚고 겨우 호미질을 하여 감자를 캐지만, 감자는 떼굴떼굴 굴러 저 아래 계곡까지 굴러가고 어쩌다 계곡에 빠지면 찾기조차 어렵게 되니 한 알 한 알의 감자의 소중함은 그 무엇과도 바꿀 수도 없고 버릴 수도 없는 보물덩어리이다.

덕거리의 여름은 궁기 중의 궁기이다. 가을이 되기까지 여름을 나는 덕거리 사람들의 얼굴은 풀기조차 없는 모습으로, 바지적삼은 땟국물과 함께 가난이 넘쳐흐르는 모습이 대다수를 차지한다.

감자가 익어 갈 무렵이면 주린 배를 참고 참았던 사람들은 다 여물지 못해 아린 작은 감자밭으로 향하고, 꽃이 져야 풍성할 감자를 캐기 시작한다.

작은 감자를 강판에 갈고 생겨나지도 않은 감자전분을 내어 반죽을 하고 그 반죽은 곤드레, 갬취, 다래순, 곰취 등을 잔뜩 넣어 무쇠솥에 뜯겨 들어간 감자반죽은 수제비가 된다.

감자수제비의 건더기보다 나물과 국물이 훨씬 더 많아 멀건 국물뿐이지만, 안방에 둘러앉은 많은 가족은 국물이 전부인 감자 수제비를 씹을 것도 없이 들이마신다.

가을이 되면 이 화전 비탈밭은 콩 베고 팥 베고 수수를 베는 가파른 길에서 아슬아슬하게 지게질을 하는 사람들이 보인다. 비탈밭에서 콩단을 묶어세우고 행여 산짐승이 먼저 탈곡을 할까 마르지 않아 무거운 콩 단을 지게에 의지하여 마을로 져 내려가야 한다.

비탈에서 발을 헛디디면 지게와 함께 사람은 굴러 밭 아래에 떨어지는 사고가 종종 일어나지만, 몸이 다쳐 아픈 것보다 콩 단이 풀어지고 다 익은 콩이 떨어져 나갈까 봐 걱정에 목마른 사람들이다.

겨울이 빨리 오는 덕거리의 기온상 거리의 산비탈, 화전밭부터 먼저 거두미를 해야 하기에 대다수의 사람들은 집집마다 돌아가며 울력으로 일을 해야 십시일반 그 힘들고 거친 화전밭 일을 마무리할 수 있다.

그래서 집집마다 옥수수나 조이로 밀주를 하여 두고, 그 밀주인 막걸리는 힘든 덕거리 농사꾼에게는 자양강장제가 되고 힘을 돋우는 약이 된다. 그래서 '약주'라는 말이 보태어졌는지도 모른다.

300여 호의 600여 명의 주민들은, 그렇게 불화산을 일구고 가족의 끼니를 걱정했던 사람들은 다 어디로 갔을까?

재골, 배판골, 절골, 고무골, 대장골, 매지골, 사태골에는 돌무더기가 있고 돌배나무만 하늘을 찌르고 있는 터는 어김없이 사람의 흔적을 남긴 화전밭을 이루었던 토담집터이다.

깨어진 장독대 파편이 흩어지고 밥사발이었던 사금파리가 돌배나무 여름 잎사귀 사이로 간신히 비치는 햇볕에 반사되어 그 존재를 드러내면, 그 옛날 이 집터 사람들이 좁은 하늘을 세월 삼아 거친 삶을 살았던 모습이 흑백사진처럼 투영된다.

용수골, 영골, 연지기, 실바골, 밤나무골, 산지골, 이바우골, 장재골, 굴아우골, 음칫골, 가산너머골 등에도 어김없이 불타 버린 산이 있고 이 불타 버린 산에는 사람들의 생활공간이 남아 있고, 그 사람들의 흔적은 질긴 생명력을 남긴 채 무너진 세월만이 간신히 남아 있을 뿐이다.

이바골 어귀의 가래나무 풍성하고 굵은 군락지엔 덕거리 사람들이 자연의 힘이 두려워 천지신령과 산신령의 노여움을 가라앉히기 위한 서낭당이 음침하게 세워져 있고, 사람들은 일 년에 한 번 돼지를 잡고 정성스럽게 술을 빚어 제를 올린다.

새마을 운동이 시작되고 마을길이 넓혀지고 서울과 강릉을 연결하는 고속도로가 놓였다. 그 고속도로 덕택에 서울로 농작물을 팔 수 있게 되었고, 약삭빠른 서울의 중간 장사치들이 덕거리로 몰려오면서 덕거리는 뭔가 새로운 변화의 길을 걷게 되었다.

서울 장사치들은 그들만의 정보를 이용하여 덕거리의 고랭지 마을 특성을 파악하여 고랭지에 적합한 농산물을 심게 하였고, 그 농산물은 배추와 무가 전부였다. 배추와 무는 서울 경동시장으로 가면서 서울 사람들은 여름철에도 신선하고 품질 좋은 야채를 먹을 수 있었고, 새로운 식단의 변화를 주는 일석이조가 되었다.

서울 사람들에게는 한여름에도 싱싱한 야채를 먹을 수 있는 기회가 되었지만, 그 기회라는 게 비싼 돈을 지불하고 먹는 걸 의미하였다. 이 비싼 고랭지 배추는 여유 있는 사람들의 몫이 될 수밖에 없고, 가난한 서민들은 시장에 버려진 배추 겉껍질이나 무청을 얻어다 먹을 수밖에 없었다. 그나마 이 쓰레기 야채 겉껍질도 먼저 가져가는 사람이 임자였다.

서울 사람들은 비싸게 야채를 구매하지만 덕거리 사람들은 정보의 단절과 중간 장사꾼의 농간으로 겨우 농자재 값을 제하고 나면 품값이나 건질 수 있는지 계산도 잘 되지 않지만 중간 상인이 값을 정해 주는 것으로 처분을 할 수밖에 없다.

제값이라는 개념조차 알 수 없는 순박한 덕거리 사람들에게는 남는 건지 적자가 나는지조차 알 수 없는 무지의 농업이고, 주먹구구식 농업을 아주 교묘하고 용의주도하게 이용하는 도시의 장사꾼이다.

이 장사꾼은 봉평의 중간 소개자를 이용하는데, 이 중간 소개자는 농사철만 되면 네 활개를 치며 돌아다니고 중간에서 노골적으로 농간을 부리며 농사를 짓는 사람들보다 더 많은 소득을 챙기기도 하니, 먹이사슬의 최종 피해자는 농민이 될 수밖에 없으며 울며 겨자 먹기로 처분을 할 수밖에 없다.

조금이라도 아는 체를 하는 농민에게는 상인과 이런 중간 소개업자는 쳐다보지도 않고 왕따를 놓으니, 농작물이 망가지는 것을 보지 못해 오히려 농민이 상인이나 중간 소개자에게 사정을 하는 사태가 벌어지는 지경이 산골 덕거리의 농업이다.

고속도로가 놓인 후 덕거리 주민들에겐 새로운 변화의 물결이 일렁인다. 도회지로 바람을 쐬고 다녀온 사람들은 도회지에 일자리가 많다는 것을 알게 되어 서서히 덕거리를 벗어날 준비를 하고, 알음알음으로 연결이 되어 도회지의 빈민가에 터를 잡고 막 생겨난 공장이나 건설 현장에서 노가다라는 일용직으로 떠난다.

처음에는 두 내외만 먼저 덕거리를 벗어나 자리를 잡지만, 아이들을 데리고 가고 남겨진 형제들 그리고 이웃들이 동참을 한다. 제일 많이 간 곳은 인천으로 주로 제재소나 악기공장으로 몰려들었고, 일부는 부산으로 가 남자는 조선소 등의 공장에, 여자는 신발공장에 시다로 들어

갔다.

서울까지 가지 못한 사람들은 서울 코밑인 교문리에 둥지를 틀고 교회단체에서 운영하는 이불공장 등 섬유공장에 취직을 하여 지금도 구리시는 강원도 사람들이 많이 거주하는 지역이 되었다. 그래서 우스갯소리로 서울로 미처 가지 못하고 구리에서 주저앉았다고 말들을 한다.

서울이나 인천 그리고 멀리 부산으로 이사를 가는 집이 한 집 두 집 늘어 가면서 비탈진 화전밭은 여름 장마에 사태가 발생하는 흉기로 돌변하고, 화전밭 아래 토막집에서 자식을 떠나보낸 나이 많은 부모님이 무너져 내린 사태흙에 묻히는 사고도 가끔 일어나 마을을 슬프게 하였다.

그렇게도 많던 골과 골 사이의 화전밭은 정부의 녹색혁명의 바람을 타고 적극적으로 나무 심기 운동이 불길처럼 일어나 전시적인 행정으로, 속성수로 화전밭을 푸르게 만들어 내는 작전을 전개하였다.

그 수종이 속성수이고 경제성이 전무한 아카시아 나무가 온 산을 덮고 가을이면 노릿한 풍경을 만들어 낸 낙엽송과 물러터진 오리나무가 그득하게 화전밭을 메웠다.

감자와 옥수수, 팥과 콩을 심던 밭에서 고랭지 야채를 심던 밭에서 녹색시책의 강제성을 타고 나무 심기가 온 동네별로, 학교별로 경쟁을 하듯 일어나고 있고, 화전밭은 추억 속에만 남는다.

화전밭이 사라지면서 산에는 사람들의 발길이 뜸하고, 그 틈바구니로 산짐승이 자리를 잡았으나 치열한 남북의 대치가 새로운 공포를 만들었다. 북한에서 내려온 무장된 북한군들이 동해안으로 침투하고, 그 몇은 평창 진부 계방산 인근까지 내려와 민간인을 살해하고 군인들과 총격전을 하는 상황이 한겨울 내내 마을을 공포로 몰아넣었다.

학교 운동장에는 처음 보는 헬리콥터와 군 트럭으로 가득하고, 구경 나온 아이들은 헬리콥터가 하늘을 날 때 마다 헬리콥터 날개바람에 그 가벼운 몸은 속절없이 날아가 운동장 한구석에 처박히곤 하였다.

그해 겨울은 마을 사람들이 그 좋아하던 술과 노름이 사라지고 사람들은 불도 켤 수 없이 이른 초저녁부터 오지 않는 겨울 긴 잠을 바스락거리며 청해야 했고, 멀뚱한 눈을 뜨고 기와집을 지어야 했다.

이듬해 봄, 정부는 화전밭 주변의 토막집을 모두 철거하고 주민을 소개하여 독가촌이라는 방 두 개와 좁은 부엌 하나의 국민주택을 군유지에 짓기 시작하였다.

아이러니하게도 이 국민주택은 산속에 화전민이 들어가게 되는 게 아니라 행정당국과 쿵짝이 맞았던 힘 있는 주민들이 아름아름 입주를 하고, 정작 화전민에게는 그림의 떡이 되었고 화전민은 그런 제도가 있는지조차 알 수가 없었다.

덕거리에 사람이 모이고 터를 닦고 화전을 일구는 시절의 모습은 사라지면서 학교의 학생은 줄어들기 시작하고 사람들은 야반도주를 하거나 몰래 이사를 가고 늙은 부모를 남겨둔 채 떠나면서 빈집은 빠르게 늘어 간다.

일부 빈집은 어디서 모여드는 건지 거지들이 차지하게 되는데, 이 거지들이 떼거리로 동냥을 나와 마을은 또 다른 근심거리가 되었다.

거지들은 빗자루나 물동이 똬리를 만들어 마을에 강매를 하기 시작하면서 마을 청년들과 충돌을 하지만, 애초부터 거친 이들을 당해 낼 재간이 없다. 마을에 거지들을 쫓아내자는 회의는 날마다 진행되고, 수를 써 보지만 나약하고 순박한 마을 사람들의 힘으로 엄두를 내지 못한다.

그런데 어찌하여 그 거지 집은 한밤중에 화마가 집어삼키면서 수십 명의 거지 식구들은 아우성을 치고 난리법석이 났는데, 어디서 몰려든 청년들이 마구 두들겨 패며 난장판을 만들어 거지들은 미처 가재도구도 건지지 못한 채 그 서러운 몸과 어린 아이들의 울부짖음 속에 마을을 황망하게 떠나고 말았다.

한참 후에야 덕거리 청년들과 원길리 청년들이 합세하여 작전을 펼치고 불을 지르고 거지 식구들을 순식간에 쫓아냈다는 사실을 알 수 있었다.

마을의 청년들과 처녀들이 먼저 도회지에 일자리를 찾으러 떠나고, 처녀 총각들이 떠나는 만큼 그 흔하던 전통 결혼식은 어쩌다 한 번 치르는 귀한 행사가 되고 만다.

마을의 빈집이 늘어 가고 그 빈집의 서까래가 썩어 가며 속절없이 무너져 집터만 우두커니 남고, 할아버지의 할아버지 적부터 심어 놓았을 우물가의 앵두나무와 작은 알의 자두나무만 우두커니 서 있다. 남아 있는 아이들만이 임자 없는 과일나무의 과일을 서리라는 오명을 받지 않고 실컷 배를 채운다.

300여 호의 마을은 200호가 되고, 200호의 마을이 100호가 되고, 100호의 마을이 60호가 되어 가는 마을의 추락을 힘없이 바라보는 덕거리에 남아 있는 사람들은 큰일을 치를 수 없게 되었다고 걱정 아닌 걱정을 하게 된다.

자연부락마다 형성되어 있던 대동계를 하나로 통합해야 했고, 자연부락별로 24인의 상여꾼을 꾸릴 수 있었으나 이제는 두 마을이 모여도

24인의 상여를 꾸릴 수조차 없는 지경이 되어 상여꾼 모시기가 새로운 근심거리가 된다.

모내기 역시 자연부락별로 충분하게 울력으로 모를 심어 낼 수 있었지만, 이젠 두 마을이 모여도 못꾼을 채우지 못해 다른 마을에서 일꾼을 사 와야 하는 지경이 된다.

어제 보였던 마을 사람들이 오늘은 보이지 않고, 오늘 만났던 사람들이 내일엔 만날 수 없게 되는 마을이 되어 간다. 앞집이 빈집이 되면 뒷집이 빈집이 되고, 그 빈자리는 가운데 남아 있는 사람은 어둠 속에서 무서움을 가질 수밖에 없다.

밤이면 하늘의 반짝이는 북두칠성의 선명함과 은하수의 쏟아질 듯한 별빛 그리고 밤하늘에 무수히 반짝이는 반딧불과 희미하게 창호지 문틈으로 새어나오는 등잔불이 있어 사람 사는 산골마을의 포근함을 가진 마을인데, 온통 불 꺼진 빈집에는 똬리를 튼 얼룩빼기 뱀과 살찐 쥐들과 쥐들을 먹이 삼는 고양이들만이 우글거리고 무너진 황토벽 진한 냄새만 풍긴다.

눈이 내리면 마을길에 잔뜩 내린 눈을 가래로 퍼내고 마주 치면 눈 가래를 지팽이 삼아 아침 인사를 나누면서 좁은 길의 눈치우기가 끝이 났지만 이젠 저 먼길까지 홀로 한나절 동안 눈을 치워야 한다.

아랫집에서 윗집에서 별로 해먹을 별미는 없지만, 어쩌다 한번 강냉이 뭉생이떡과, 팥을 넣어 푹 삶은 강냉이 범벅이 식기 전에 나누어 주는 정도 이젠 빛바랜 기억 속에 남겨야 한다.

동네 아낙들이 시간을 용케도 맞추어 개울에 빨래를 하며, 속상했던 시집살이를 흉금을 터놓고 이야기하며 빨래방망이를 마구 두드리고 분풀이를 하며 속을 풀었던 이웃도 이제는 없다.

윗집의 아이들과 아랫집이 아이들이 책보자기를 허리에 메고 애써 시간을 끌며 함께 학교로 향하던 아이도 이젠 친구를 기다려야 할 이유가 없어지고, 이야기의 격이 맞지 않는 어린 동생을 재촉하며 학교를 향할 뿐이다.

이사를 가는 사람이나 남아 있는 사람이나 모두 허전하고 섭섭하고 불안하지만, 어쩔 수 없이 세월은 떠나는 사람을 재촉하고 등 떠밀 수밖에 없는 세상이다.

누가 시켜서도 아니고 화전밭에 온 가족을 책임 질 수 없기에 아쉬운 마음에 눈물을 흘리며 겁이 들면서도 떠나야 한다. 보내는 사람들은 따스한 밥 한 숟가락으로 떠나는 사람을 위로하고 마음을 달래 줄 뿐이다.

그렇게 덕거리는 또 비워져 가고 남아 있는 사람들이 명절이면 광내고 한껏 폼 내고 오는 귀성객을 반갑게 맞이해야 한다. 그러나 도회지 물을 듬뿍 받은 사람은 남아 있는 덕거리 사람들을 촌놈 취급하고 은연중 도회지 티를 내려고 갖은 애를 쓰고, 억지로 서울말을 쓰며 또 다른 위화감을 조성한다.

"어이, 그래. 앞대에서 살 만한가?"

"아이, 뭐 살 만하고 뭐하고가 있나! 부대끼고 살다 보면 또 적응하고, 뭐 죽기 아니면 까무러치기지."

"그래도 직장은 잘 잡은 모양이야?"

"지하기 싫어 그렇지. 직장이야 뭐 아주 내 널려 있지, 뭐."

"벌이는 괜찮어?"

"그럼! 아무려면 이 촌구석 같을라구! 세끼 따순 밥 먹지, 그리고 자식들 공부 제대로 시킬 수 있지. 여기 촌에 있었으면 저 많은 아새끼들 중핵교나 시키겠어?"

"……."

"여기 덕거리는 태반이 뭐야! 국민핵교 나오는 아덜 중에 삼분의 이가 중핵교를 가지 못하잖아?"

"어디 인천이라 그랬지? 인천은 중핵교는 다 진학을 하는 모양이지?"

"아이고, 그럼. 백 프로 다 진학을 하니 안 보낼 수가 없어!"

"저기 이따 즈녁에 집에 술 한잔하게 오게! 올만에 보는데 김치 깍두기에 쓴 소주나 한 잔썩 하자구."

"그래, 알았네."

도회지로 간 권씨와 그렇게 이야기를 나누어도 최씨는 영 개운치가 않다. 논은 도지 논이고 밭농사가 전부인 최씨는 과연 넷씩이나 되는 아이들 중학교를 보낼 수 있을까? 위축되고 부러운 눈길을 보내지 않을 수가 없다.

"여보, 저 권씨 왔는데 뭐 안주 할 것 있나?"

"낼이 추석이니 뭐, 두부 해 놓은 것 있는데 두부찌개나 하지, 뭐."

그날 저녁 인천으로 이사 간 권씨와 부산으로 이사 간 양씨가 최씨네 집으로 오고, 도회지 이야기로 시간 가는 줄을 모른다. 최씨 부인은 두부찌개와 모두부를 간장에 찍어 먹게 술상을 차려서 평상으로 가지고 나온다.

"맞어, 그래도 촌에서는 이 두부가 최고야! 일 끝나면 그놈에 돼지고기 구이와 막창구이로 안주를 하니, 아주 배때지에 기름이 차서 말이야."

"일 끝나면 술을 자주 하는가 보네."

"그럼! 해가 중천에 있을 때 퇴근을 하니 삼삼오오 모여서 술집으로 가는데, 술집도 하나 건너 하나씩 질펀하게 붙어 있고 거의 전부가 돼지고기나 닭고기니 허구헛날 괴기 안주로 질리지, 뭐!"

"그렇게 먹어치우면 돈은 언제 버누."

"하하, 이 사람 가보시끼 하는 거지. 첨에는 촌에서 김치나 풋고추로 술을 마시고 하니 고기를 먹으면 속이 부글부글했는데, 금방 속이 알아차리더라구."

"그 사람 참! 언제 도회지에 나갔다구 말끝마다 '촌촌' 하네? 똥지게 지던 게 불과 작년인데, 사람 참!"

"자네도 남 도지 논이나 부치지 말고 얼른 촌에서 털구 일어나게. 아덜들 고등과라도 공부시킬려면 이 촌에서는 어림도 없다구. 안 그래?"

"그렇긴 한데 홀어머이도 계시지, 뭐 통 엄두도 안 나구 말이야."

"아이구, 참 이 사람아! 어머이는 자리 잡을 때까지 덕거리에다 두고 먼저 앞대로 나가서 자리를 잡고 두 내우가 죽자 하구 벌어서 모시문 되지, 뭔 걱정인가?"

"안사람이 농사일 빼곤 달부 뭘 해 본 게 있나! 앞대에 가서 뭘 하겠어."

"참, 이 사람! 우리 집사람도 첨에는 겁이 많아 방구석에서 나오지도 않더니만 서방 혼자 벌어서는 살 수 없다는 걸 알고 나니 일을 찾아서 나가더라구! 그리구 여자들도 널린 게 일이여."

"그럼 자네 안사람은 뭘 하는가?"

"우리 마누라는 첨에는 옷공장에서 시다발이 하다가 아는 사람이 생기니 그래도 돈이 좀 되는 오뎅공장에서 일하지."

방에서는 최씨의 어머니와 아내가 말없이 세 사람의 이야기를 들으면서 괜히 불안한 모습을 짓는다. 그리고 아이들은 아저씨들의 도시 이야기를 귀담아 들으며 동경하는 분위가 역력하고, 그 호기심을 하나도 놓치지 않는다.

그날 저녁 최씨는 하늘 한가운데 떠 있는 달을 보며 총총히 많은 별처럼 무수한 생각에 잠긴다.

"나도 올해만 농새를 질 껴."